臺灣歷史與文化 研究輯刊

十 三 編

第 9 冊

戰後臺灣商業劇場
東華皮戲團表演活動

張 能 傑 著

花木蘭文化事業有限公司

國家圖書館出版品預行編目資料

戰後臺灣商業劇場東華皮戲團表演活動／張能傑 著 ── 初版 ──
新北市：花木蘭文化事業有限公司，2018〔民 107〕

目 8+270 面；19×26 公分

（臺灣歷史與文化研究輯刊十三編：第 9 冊）

ISBN 978-986-485-301-4（精裝）

1. 影子戲 2. 戲團 3. 戲劇史 4. 臺灣

733.08   107001589

臺灣歷史與文化研究輯刊

十三編 第 九 冊   ISBN：978-986-485-301-4

戰後臺灣商業劇場東華皮戲團表演活動

作　　者	張能傑
總 編 輯	杜潔祥
副總編輯	楊嘉樂
編　　輯	許郁翎、王筑　美術編輯　陳逸婷
出　　版	花木蘭文化事業有限公司
發 行 人	高小娟
聯絡地址	235 新北市中和區中安街七二號十三樓
	電話：02-2923-1455／傳眞：02-2923-1452
網　　址	http://www.huamulan.tw 信箱 hml810518@gmail.com
印　　刷	普羅文化出版廣告事業
初　　版	2018 年 3 月
全書字數	222438 字
定　　價	十三編 24 冊（精裝）台幣 60,000 元

版權所有・請勿翻印

戰後臺灣商業劇場
東華皮戲團表演活動研究

張能傑 著

作者簡介

張能傑（1982～），中國文化大學中國戲劇系、臺北大學民俗藝術研究所碩士、臺灣師範大學臺灣語文學系博士。著有《論民族藝師張德成新編皮影戲》（碩士論文）、《東華皮影戲團傳承》（高縣文獻第 28 期）、《臺灣戰後商業劇場的廣告美學與文化——以皮影戲為例》（靜宜中文學報第 9 期）、《臺灣皮影戲商業劇場研究——以高雄東華皮影戲團為例》（高雄文獻第 7 卷第 2 期）等，及發表《論東華皮影戲團文本「苑丹妻——看地府歌報」與歌仔冊「十殿歌」中地獄教化情節之比較》、《反共抗俄劇的時代變遷——以臺灣皮影戲劇本為例》、《論 1950 年代臺灣皮影戲「濟公遊臺灣」劇本的內容與創新》、《包公故事書寫變異：以臺灣皮影戲劇本《狸貓換太子》、《包公審郭槐》為例》等數篇。另有皮影戲《東遊記》、臺灣主體性創意《醉八仙》等創新劇本與趙光明下山、樊梨花掛帥、《濟公傳》高富娶親等皮影戲偶創作。

提　要

　　「商業劇場」，即是以「商業」為主的演出。是以觀眾買票進場消費看戲為主軸。有別於傳統酬謝神明，聘請戲團演出的性質。臺灣最早的商業劇場，始於日治時期。1945 年後，社會環境有別於先前的戰時環境，臺灣各地方的戲曲，再度活絡，競相地再度走進商業體系演出。締究臺灣戲劇發展史上，不容忽視的一環。由於商業劇場的表演性質，促成了臺灣傳統戲曲，特殊的表演文化。皮影戲也不例外，也走進入了商業體系的表演，與無數傳統戲劇、新興娛樂，相互的在商業體系中競爭。在臺灣皮影戲的發展上，商業劇場的演出，佔有相當重要的一個部份。它創造出了皮影戲新的表演藝術取向，為皮影戲藝術開創了不同領域，促成了皮影戲在該時期中，特殊的表演文化。

　　本文主以戰後臺灣皮影戲商業劇場研究為主題，探討 1945 年至 1970 年之間，皮戲進入商業劇場近 25 年的發展與表演文化。透過文獻與史料的相互分析，梳理戰後的皮影戲進入商業劇場後，如何在商業劇場的競爭下，發展出獨特的表演風格，以及在商業劇場中有何種表演、音樂、視覺上的變異。以往對於臺灣皮影戲商業劇場的了解，是以史料的分析。是故，文中嘗試以皮影戲劇團在商業劇場的表演活動、藝術展現為討論對象。建構出劇團的表演活動，解析皮影戲在商業劇場的劇藝發展。由皮戲劇團的表演活動，解讀出戰後臺灣皮影戲在商業劇場的始末。文中選定東華皮戲團為主軸，東華皮戲團是為家族代代相承的皮戲團，也為全臺歷史最為悠久的皮戲團。亦是全臺的皮影戲團中，唯一成功的將皮影戲，帶入商業劇場體系中表演的劇團。更是全臺唯一大量且長期走入商業劇場，並橫跨城鄉的皮影戲劇團。文中藉由東華皮戲團所留下的商業劇場文獻史料，分析臺灣的皮影戲在商業劇場的過程，以及在劇場中發展出何樣的劇場表演美學，如何延伸出新式的表演形式，而商業劇場的演出，對於日後皮影戲表演藝術的啟發。

　　本文的重點，除了論述戰後皮影戲商業劇場史、及其社會、文化現象的部份以外，文中的另一個重點，探討皮影戲走入商業劇場演出的劇本特點。劇本為一劇之本，也是戲劇表演最為重要依據。從劇本的形式，可以看出劇本受到環境、觀眾等影響，在內容上改變。而這些改變，也反應出每個時期所創作劇本的不同。文中分別針對皮影戲商業劇場的演出本，進行分析。解析商業劇場有何種演出劇本，在商業劇場的演出下，演師又創造出何種迥異傳統的劇本表演形式，這些劇本又有何種風格，其中的劇本有何種在地化的特徵。而後在 1966 年後，皮影戲的劇本寫作模式，有何種的變革？商業劇場的演出劇本，對日後臺灣皮影戲的演出，又產生有何種影響。

本論文獲得財團法人鄭福田文教基金會學位論文獎助金謹此特致謝忱

謝　誌

　　陳之藩的《謝天》一文中，寫到：「無論什麼事情，得之於人者太多，出之於己者太少，因為要感謝的人太多了，不如謝天吧！」一個人要往往需靠眾人的協助，才能有所得。本書是依據筆者的博士論文，略作修正而成。本書的完成，絕非是自己的能力。今年是祖父過世即將屆滿 23 年的日子，書中所有的皮戲商業劇場文獻史料，是祖父一生對皮戲堅持的生命寫照。當我再次走進了祖父的書房，彷彿穿越了臺灣皮戲藝術的時光隧道，翻閱祖父為皮戲，所整理、保留下的文史資料，宛如閱讀了一部完整的皮戲發展史，這部皮戲的發展史，也是祖父對家傳皮戲，所付出一生心血的證明。沒有祖父對皮戲文史資料分門別類的收納，就沒有這本臺灣皮戲商業劇場書籍的出現。

　　此外，感謝博士班求學期間，指導教授陳龍廷老師的提攜。謝謝龍廷老師在我求學期間的細心教導、鼓勵，以及對我的鞭策，使我自己更加成長，讓我再次的進入到臺灣傳統戲曲更深層的領域。同時，也謝謝博士班的同班同學桂蘭，跟阿桂的初面，在 97 年 3 月 7 日高師大的「語言與文化工作坊」，有過一面之緣。因緣際會之下，99 年博班考試再次見面。阿桂在語文學識方面的研究，總是令我折服，也是帶領我進入了臺語羅馬字的語文老師。阿桂的沈著冷靜更是在我心煩意亂之時的心靈導師，帶領我走出迷亂方向的燈塔。

　　最後，感謝所有陪伴我走過博班求學的歲月日子中一哩路的夥伴們，你們的陪伴，讓我銘記於心。

　　謹以　此書獻給我最思念的祖父與祖母

張能傑　謹誌
民國一百零七年一月五日
歲次丁酉年葭月十九日
2018.1.5

目次

圖目錄

第一章 緒 論

第一節 研究動機與研究目的

在臺灣的傳統戲曲發展過程中，曾經存在過一段非常特殊的階段，亦為戲院、戲園或內臺戲的表演時期。戲院、戲園多半是民間藝人、戲班，對於商業性質演出最為直接的口語稱呼，它是區別外臺酬神戲的說法。內臺戲多半是官方單位或者戲班等，亦是係指不同於以民間酬神表演性質的演出。如果由表演場域而言，酬神演出的場域，除廟宇具有固定的舞臺設施以外，多為戶外所臨時搭設的表演舞臺。據陳龍廷的研究指出：

> 內臺戲，是布袋戲班稱呼在戲園或戲臺的演出型態，正好相對於廟會酬神的外臺戲，即是媒體所習稱的「野臺戲」、或內行人所稱呼的「民間戲」或「民戲」、「棚腳戲」。這種區分的方式與歌仔戲相同，是以在建築物室內或室外來區分的，早已為民間所熟悉，但仍不夠嚴謹。…。民間所習稱的內臺戲，稱為商業劇場較為合適。戲院負責人、劇團主演，及觀眾之間的共同基礎是經濟利益：…。簡單的說，這樣的表演既不酬神也不扮仙，而完全是建立在商業利益之上的娛樂事業。〔註1〕

這種演出的特質，主要是建立在觀眾的消費上，是具有商業交易的行為，亦稱之為商業劇場。商業劇場的演出，無不訴求戲劇表演的求新求變、改革

〔註1〕陳龍廷，2010，《發現布袋戲：文化生態‧表演文本‧方法論》，高雄：春暉，頁 243。

表演藝術爲主軸，目的就是爲吸引觀眾進入劇場消費。在求新求變之中，對戲劇內、外在表演內容，進行改變。二十世紀臺灣商業劇場除是提供表演藝術的場地外，更重要的是象徵著一種臺灣庶民文化的表徵。商業劇場的興起與創建，不只象徵著社會經濟面的穩定，〔註2〕亦代表著時代的新型態和娛樂文化的新潮流。商業劇場的存在，意味著歷史、建築的軌跡，也存在著城市文明的脈絡。〔註3〕當論述臺灣傳統戲曲或新劇的發展史，皆不可不提及臺灣商業劇場的演出時期。

臺灣戲院興建，起始於日治初期二十世紀之初，〔註4〕隨著日治時期城鎮戲院的普及興建，臺灣的劇場，開始步入了現代化。在日本統治臺灣在政經方面上的大致底定，帶入了現代化的商業劇場經營和營運模式。〔註5〕而臺灣商業劇場的建立，其演出不只侷限在電影與臺灣的傳統戲曲；中國的傳統戲曲劇團，也曾率團來臺演出。〔註6〕而藉由商業劇場的競爭演出，也激發出更多表演藝術的革新。1937年，日本執政當局實行皇民政策，臺灣戲曲的演出，雖受嚴格管制。但1945年戰後的臺灣，在政治氛圍和表演環境的改變下，各類的戲曲開始又蓬勃發展。1947年臺灣的二二八事件發生，爾後，1949年國民政府遷都來臺，將臺灣納入反共抗俄、反攻大陸的前進基地，實行戰時生活節約政策。1952年，國民政府爲了「例行節約，改善民俗」，嚴格管制祭祀活動與戲團酬神戲曲的演出。採取一連串禁止拜拜、普渡的措施，酬神戲的

〔註2〕「劇場（戲院）也是歐化後的一項都市文明，劇場的建置是因應中產階級的休閒娛樂要求而來，可以說是社會經濟發達後的產物。」詳見葉龍彥，1998，《日治時期臺灣電影史》，臺北：玉山社，頁31。

〔註3〕「在歐美國家，劇場興起早於電影，在十八世紀中葉工業革命以後的中產階級，汲汲於新社會文化運動的推動，其具有社會、文化、經濟及社交等多功能的劇場便應運而生。」葉龍彥，2001，《臺灣戲院發展史》，新竹：新竹市立影像博物館，頁26。

〔註4〕「日本明治三十三年（1900年）6月21日於《臺灣日日新報》第6版的廣告欄中刊登了一則廣告。廣告內中爲：『原名爲Cinematographe的活動大寫眞，將於6月21日起，在臺北的「十字館」戲院放映一星期；每天晚上六時開場，至十一時閉場…。」從臺灣日日新報第6版刊登的廣告中，可以了解臺灣於明治33年時，就已有戲院播放電影映畫的演出。

〔註5〕戲院的經營是由日人開始，此因日人在明治維新的歐化運動後，追求西方時髦亦步亦趨，…，開發娛樂事業。葉龍彥，《日治時期臺灣電影史》，頁27。

〔註6〕「1895年至1937年中日戰爭爆發爲止，四十二年間計有來自上海、福建、廣州三地，分屬不同的12個劇種、超過60個中國戲班來臺做商業演出。」徐亞湘，2000，《日治時期中國戲班在臺灣》，臺北：南天，頁25。

演出機會，也因此遭到管制的困境。此時的傳統地方戲曲、新興娛樂，於 1950 年，開始逐步的邁進商業劇場表演，1960 年代臺灣社會，正逐漸從農業社會銳轉爲工商業社會的轉型期，在國民政府禁止酬神戲的表演中，與社會環境轉變的雙重條件下，締造了臺灣傳統戲曲進入商業劇場演出的黃金時期。

從 1940 年代末始至 1970 年代初止這段以商業爲主的演出劇場，它見證臺灣傳統戲曲如何銳變的一個重要時期。因商業劇場的特殊表演文化，促成傳統戲曲相互吸收特點與改良本身表演藝術的過程。本論文希冀從皮影戲劇團在商業劇場表演活動探討，首先分析臺灣近代皮影戲商業劇場藝術文化生態的變遷，並與其他劇種在商業劇場上做連結。其次，在於瞭解皮影戲面對商業劇場迥異以往的文化生態，如何在劇本、表演上進一步改變以吸引庶民觀眾。商業劇場是臺灣傳統戲曲建立在吸收、增進表演藝術文化，並不斷檢視、修正傳統表演的一個過程。如果能建構出屬於皮影戲商業劇場演出劇本的特質、文化，相信將是一部有助於研究整個臺灣戲曲史，或臺灣皮影戲史不容或缺的一個部份。

劇本爲一劇之本，是爲戲劇表演的重要依據。從劇本中的形式，可以看出劇本受到環境、觀眾等影響在內容上改變。形式上，劇本可分爲口述劇本和演出本。在臺灣皮影戲的劇本，除皇民化時期的演出外，〔註7〕大抵亦是爲藝人本身所抄寫或藝人本身所創作，劇本的寫作者與編寫者，通常都是藝人本身。藝人親身的抄寫或創作，是自我的藝術想法創意的表達，也是長年在戲劇演出經驗累積下的一種觀察體現。本研究嘗試建構出一部完整臺灣皮影戲商業劇場演出的劇場史，與商業劇場皮影戲演出劇本，爲臺灣皮影戲補足商業劇場時期的皮影戲區塊。並從各種可能的角度切入觀察，嘗試建構出與保存一個完整的皮影戲的商業劇場史。

第二節　文獻回顧與探討

皮影戲屬臺灣的三大偶戲之一，臺灣的皮影戲屬於潮州皮影戲的系統。隨著臺灣歷史的腳步與移民的開發，間接的自中國傳入臺灣。在臺灣的這一片土地上，歷經清代、日治、臺灣光復至今，數百年的時間，發展出屬於臺

〔註 7〕臺灣日治皇民化時期的皇民劇演出，則較爲特殊。劇本的編寫者是爲日本官方所委派，藝人乃根據其日人所編寫的劇本演出之。

灣皮影戲特殊的表演藝術文化。翻閱有關早期臺灣皮影戲的記載或深入研究調查，除日治時期官方、日本學者的調查研究外，卻是在 1970 年後期，近二、三十年來，才逐漸受到官方與學院的重視。在官方推廣與學院學術的研究下，開啓臺灣皮影戲歷史、表演藝術全面性的調查與保存。

一、文獻回顧

臺灣的皮影戲是源自中國的潮州影戲系統，可是傳到臺灣後，其發展面貌爲何？其多半出現在文人雅士的坊間紀錄、隨筆等，再者或如官方、廟宇間的碑文，因禁止「戲曲」演出淫穢戲文等方面的紀錄。如，臺南市普濟殿，存有一塊嘉慶二十四年（1819）所立的〈重興碑記〉，碑中記載：

> 禁大殿前埕，理宜潔淨，毋許積科以及演唱影戲，聚賭喧嘩滋事。
> 〔註8〕

臺南普濟殿，據說爲南明永曆年間所興建。而後，廟方所存的一塊清嘉慶二十四年〈重興碑記〉內中所述，了解明永曆至清嘉慶百餘年間，潮州皮戲在臺灣的演出過程和發展的面貌。

日治初期臺灣民間仍流行來自中國的戲曲舊劇，〔註9〕隨著日本統治方針的調整，日治時期臺灣總督府，爲使統治方針得以運作，開始對臺灣民俗、種族、語言、生命禮俗等，進行紀錄與劃分。在日本官方的調查下，於明治 34 年（1901）10 月 25 日成立臨時臺灣舊慣調查會，對於舊有之生活習俗，進行調查。在臺灣傳統戲曲方面，也開始進行初步的調查與分類。在日方的調查，片岡巖的《臺灣風俗誌》（1921），對於皮影戲有著簡略性的調查與研究。直至昭和二年（1927），臺灣總督府文教局對全臺灣的戲劇做了大規模的普查，並出版《臺灣に於ける支那演劇及臺灣演劇調》一書，從該書的〈各州廳別演劇一覽表〉，可看出劇種動向，但是該調查並無皮影戲團的紀錄。

〔註8〕 詳見 1981，《民俗曲藝》第三期，臺北：施合鄭民俗文化基金會，頁 2。由此碑文約略可了解到清中葉臺灣皮影戲的記錄。

〔註9〕 「戲劇方面，日治初期民間仍流行傳承自中國戲劇形式的舊劇，包括大人戲、童子戲、查某戲、子弟戲、採茶戲、車鼓戲、皮影戲、布袋戲、傀儡戲、歌仔戲等。」高明士主編，2006，《臺灣史》，臺北：五南，頁 228。

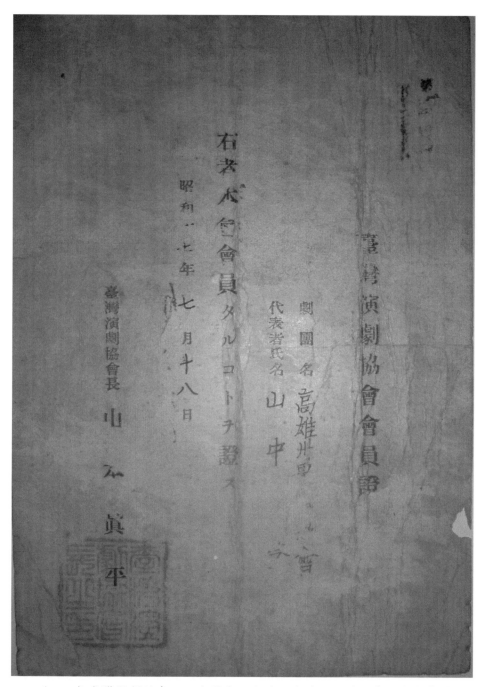

圖1：昭和17年臺灣影劇協會，日本學者山中登，高雄州影繪協會代表者會員證。（東
　　　華皮戲團提供）

太平洋戰爭時期，日本政府於昭和 16 年（1941）4 月 19 日成立「皇民奉公會」〔註 10〕，皮影戲也納入皇民奉公的體系當中。以高雄州而言，即設立「皇奉高雄州支部」，而皇民奉公會中央本部初期設有娛樂委員會，主導臺灣戲劇娛樂事務。〔註 11〕以西川滿爲首的日本學者，實地觀看張叫主演的《西遊記》，而倡議保護瀕臨滅絕的「皮戲」。〔註 12〕在西川滿和山中登的支持下，成立了高雄州影繪協會（見圖 1）。經審查及官方比賽合格，〔註 13〕加入了臺灣演劇協會的行列，成爲「高雄州影繪團」，由張叫領軍，以「第一奉公團」前往臺北總督府表演《西遊記》。藉由臺灣皮影戲的比賽，由皮影戲比賽的冠軍，成立影繪芝居挺身隊，運用臺灣的皮影戲，進行的皇民思想的宣傳。雖是宣傳皇民思想，但對於皮影戲的研究與調查，也開始出現與前期較爲深入的細部調查。《高雄新報》〈高雄鄉土藝術皮戲有助於推行皇民奉公運動〉報紙一文中寫道：

> 發祥於高雄，具有歷史傳統的鄉土藝術皮影戲再度復活。先前創立的高雄州影繪協會也逐漸受到中央本部之認可，…因此影繪協會從高雄州內十餘個劇團當中選拔出十名優秀人員，將於二十三日至三月三日之間，在高雄市三塊厝山中登住處舉辦觀摩會。〔註 14〕

由此可知當時高雄州內有十餘個皮影戲團，〔註 15〕雖然「皇民奉公會」

〔註 10〕 「皇民奉公會的基本組織，大致沿用日本本國大政翼贊會的模式，與總督府的行政機構表裡一體，奉公會總裁由臺灣總督擔任。…，皇民奉公會也陸續將一切團體納入「職域組織」，包括如：臺灣產業奉公團、商業奉公團、奉公壯年團、臺灣青少年團、桔梗俱樂部、大日本國婦人會、愛國婦人會、臺灣演劇協會、臺灣佛教奉公團、文學奉公團、美術奉公會、音樂奉公會及其他藝能團體等。」蔡錦堂，2006，《戰爭體制下的臺灣》，臺北市，日創社文化事業有限公司，頁 92。

〔註 11〕 石光生，1995，《要民族藝術藝師生命史——皮影戲張德成藝師》，臺北市：教育部，頁 33。

〔註 12〕 同前注頁 33。

〔註 13〕 當時張叫是由初賽、複賽、決賽、總決賽，經過日本學者嚴格的審查合格，由比賽中脫穎而出。藉由比賽，從中挑選出第一名的劇團與第二名的劇團。

〔註 14〕 詳見昭和 17 年 2 月 20 日，〈高雄鄉土藝術皮戲有助於推行皇民奉公運動〉，《高雄新報》。

〔註 15〕 2005 年 10 月，於臺北大學民俗藝術研究所由林鋒雄老師所開設「臺灣偶戲研究」課程，依照授課老師整理出：以往曾有皮戲藝人曾說明臺灣的皮影戲劇團，在清末有七、八十團，甚至高達二百團以上，這種口述資料的口吻，極可能是藝人們過於誇大不實的說法，而且這種毫無根據的說法，直到目前爲止，尚在引用。假以清末（1840～1911 年）來說，當時眞有七、八十團，一、

是以宣傳皇民思想爲目的，不過也正因「皇民奉公會」的成立，對於臺灣的
皮影戲做更較先前深入的紀錄與研究。

　　戰後戒嚴令的頒布，對臺灣戲曲的演出，〔註16〕有多方面的管制。〔註17〕
而後臺灣省政府教育廳，成立臺灣省改良地方戲劇委員會，對當時臺灣的地
方戲劇做全盤性的調查，目的在於方便掌握劇團的數量，並利用戲曲的文化
演出，做爲政令宣導的教化工具。〔註18〕依張德成的記載，有呂訴上、齊如
山、鄧綏寧、哈元章、李曼瑰等戲劇研究者來訪。直到 1961 年呂訴上的《臺
灣電影戲劇史》問世，對全臺灣的「新劇」、「傳統戲曲」、「電影」等，做比
較概略性的調查與說明。以皮影戲來說，1958 年呂訴上已開始展開對於全臺
皮影戲的調查。

　　1964 年施博爾（Kristofer Schipper）、1968 年龍彼得（Piet Van Der Loon）、
1970 年法國東方語言學院的漢學家雅克・班巴諾（Jacques Pimpaneau）、畢永

　　二百團之多，以一個數量如此龐大的劇種，以當時而論，皮戲興盛程度，就
　　冠於全臺灣布袋戲、歌仔戲、北管戲等或者其他所有劇種之上，而且是一個
　　是非常興盛的劇種，是爲全臺灣之最了。以全臺灣最興盛的劇種，直到日治
　　時代後，這龐大的皮影戲劇團，一夕之間完全消失？日本學者們反而會沒有
　　去注意到？而呼籲當局保護皮影戲讓它再度復活？以一個如此之多的皮戲劇
　　團數量，日治時期的學者們會只有調查到一到二十團的數量？是日治時代日
　　本學者的怠惰？還是演師口述資料的問題？如果是日本學者的怠惰，其調查
　　資料與其口述資料，數量差了將近四倍、十倍之多，甚爲驚人！假設，這一
　　些劇團都在日治時期受到日本人的壓抑，那麼：理當在 1945 年後，會如布袋
　　戲或歌仔戲團等，雨後春筍般的崛起，爲何不見皮影戲團的崛起數量，反而
　　會日趨沒落？二者，1945 年後才有一些皮劇團數量的證明。而 1960 年《高雄
　　縣志藝文稿》的紀錄中，只有 9 團左右的紀錄，1960 年是爲臺灣商業劇場蓬
　　勃發展的時期，爲何不見更多皮影戲劇團在戲院中演出？這是否與藝人口述
　　7、80 團，1、200 團的數量，差距甚多？不知孰是孰非？

〔註16〕　1949 年 5 月 20 日，臺灣省政府臺灣省警備總司令部，戒字第一號：…三、戒
　　　　　嚴期間規定及禁止事項如左。（二）基隆高雄兩市各商店及公共娛樂場所，統
　　　　　限於下午十二時前，停止營業。…。由此戒嚴令來看，其管控公共娛樂場所
　　　　　的娛樂時間，限縮了戲曲表演時間的自由性，對於戲曲的演出，有著實質的
　　　　　限制。而戲曲表演中所聚集的人潮，也常被視爲所謂的「非法集會」，故而對
　　　　　戲曲的演出產生影響。
〔註17〕　「國民黨當局在實施軍事戒嚴專制統治的時候，在思想文化領域也實行全面
　　　　　的管制。」陳孔立，1996，《臺灣歷史綱要》，北京；九洲圖書出版社，頁 410。
〔註18〕　「戰後初期，臺灣彷彿是國共內戰的延伸地，整個社會籠罩在反共抗俄的冷
　　　　　戰氣圍裡，國民黨政府上緊發條，一切施政策略以備戰爲主，包括文化政策，
　　　　　甚至將之合併於教育綱領中，企圖把文化推展視爲一種教化人民的工具。」
　　　　　戴寶村，2007，《簡明臺灣史》，南投市：國史館臺灣文獻館，頁 182。

君（法國巴黎人）等，皆在這個時期陸續來到臺灣。龍彼得與施博爾來臺研究道教儀式，亦對臺灣的皮影戲表演產生興趣。「東華」張德成 1964 年 4 月 16 日，於臺南縣永康鄉永康戲院演出時提及：

> 第一天有臺南市青年路 64 號之 1，法國遠東研究員施博爾先生來參觀，第二天有帶 2 人共 3 名外國人到來參觀，第五天施又來約束（約定）要到我家去。〔註 19〕

　　施博爾 1964 年曾至張德成家中，欲購買皮影戲劇本與文物，所幸張德成並未將家藏劇本販售。爾後，施氏於 1968 年左右，於彌陀的金連興皮戲團，向蔡龍溪購買皮戲文物。並蒐集到 198 本皮影戲劇本。目錄則刊登於 1980 年的《民俗曲藝》。由此可知，外國學者已經初步地對臺灣皮影戲展開研究，同時也帶走了相關的皮影戲重要文物，十分可惜。1945～1970 年將近 25 年的時間，官方對於臺灣戲曲的發展，是處於在一個比較管制和控制的狀態。相對的，官方在 1971 年後，對於戲劇演出規定則逐漸放寬。〔註 20〕以劇本審查來說，1974 年雖戲劇演出仍需要上呈演出劇本審核，但官方已放寬期為 3 年，而不在以 1 年 1 次做為審查的標準。〔註 21〕此時期仍屬戒嚴時期，戲劇上演雖不較以往的嚴格，但演出所具備的法源規章和申請，仍需依照法源的規定而走。1979 年後，官方成立〈加強文化及育樂活動方案〉，戲曲的演出，開始朝向文化娛樂的方面進行，種管制才逐漸的放寬。同年 2 月 6 日，行政院正式頒佈「加強文化及育樂活動方案」，始明列「傳統技藝之保存與改進」項目，在做法上由政府委託學術機構，對傳統技術和傳統藝能等之現況進行調查研究，提供了妥善保存與改進計畫。〔註 22〕1980 年 1 月 19 日廢止〈臺灣省電影戲劇事業管理規則〉，〔註 23〕反應政府對於臺灣戲劇演出，限制的放寬。限制的鬆綁，顯現政府開始意識文化資產保護與民俗藝術的重要性，注重到臺灣傳統藝術的式微現象。1982 年 5 月 26 日，政府公佈《文化資產保存法》正式實

〔註 19〕 《東華皮戲團各地上演紀錄表》，頁 362。

〔註 20〕 臺灣省政府公布令：「廢止本省電影戲劇事業管理辦法及本省劇團管理規則。中華民國三十六年三月六日前臺灣省行政長官公署公布之臺灣省電影戲劇事業管理辦法，暨同年八月二十二日公布之臺灣省劇團管理規則着及廢止。」詳見《臺灣省政府公報》春字第六十期。

〔註 21〕 詳見臺灣省地方戲劇協進會，1974 年第十三屆會員大會。

〔註 22〕 林鋒雄，《中國戲劇史論稿》，臺北：國家，頁 164。

〔註 23〕 《臺灣省政府公報》六十九年春字第十九期。臺灣省政府令，中華民國六十九年一月一十九日六九府教五字第一七四四六號。

施。〔註24〕在該法公佈實施後，政府有關單位開始積極的投入對於臺灣民間藝術與藝人的調查，並出版《臺灣民間藝人專輯》，並且深入實地的田野訪查與保存技藝。〔註25〕在政府官方的重視、保存與推廣下，對之後臺灣戲曲有著十分重要的鼓舞作用，而臺灣的皮影戲的研究，亦名列在此調查研究的成果中，有著相當豐碩的成果。

　　1970 年末 1980 年初，隨著政府官方對藝文的提倡與投入臺灣的戲曲研究，帶動了學院的研究領域。1979 年後，施合鄭創立非營利的財團法人機構。宗旨在於保存、發揚及研究與社區廟會相關之民俗曲藝，並舉辦相關的民間劇場等。透過民間劇場的演出，讓民眾體驗皮影戲的表演風采。教學方面以皮影戲來說，東華皮戲團張德成，曾在 1983 年 8 月 15 日至 27 日，為期兩週，於臺北市省立臺灣師範大學教學皮影戲藝術，1985 年則在高雄鳳山中正預校，舉辦為期十日的皮影教學。1990 年後，教育部與各級縣市文化中心與學者相互配合，更進行民間藝人的生命史紀實，替民間藝人記錄下重要的演藝史。皮影戲方面則委由石光生撰寫《重要民族藝術藝師生命史——皮影戲張德成藝師》（1995）一書，為皮影藝人生命史之濫觴。爾後，更續寫《皮影戲藝師——許福能生命史》（1998）、邱一峰《許福能的生命歷程》（2000）、石光生《蔡龍溪皮影戲文物圖錄研究》（2000）等，為皮影戲藝人留下寶貴的生命歷程。此外，林明德主持計畫的林淇亮「福德皮影戲團」保存計畫期末報告（1999）、李殿魁計畫主持的《皮影戲「復興閣」許福能技藝保存案（1999）》，民間藝術保存計畫傳統戲劇組、石光生主持《永興樂皮影戲團發展紀要（2005）》、林永昌《合興皮影戲團發展紀要暨圖錄研究》（2007）等，分別針對民間藝師與劇團在技藝的保存、傳承系統上做了詳細扎實的田野調查和深入研究。並藉傳統經典劇本，以影音方式呈現在大眾面前，為臺灣皮影戲留存下影音的第一手資料。

〔註24〕　據該條文第 3 條，第四項傳統藝術：指流傳於各族群與地方之傳統技藝與藝能，包括傳統工藝美術及表演藝術。
〔註25〕　「如：1986 年 4 月，由文建會委託國立政治大學邊政研究所出版《中國民間傳統技藝第四年度研究計劃報告》、1986 年高雄市政府委託曾永義教授主持規劃「高雄市民俗藝技藝團」、1987 年許常惠教授主持「彰化縣立文化中心南北管音樂資料中心」、1987 年 6 月林鋒雄主持《宜蘭縣立文化中心臺灣戲劇中心研究規劃報告》等。由此可見，於 1982 年後，對於臺灣傳統藝術的規劃與保存，已有明顯的成績。」林鋒雄，《中國戲劇史論稿》，頁 165～174。

綜合由上述第一次日本官方的調查到 1945 年後的 25 年間，完全無任何官方的戲曲調查記錄。1952 年後的官方資料是爲管理劇團、政治文化宣傳等所實施的調查目的。1979 年後才又開始針對劇團、藝師、技藝等做研究保存。從上述的臺灣戲曲調查時間點來看，臺灣戲曲的每個調查點、目的皆有所不同。若單由各大專院校臺灣皮影戲的研究，臺灣皮影戲由早期以皮影戲歷史淵源、技藝介紹、劇本文化分析爲主。顯示臺灣皮影戲表演藝術，已愈趨受重視。若綜合這些皮影戲研究論文，約可以當分爲幾大方向。

（一）劇本、語言

以劇本的書寫爲主，透過不同年代的劇本書寫，分析劇本的書寫內容。劇本的探討，在皮影戲的研究中較爲廣泛。各劇團皆有劇本的抄本流傳，由各個皮影劇團所保存的劇本，分析內容劇本的寫作內容，並由此針對劇本內容與中國傳奇或者小說的相互比較。劇本的內容分文戲或武戲，再者，分析目前臺灣皮影戲團各個戲團或藝師的書寫特色。更從皮影戲劇本研究其劇本所記載的語言模式、文字書寫、編寫特色等，述論臺灣皮影戲與潮州之關係。另外，也從近幾年所舉辦各類皮影戲的表演劇本，分析皮影戲的劇本語言、情節等，述論皮影戲比賽的劇本模式。

（二）戲曲音樂

戲曲音樂的研究與收錄，通常是較爲困難的部分。皮影戲曲音樂，藝人全憑師徒的口傳心授、倚重記憶能力。不論是前場或者後場配樂，難免因年代久遠下，記憶力退失，顯得心力不足。由於分析唱曲音樂，在學術上必須仰賴有聲影音資料，但早期的影音設備並不發達，藝人演出又無錄影或錄音的習慣，使得後人研究皮影音樂的區塊上，只能仰賴藝人記憶的傳唱做爲探討資料，汲取各團的藝師唱曲做剖析比較。並由臺灣皮影戲戲曲，由曲牌、唱腔中，分析與中國潮調之關係，利用音樂的潮調曲牌論及其音樂的特色，並藉由藝人的唱曲和後場音樂的運用，著寫曲譜、利用影音設備錄音、錄影提供後人研究皮影戲潮調音樂之特質。

（三）雕刻工藝

「皮影戲」若是於戲劇演出，則爲單純的影偶，但影偶除是演出的工具外，若懸掛而置，亦是爲一種極具平面藝術的雕刻作品。目前臺灣在此方面

的研究上，針對現存臺灣各皮影戲團的影偶雕刻，分析出各團的雕工與刻偶特色、創意，並概述臺灣皮戲與中國皮影戲的雕刻方法、製作方式、上色等做討論。內容分別由雕刻材質、工具、顏料、色澤、藝人創意等方面進行分析，探討各劇團的不同處與特點，並藉由臺灣皮影戲的雕刻特色，與中國皮影戲進行分析，論述二者所呈現雕刻之不同處。

（四）歷史文化

臺灣皮影戲歷史的發展演進，亦和文化的變遷息息相關。其研究方法不外乎從文獻書籍和藝人的口述資料著手，探討中國皮影戲的起源流變與臺灣皮影戲的關係。並藉由歷史文獻資料，融和臺灣民間藝人田調口述，整理分析影戲的歷史脈絡。透過歷史分類期，分類出臺灣皮影戲傳入歷史文化與各時期的皮影戲演化過程。

（五）創意行銷

文化創意產業於 2000 年所來逐漸興起，希冀利用創意的概念和行銷手法，推廣傳統產業的再活化，藉以達到傳承、創意、推廣、行銷等目的。例如，「藝陣」方面的「電音三太子」、「宋江陣」、「藝閣」等。以傳統偶戲方面，研發霹靂布袋戲戲偶的公仔、角色扮演等，相當受到時下年輕人的喜好。臺灣皮影戲方面，則是結合電腦動畫與科技，呈現有別於傳統演出的皮影戲樣貌。另外；皮影戲館的規劃設計，亦為該論文研究領域的範疇。著重點於皮影戲館內的規劃，為皮影戲產業有何推廣、教育與行銷的之成果。

（六）學校教學

1990 年代教育部著重文化扎根，在各國中、小學成立傳統藝術社團。1995年教育部開始舉辦全國偶戲創意比賽，由比賽激發國中、小學皮影比賽之創意。而高雄縣既為皮影戲的重鎮，自然對於皮影戲的教學，著墨甚深。1995年國中、小學在相關條件允許下，皆成立皮影戲的教學社團。高雄市文化局皮影戲館（高雄縣岡山皮影戲館），亦定期提供皮影戲的教師研習場地，央請各皮影戲團的演師，教授皮影戲藝術，培育種子教師，以達到皮影藝術的學校教育。1996 年至今教育部與文化局，每年舉辦學生的皮影戲社團比賽和學生戲偶雕刻等比賽。論文則側重於歷年的學生比賽劇本與學校社團方面，分析皮影戲近幾年來的扎根的情況，並說明皮影戲推廣的情形。劇本內容因比

賽有何不同於傳統的改變，紙影戲方面，則說明如何運用不同材質製作影戲演出，將不同材質製作的影戲往下扎根讓國中、小學學生藉由材質的製作認識皮影戲。

（七）皮影戲動畫

網際網路以及電腦動畫的科技日新月異，受到這樣科技的發展之下，2000年後，開始利用電腦動畫的科技，架構網站，將皮影戲的藝術，與電腦動畫做結合。透過電腦動畫的設計與結合，展現出臺灣皮影戲的不同藝術面貌。或者是以電腦動畫結合皮影戲館館，展現皮影戲館獨特的皮影戲典藏藝術等面向。總體而言，是以電腦科技結合皮影戲的一種不同藝術特質的研究。

大致上可以看出臺灣的皮影戲相關研究，越趨深入。〔註 26〕但對臺灣戰後皮影戲商業劇場較為深入的說明與論述，僅在石光生《重要民族藝術藝師生命史（I）皮影戲張德成藝師》一書，透過東華皮戲團提供出的演出紀錄表，歸納出臺灣皮影戲在內臺戲院時期所演出的變化。該書提及至皮影戲在商業劇場時期演出時之文化環境與劇本、觀眾等層面，並說明出商業劇場時期的演出文化與環境因素。不過由於著墨於藝師演藝史，關於皮影戲商業劇場史與演出劇本內容及其環境的因素，未多有所提及。石光生的〈論張德成皮影戲「內臺演戲記錄」（1952～1967）反映的臺灣內臺戲劇場文化〉，根據西方的劇場理論，深入當時皮影戲內臺戲院的表演特色及其內、外在環境與文化變遷，為皮影戲所帶來的變異。整體來看由 1952 年論起，直至 1967 年為止，橫跨 16 年的時間。該篇清楚的點出 1952 年後，皮影戲商業劇場的脈絡，對於 16 年時間的商業劇場文化間的變化、戲團因素、觀眾層的反應、時期點的劃分等，做綜合性的解析。

石光生皆以戰後 1952 年為起始到 1967 年為止，做為商業劇場演出時期年代的區分。但皮影戲早於日治時期，臺灣業已出現商業劇場的建置，中國戲班亦前來臺演出。據劇團提供的資料，早於昭和年間皮影戲，就已有前往新竹州、臺北州演出的記載。戰後後到 1947 年二二八事件發生，全臺充滿肅殺氛圍，但由東華皮戲團的《請戲人明細案卷》一書顯示，二二八事件對於皮影戲商業劇場的影響，不是那樣的深入。而 1949 年更有前往宜蘭南方澳戲

〔註 26〕有關皮影戲在臺灣各時期的劃分，石光生發表〈臺灣皮影戲的歷史分期初探〉（1998）一文，將臺灣皮影戲歸納出六個時期。後人研究多依此時代，為臺灣皮影戲的歷史分期。

院演出的記錄，〔註 27〕換句話說，皮影戲的商業劇場演出，應當更早。顯然 1952 年的進入商業劇場，並非單獨爲政治法律的禁止節約演戲而走入。退出商業劇場的年代，亦可往後推至 1970 年，並非止於 1967 年。1967 年後仍有戲院行程的安排與戲路，只是於劇團出發，皆被戲院告知取消東華的演出，由張德成 1968 到 1969 年所的日記本，亦能看出這兩間的戲院變化。〔註 28〕而 1967 到 1970 年這三年間的商業劇場文化圈、觀眾層，又呈現出何種的氛圍？這些都有待吾人繼續挖掘。

皮影戲有其特有的表演藝術以外，演出劇本亦是重要的一環。演出劇本雖取材來自章回小說或通俗小說，但章回小說或通俗小說種類繁多，爲何會挑選該幾本做爲商業劇場的演出劇本？傳統劇本入商業劇場後，音樂的變革如何與傳統劇本做連結？劇本在各時期的轉變，是否亦牽涉到庶民文化的改變？透過劇本可以了解當時演出的取向方式，與商業劇場的文化模式。

林美鑾《光復後臺灣地方戲劇演出情形與社會轉型關係初探（1945～1970）——以東華皮戲團、新興閣掌中劇團、拱樂社爲例》以皮影戲與布袋戲、歌仔戲做比較，論述出與社會轉型之關聯。林少緯《鍾任壁布袋戲演劇文物重現五○年代內臺戲商業劇場文化》據林美鑾、石光生二文爲基礎，內容則著重在從鍾任壁布袋戲的演劇文物，綜合性的分析 1950 年代皮影戲與布袋戲的商業劇場表演文化層面。筆者碩論《論民族藝師張德成新編皮影戲》第三章〈東華皮戲團內臺戲院的劇本及其演出〉則依據張德成《東華皮戲團各地上演紀錄表》爲基礎稍做延伸，及參閱石光生〈論張德成皮影戲「內臺演戲記錄」（1952～1967）反映的臺灣內臺戲劇場文化〉一文。筆者整理出東華皮戲團商業時期的演出場地、日期，並且簡易式的勾勒出 1952 到 1970 年間，皮影戲的演出位址和分析出劇場、劇團、觀眾模式與文化。但對商業時期的所有臺灣有進入商業劇場演出的皮影劇團、商業劇場演出劇本內容分析、語言、寫作特色與吸收外在其他劇種表演藝術等，因限於行文篇幅，筆者並未針對皮影戲的商業劇場的環境文化變遷，劇本演出等，做更深入的探討。有鑑於此，爲探討臺灣皮影戲商業劇場時期的演出，必須在透過更多相關文獻資料的比對與發掘，梳理出皮影戲商業劇場的文化表現。

〔註27〕詳見東華皮戲團《請戲人明細案卷》，頁 1。按《請戲人明細案卷》是爲東華皮影戲團張德成於 1945 年開始記錄內臺戲院演出的戲路日期與請戲人名單。按書面日期是爲 1951 年起，但內容則始於 1945 年 10 月 15 日起至 1956 年，內容分戲院、負責人／請戲人、請戲日期／時間、備考等。

〔註28〕詳見張德成 1968～1969 年日記本記錄。

二、問題的討論

臺灣商業劇場史的研究，歌仔戲、京劇、福州戲、新劇、布袋戲等劇種，已有呈現相當的成績。現階段臺灣皮影戲的院時期演出研究，研究者大抵上還是圍繞在石光生所論述到東華皮戲團的商業劇場時期，石光生以 Jack Watson，Grant McKernie 所共同執筆《A Cultural History of Theatre》一書的理論根據，建構臺灣皮影戲商業劇場的文化現象，並發表〈論張德成皮影戲「內臺演戲記錄」（1952～1967）反映的臺灣內臺戲劇場文化〉一文。隨後的研究者，也嘗試由更多不同的皮影劇團，建構出更多戲院的資料。可惜都只存演師之間的口述，缺乏文獻資料的比對。

石光生透過東華張德成所記載的資料，闡述分析戰後的臺灣商業劇場，是一個由廣大的平民百姓，在現實生活中所共同建構的大眾文化，而非官方幻象般的劇場文化圖像。〔註 29〕劇場演出就是一種由廣大庶民觀眾，所建構而起的文化，也是一種最爲平易的劇場表演文化，與由官方所建立的劇場文化截然不同。但消費大眾是如何建構出這樣的劇場文化和發展？在商業劇場建構之前，是由何種的文化面貌，或者有何種文化面貌所建構。觀眾爲何而進入劇場消費？皮影戲的商業劇場消費觀眾層，是否存在普羅大眾與知識份子的差別或維持其身份上的一種認同感？解釋臺灣皮影戲的商業劇場的發展，是否也存有文化變遷的問題？在什麼樣的狀態下變遷？在不同的時期當中，爲適應環境改變了本身的何種表演藝術？若吾人以布迪厄（Pierre Bourdieu）的社會學觀點，是否會有 Bourdieu 所認爲的文化資本、社會資本和符號資本、慣習、場域或位置的角度產生？劇場的文化變遷，在文化變遷之中，是否有史徒華（Julian H. Steward）所提出的文化生態學問題。以上問題，是否是臺灣戰後商業劇場的社會面向。

（一）Bourdieu 的社會學理論架構

Bourdieu 的理論，一般大多將其案入社會學的討論。其中，有幾個重要的面向，從社會空間中，區分出資本（capital）、慣習（habitus）、場域（field）等解釋。若由 Bourdieu 的社會學理論，或許能從中了解戰後的商業劇場所形成的另一項文化面。Bourdieu 認爲若要解釋行動者的日常生活，須在既定的社會場域中，行動者如何運用其慣習和各種形式的資本，爭取對自己較有利的

〔註29〕詳見石光生，2004〈論張德成皮影戲「內臺演戲記錄」（1952～1967）反映的臺灣內臺戲劇場文化〉，《民俗曲藝》第 146 期，頁 205。

位置。這個過程中顯然同時是行動者主觀意願和社會結構的交互影響。〔註30〕
「社會空間」是由許多場域所組成。「場域」（champs）則是由各種社會地位
和職務所建構出來的一種空間，其場域的性質，決定於這些空間中的人，所
佔據的社會地位和職務。不同的地位和職務，會使建立的場域，呈現不同的
網路體系，也因此使各種場域的性質有所區別。場域乃是由各種客觀權力位
置關係所構成的網絡形構，每一個歷史時期都有其系列的社會位置關係，位置
的分布乃是依據資本的分佈而定，最明顯的就是經濟資本和文化資本。〔註31〕
而社會空間就像市場體系一樣，人們依據不同的特殊利益，進行交換活動。
而社會空間是由許多場域的存在而結構化，進行多重的特殊資本競爭。以
Bourdieu 的觀點，人類活動的目標在於各種不同資本的累積和獨佔，以維護或
提升在場域中的地位。因此場域也是一種權力的分配場。〔註32〕換句話說，
社會空間由不同的場域所組合，有著不同的競爭狀態，而社會的施爲者，藉
由各種資本，累積自己的實力或者地位。然而，在社會空間中的場域，即是
一種多面向的社會關係網絡。場域的相互關係網絡，也存在著宰制與屈服觀
念。〔註33〕

　　商業劇場或可類比成一個場域，存有社會知識份子階級參與商人等，分
別由同地位和職務所建立。這些不同階級職務的參與者，形成了商業劇場的
體系。商業劇場的演出，是建立在商業的交換利益與競爭。戲院提供劇團演
出的場所，劇團提供娛樂消費，形成了商業劇場的社會空間。然而，商業劇
場的生存，觀眾是扮演著劇團／劇場生存的關鍵者。普羅大眾，爲何未進入

〔註30〕張錦華，2001，〈從 Pierre Bourdieu 的文化社會學看閱聽人質性研究的發展〉，
　　　　《傳播文化》，第 9 期，頁 74。
〔註31〕劉少杰，2002，《後現代西方社會學理論》，北京：社會科學文獻，頁 200。
〔註32〕高譜鎮，2002，〈《布赫迪厄論電視》Sur la television 一個透過「場域」概念的
　　　　解讀〉，《網路社會學通訊期刊》第二十四期。
〔註33〕「場域乃是「位置之間的客觀關係（宰制與屈服，互補或敵對等）之一套網
　　　　路系統」…，布爾迪厄認爲任何社會形構都是由一系列有高低階序的場域（經
　　　　濟場域、政治場域、教育場域、文化場域等）所構成的，每個場域被界定爲
　　　　由自己的運作法則和力量關係所構築之空間。此力量關係是相當程度地獨立
　　　　於政治和經濟力量的（政治和經濟場域當然除外）。每個場域是相對自主的，
　　　　但又與其他場域呈現結構上相互對應（structurally homolo-gous）之關係。場
　　　　域的結構是由場域中施爲者所佔據的位置關係所決定，施爲者位置的改變將
　　　　會影響一個場域結構的改變。」許家猷，2004，〈布爾迪厄論西方純美學與藝
　　　　術場域的自主化──藝術社會學之凝視〉，《歐美研究》第三十四卷第三期，
　　　　頁 363。

劇場消費？透過「慣習」，觀眾（行動者）進入戲院消費，他存在著自身的一種喜好以及品味，直言之，從劇團在戲院中的演出，即可看出這些觀眾，對於劇種表演的喜好與否，從中反應了戰後觀眾，對於劇種演出，所採取的態度。當然；觀眾喜好、風格與否，與本身的文化階級，亦有所關聯。Bourdieu 認為「人」對於文化藝術表演的喜好或品味，都是具有「階級」，對應於個人在社會中的位置。每個階級都有發展出自身的審美標準與型態。以普羅大眾而言，劇場觀眾如何做出選擇，就是向世人呈現的社會空間。另一方面，當吾人透過戰戲院觀眾的審美意向時，其實也就描繪了觀眾的地位，並讓他與更低層的群體產生距離。由這個面向而言，當普羅大眾進入了商業劇場的社會空間消費之時，無疑就向世人呈現他在這一個社會上的空間，如，軍人、農人、學生等。而當這些消費大眾進入了商業劇場，選擇了消費的劇種（皮影戲、布袋戲、歌仔戲、京劇等），其不疑呈現了當時觀眾的欣賞品味，同時，觀眾藉由進入戲院的消費，以便區別這些進入戲院的行動者，他們無進入戲院消費的行動者的一種區別。由此，吾人大致上可以了解，戰後的商業劇場的文化構成，由不同的場域構成出一個實體的社會空間，當社會空間有所建立以後，行動者透過社會空間（戲院），反應出其本身的品味與愛好，將進入戲院的消費，區別出自身的文化階級。當這樣的形態，逐漸形成以後，也就構成了戰後，觀眾進入商業域場消費的一種流行文化取向。

（二）Steward 的文化生態變遷理論架構

文化生態學的基本概念，為史徒華（Julian H. Steward）所提出，認為文化變遷可被歸納為適應環境。這個適應是一個重要的創造過程，稱之為「文化生態學。」〔註34〕Steward 從美國西南部和大盆地（Great Basin）的人類聚落研究，透過聚落本身的工藝技術的文化，其結論能夠理解成「文化」行為與環境互動下的產物。〔註35〕Steward 發現人類的行為，是一種理性而慣性，是為生存而存於是一種實用性的整合。就是為生活而產生。「文化」的本身也並非一成不變，而是透過不同變異，去適應生態。若由 Steward 的文化變遷概念，將其劇團的戲院表演，歸納成一種生物，適應戲院環境的型態。劇團／

〔註34〕黃淑娉、龔佩華，1996，《文化人類學理論方法研究》，中國：廣東高等教育出版社，頁 306。

〔註35〕李匡悌，2011，〈二十一世紀臺灣聚落考古學的研究〉；《人文與社會科學簡訊》12 卷第 3 期，頁 67。

劇種即，是生物。而戲院則是等同一個生物的生存環境。過往皮影戲都有自己的演出傳統模式，而後進入商業劇場演出後，劇團為了生存，必須變革自己過往的生存方式，也就是一種適應環境，對於本身實用性（表演藝術）進行理性的改革。而受到商業劇場的文化環境，例如，歌仔戲音樂、布袋戲後場音樂、電影、話劇等劇種的表演藝術影響，將這些不同劇種的表演藝術，融合成為一種本身的表演方式。反之，就是為了適應劇場的生存，延伸出另類的表演方式。若由文化生態學的概念解析，臺灣皮影戲傳承自潮州影戲的傳統表演。然面對迥異於酬神的環境的商業劇場體系，皮影戲表演如何適應環境，創造適合商業體系的演出？而皮影戲的商業劇場演出本，是否可以反映出皮影為適應商業劇場體系所做的創造。

（三）戰後商業劇場的文化意義

戰後的商業劇場文化研究，石光生援以 Jack Watson 與 Grant McKernie 所共同執筆《A Cultural History of Theatre》一書為論述根據，書中清楚指出：

> 我們相信劇場〔藝術〕存在於某個文化環境之中。這個看法點基於三個重要假設：其一，任何一個社會單位（institution）皆能為參與者發揮它的社會功能；其二，每個社會包含著文化環境；其三，每個社會的文化特色是值得研究的。〔註36〕

了解劇場文化，則必須探討某個社會多元藝術、劇場史等。從社會的多元藝術、劇場史、戲劇等面向，解析戰後的劇場文化。石光生援以劇場、消費觀眾、劇團等幾分面，清楚的分析戰後的商業劇場文化狀態。

商業劇場顧名思義是以商業為出發點，有商業上的交易行為，獲利就為最主要的訴求。有商業的交易行為，就有競爭的存在。劇場演出，營收獲利最主要的來源，即是前往劇場消費的大眾，有觀眾的消費行為，才能支撐劇團的演出。劇團的演出與生存，最主要就是觀眾的消費。有觀眾的消費行為，才是劇團持下演出的主軸。劇團也才能由觀眾的消費行為，得到營收的目的。劇團的演出，就具有了一種「商品」交易的觀點。可商品交易必須有其市場，商業劇場就是商品的交易市場。商業劇場既具有商品的交易的功能，它創造了條件使公眾有能力獲得商品。〔註37〕亦是商業劇場提供了交易的場所，供

〔註36〕石光生，2004〈論張德成皮影戲「內臺演戲記錄」（1952～1967）反映的臺灣內臺戲劇場文化〉《民俗曲藝》第 146 期，頁 158～159。

〔註37〕「市場首先創造條件使公眾有能力獲得文化商品，然後，通過降低產品降格，

不同階級的大眾，進行商品交易（娛樂）。

透過 Bourdieu 對於場域論述，認爲場域並非由部分組成，每一個場域都有其自己的邏輯與規則。不論何種型態，都有自我的一種場域和共同的幻象。如此，將戰後的商業劇場比喻成「場域」，劇場的「商品交易」場所，就有屬於自我的一套遊戲規則。質言之，這些進入劇場的劇團，延伸出「場域」的一套規則。劇種本身的相互競爭，就有「場域」的型態。而進場的消費觀眾，也必須了解本身對於場域（戲院）中的遊戲的規則，必須遵守戲院場域的規範（買票消費）。然而，觀眾進入劇場消費，不單單只有商品消費的取向，就觀眾而言，爲了某種利益進入某個社會場域，其實也存在著自我本身的一種文化階級。〔註 38〕換句話說；觀眾進入劇場消費，除了消費以外，也存在了一種自我的階級意識，觀眾透過進入劇場的消費，借重劇團的演出，區別出自己的品味與喜好。以一種進入劇場消費的心態，區別出無進入劇場消費的階級。然而，商業劇場的演出，所有取向皆是以消費爲主，反之就是一種商品交易的方式。

若將商業劇場的戲劇演出，轉換成商品的概念。戲劇的演出，就是商品的一種。〔註 39〕劇團的呈藝，它所要帶給消費大眾，就是一個娛樂性。消費觀眾爲了獲取娛樂（使用價值），以金錢交易購「娛樂」，就具有了商品經濟的取向。由此，劇團商業劇場演出的呈藝表現，就是商品的一環。每一進入

從經濟上增強更多公眾的獲取能力。或者，市場根據自己的需求，調整文化商品的內容，從而從心理上增強各個階層民眾的獲取能力。」哈伯瑪斯（Jurgem Habermas）曹衛東、王曉珏、劉北城、宋偉杰，2003，《公共領域的結構轉型》，臺北：聯經出版社，頁 216。

〔註38〕「就個人而言，社會行動者爲了某種利益進入某個社會場域，其所據有的資本類型和數量決定行動者在場域內所佔的社會位置‧以及與他人的互動關係。個人以其擁有的不同資本，在其場域中努力擴大其資本，因爲資本可以構成能力，可以對自己未來或對別人發生影響，因此也是一種權力。行動者的社會座標就是資本總量、資本結構，和此二者的時間演化」詳見張錦華，2001，〈從 Pierre Bourdieu 的文化社會學看閱聽人質性研究的發展〉，《傳播文化》，第 9 期，頁 76。

〔註39〕「商品，是用於交換、需要實現勞動補償的勞動產品。…，商品都有價值和使用價值兩個因素。商品的使用價值，是商品的有用性，也就是商品能夠滿足人們的某種需要的特性。做爲商品，爲了能夠同其他商品進行交易，首先就必須有用，所以我們說商品的使用價值是商品價值的物質承擔者。商品的價值，…，是商品得以進行交換的基礎。」周積智，1988，《商品經濟學》，中國：《求索》編輯部，頁 1。

演出的劇種，無論是歌仔戲、布袋戲、新劇、電影等，演出都是商品，既為商品，就有其所要帶給消費大眾，該商品所具有的功能性（娛樂）。就不同的角度，劇團所呈藝的表演，就是自己獲利的工具，藉由觀眾的消費達到營收與獲利。由「商品經濟」（merchandise economy）的特徵來看，劇團本身就是一生產者，劇團本身的演出，並非是滿足自己，而是滿足觀藉由本身的戲劇演出（生產）的戲劇呈現，就是其自我所獲利的產品。進入商業劇場（商品交易市場）演出，通過大眾的消費（市場購買商品），得到自己獲利的目的。〔註 40〕劇團是以營利為最主要的目的，劇團本身的表演就具有商品經濟的交易表現，劇團借用本身的表演，以商業劇場為橋梁，吸引消費者前往消費。而消費大眾，藉由交易的方式，得到表演（商品）的需求。顯然劇團的商業劇場演出，就具有商品經濟的效益。既劇團的演出，具有商品經濟的效益，那麼；劇團所提供而出的商品（表演），又如何適用大眾的消費？消費者為何會接受？阿多諾（Theodor Adorno）和霍克海默（Max Horkheimer）1947 年於啟蒙辯證（dialectic of enlintenment）提到：

> 文化工業融合古老與通俗而成一新性質‥‥，產品係適合大眾消費，
> 而又大大地決定了消費的性格，乃或多或少按照計畫製造。文化工
> 業有意地自上層統合其消費者。它強將高級與低級藝術範圍合在一
> 起──。〔註 41〕

透過阿多諾和霍克海默的啟蒙辯證，姑且不論文化工業藝術高低的範圍問題，認為文化工業（culture industry）是將產品製造出適合大眾的消費，也決定了大眾的消費性格。易言之，劇團將表演的型態，調整至適合消費大眾的口味。而這個大眾的口味，突顯了當年商業劇場的劇種表現文化。然為何這些廣大的消費觀眾，會因商品去前往戲院消費？是否是大眾的消費者，看得到商品的用處，才會消費這個產品？問題是這個商品的用處為何？是否因當時的大眾文化所影響？〔註 42〕大眾文化的特徵它必須要在工業社會裡產

〔註 40〕周亮，1989，《商品經濟新論》，中國：華東師範大學出版社，頁 18。
〔註 41〕姚一葦，1993，《審美三論》，臺北：開明書店股份有限公司，頁 156。
〔註 42〕所謂「大眾文化」大抵是指：「現代都市和大眾消費社會裡流行的文化類型（諸
　　　　如流行音樂、娛樂消遣的影視片、世俗文學、廣告文化等等）。它是在工業社
　　　　會產生，以都市大眾為消費對象，並通過大眾傳媒無深度、易複製、模式化
　　　　的特點，按照市場規律而批量生產的文化產品。」蔡尚偉，2005，《文化工業
　　　　時代的影視方法論》，中國：四川大學出版社，頁 3。

生，以都市大眾為消費對象。以此，戰後的臺灣社會，雖尚未進入工業社會，
但在日治殖民時期的規劃下，劇場的興建大多設立於都市的鬧區，以具有大
眾文化的流行型態出現，現代都市的雛型。而劇團的演出或者不同劇種的演
出，其有大眾文化的類型。商業劇場的劇團演出，就是大眾的消費為主，形
成大眾的一種流行文化取向。在流行文化的生成下，逐漸形成一股商業劇場
看戲的流行文化趨勢，大眾消費者，在這樣劇場流行文化的生成，進場消費。
在大眾文化的影響下，劇團的演出（商品）成為消費大眾所需求的商品，因
而進入劇場購買娛樂。再者，以流行文化的角度審視，吾人就流行文化而言，
所謂流行文化，高宣揚認為：

> 流行文化源出於「時裝」、「時髦」或「時尚」（fashion；lamode）。
> 它是在一定時期內，在民眾普遍的傳播，並經由社會特定領域內某
> 種力量的推動，而在有限週期內迅速起落的特種文化。〔註43〕

流行文化出自時尚和時髦，它是在有限的週期內所快速崛起的一種文化
形式。如果此概念，含括入商業劇場的文化，戰後商業劇場文化的興起，是
在特定的時期內，所快速崛起的一種文化。這種劇場消費的流行文化崛起，
有其社會環境的推波。如：官方的簡約政策，促使劇團加速進入劇場的演出。
但在這樣的流行文化趨勢下，為何大眾會前往參與？以進入劇場消費，或許
以當時而言，就含有一種社會身份認同的表現。此認同感，或許就如現代收
集流行的文化商品一樣，具有一種社會的象徵與身分的表現。由此，商業劇
場的文化建構，同時宰具了商品經濟、流行文化、場域三個層面，劇團成為
演出的提供者；也為娛樂大眾的製造者。劇場成為了商品的交易市場，也形
成一種場域。消費大眾要進入這個場域獲取所需，就必須遵從這個場域的遊
戲規則。而消費大眾進入劇場消費，藉由劇團演出，以金錢交易獲取娛樂。
這三者，共同建構出了商業劇場的文化面。綜觀來說，商業劇場文化形成，
是由劇場、劇團與觀眾三方所相互形成。由這三方所構成商業劇場的文化圈。
劇團演出，提供出娛樂（消費商品），而商業劇場提供演出表演舞臺給劇團，
也就是一個商品的交易市場，劇團再藉由商業劇場所提供的交易市場，呈現
表演藝術給觀眾，觀眾（消費大眾）進入商業劇場消費，有時代的流行文化
面，消費觀眾以金錢上的交易，獲取娛樂，劇團、劇場與觀眾三者互為依賴
關係，而形成商業劇場的文化。反之；一旦任何一方因某種因素而有所變化，

〔註43〕高宣揚，2002，《流行文化社會學》，揚智，頁81。

勢必造成三者的關係有所改變。透過這三方的建構，筆者認為，戰後商業劇場的皮影戲被接受與否，反應出一個時代的觀眾與流行文化的特質，當然這個文化特質之下，也必須由歷史文化層面分析，吾人所知，戰後的商業劇場其蓬勃發展之時，正為國府官方施行特殊的政治政策，其就是包含了當代在官方影響下所形成的特殊文化（反共抗俄劇演出、劇本申報、門票價格等）。戰後的商業劇場，處在戒嚴的時期內，國府的戒嚴時代，在官方的法規之下，必須配合官方的所實施的法規而演出，如：反共抗俄劇、劇團演出申請、劇本上演申請、勞軍、稅務等，這些由官方的制定下的法規，無形中也成為了劇場文化中的一環。先前所述，劇場和劇團的演出，有其遊戲規則，消費大眾進入劇場消費，必了解其遊戲規則和邏輯，所以當這些官方法令的施行，劇團、劇場和消費大眾，都能適應或了解這個場域的規則和運行的邏輯，才能進入商業劇場的演出體系。由此；在這樣文化下，構成商業劇場的共同文化圈。然而，劇團的劇場演出，為競爭與吸引觀眾做的舞臺、劇本、音樂等其他變革，反應了一個時代的文化產物，而這個時代產物，見證了商業劇場的演出文化，同時也包含了劇團為適應劇場環境的變遷，所因應下的變革。吾人在了解這些商業劇場的文化建構，商業劇場的劇團演出，最主要是以營利為基本條件。觀眾是為劇團與劇場之間生存的媒介，建立在商業利益關係上，消費觀眾是最主要的收入來源。有觀眾的消費，才能維持劇團與戲院的收入來源與開支，戲院有來自四方觀眾的交易，支撐戲院的開銷，劇團的演出有觀眾的消費，維持了劇團的生存。由此，觀眾進入商業劇場消費、娛樂，而劇場提供演出舞臺，劇團藉由商業劇場呈現表演藝術給觀眾，三者互為依賴關係，一旦任何一方有所變化，勢必造成三者的關係有所改變。例如：戲院中的傳統戲曲演出的流行文化趨勢，當進入劇場消費的流行文化趨勢有改變，造成觀眾的消費方向改變，這個改變，涉及到了劇種的生存。當傳統戲曲的演出，不再是流行文化的主流之時，也直接的反應了劇團無法在營收獲利，無疑破壞了劇團與劇場之間的平衡，戲曲退出劇場演出，戲院也不在是戲曲的演出場所，其也是構成商業劇場文化能否繼續維持的主要原因。

　　以往的皮影戲研究學者，大抵將皮影戲的戲院演出，定類在 1952～1967年。對於解讀皮影戲在商業劇場的文化生態與脈絡，有相當清晰輪廓與助益。臺灣皮影戲的商業劇場，可以追溯到日治時期，而戰後的戲院演出，可由1945

年論起，直至 1970 年為止。而 1945 到 1970 年，幾近 20 餘年的商業劇場演出紀錄與該時期之演出劇本、報章資料廣告，反映出何樣的歷史面貌與文化？演出劇本，往往象徵當年的演出文化。每本演出本的內容分析、情節走向、人物編寫等及其特質，又呈現出戲院文化的何種面向。演出本與取材的小說本有何不同？而能夠吸引觀眾注意？演出本做過何種修飾或創造？商業劇場的劇團演出，是否具有商品經濟的觀點與流行文化的取向？此外，除了劇團本身所藏有的演出史料以外，現階段官方文獻資料的發掘，對於戰後的商業劇場文化脈絡，亦有相當大的助益。戰後臺灣納入反共復國的基地與長達 38 年的戒嚴體制。就另一個層面，戰後戒嚴體制下的臺灣，所有的劇場／劇團演出活動，就是戒嚴管轄的一環，而非現代觀點的藝術展演。演出活動就必須，接受官方的管制。正因為在這樣的管制下，留下的大量的官方史料，也保存下劇場與劇團、官方之間的互動關聯。因此，本文亦嘗試由官方的史料，相互比對劇團的私藏史料，建構出當年的劇場文化。

透過 Bourdieu、Steward 的理論，筆者將述臺灣戰後皮影戲的商業劇場，預設成一個生物適應環境的改變，皮影戲在於這個劇場的環境底中，為適合劇場環境的何種演變或變化，所形成在藝術表演上的變異，而所形成適應劇場環境的不同變化。這種變異有何種？這樣的變異，代表著皮影戲的何種商業劇場的特色。由於戰後的商業商業劇場處於戒嚴的體制下，但正因有所管制，留下了大量的劇場官方資料。筆者嘗試由戰後到 1970 年代，論述皮影戲商業劇場發展、表演文化特色等，並與其他劇種的商業劇場特色做比較。由每個時期點做解析，架構出一部臺灣皮影戲商業劇場史。從文化表徵，解析表演藝術的發展變異，探討戰後的商業劇場是如何在不同文化的影響下，改變本身皮影戲的表演藝術。二則劇本通常與當代的表演文化息息相關，在欠缺影音資料的同時，劇本的內容，尤顯重要，從劇本的內容與劇本題材取向，看出不同時期劇本的產物與方向。從商業劇場的表演文化與劇本兩方面，欲建構單一皮影戲的表演脈絡與臺灣的皮影戲劇場史。

第三節　研究方法

本論文研究透過文獻資料的重新整理、劇本內容分析、影音圖像的紀錄與實際的田野調查為主，藉資料的重整與再解讀，論述出皮影戲商業劇場的

特徵。早期在影音設備設施不發達且設備價格昂貴的狀況、皮影戲演出時又無錄音、錄影的習慣，致使至今多半沒有影音資料的流傳，所以吾人無法窺得皮影戲演出情況與解析當時當時演出語言口語特色。影音資料的蒐集，是爲本文最爲困難部分。但據筆者所收集的影音，仍有少部分商業劇場的演出影音及圖像可供參考。

　　在研究方法上筆者欲採取幾大類，探討過往的戲院研究，其差異性與反思。

一、田野調查口述資料的再確認

　　由於臺灣皮影戲商劇場時期演出時期歷時已久，學界在缺乏相關文獻資料下，田野調查是爲採集有關商業劇場歷史文化的另一佐證。綜觀以往的商業劇場研究調查，除了引用自石光生的商業劇場研究結果以外，不外乎針對彌陀、岡山一帶個別的劇團演師採以口述歷史的紀錄，再次引徵。「口述歷史」是歷史的素材之一，中研院近史所前所長陳三井，對於口述歷史資料曾言及：

> 口述回憶是否有價值，大部份取決於受訪者，是否對歷史具有正確
> 的認知，而能在一己由燦爛歸於平淡之時，針對過去一生的經歷，
> 冷靜而不偏頗的作一供述，對歷史有個俯仰無愧於心的交待。部份
> 要依靠訪問者的能力，是否仔細研究過所要訪問的對象與相關的問
> 題？一些關鍵性的問題是否問得有意義及有深度？能否指出矛盾
> （inconsistencies）及時代錯誤（anachronism）？更重要的是，訪問
> 者是否與受訪者建立其互信關係，而使對方敞開心扉，到達一種無
> 所不談的共鳴境界？這些因素無疑都直接間接關係到訪問的成敗，
> 並決定訪問紀錄的史料價值之高低。〔註44〕

　　口述歷史是史學研究及史料蒐集的方法之一，但也必須受史學方法的檢視，分析其口述歷史內容是否屬實，而其屬實則須再透過多方文獻資料的考證。由此，戰後商業劇場時期，參與演出藝師，或曾經參與過的演出人員，多已年邁或逝世。口述資料的正確與否，與文獻所記錄的是否相同或差異，是爲筆者目前所較爲著重收錄、分析的重要資料之一。以田野調查和劇團演師的口述資料爲補充，並與文獻資料與相互分析，考察臺灣皮影戲商業劇場史文化的來龍去脈。因目前所存的商業劇場文獻資料，是由東華皮戲團所留

〔註44〕陳三井，1998，〈口述歷史的理論及史料價值〉，《當代》雜誌：第 125 期，頁109。

存。需針對過往皮影戲演師口述資料，官方文獻與東華皮戲團記錄的資料，相互印證，商業劇場的史脈絡。

二、商業劇場演出紀錄文獻資料的彙整

建構出臺灣皮影戲商業劇場，文獻資料包含：劇團本身的演出紀錄、報紙分類廣告、戲單、影音圖文等。以 1970 年東華皮戲團正式退出點為例，距今業已超過四十餘年。除少部份具有建築藝術價值特色的商業劇場尚存外，許多過往的商業劇場在都市更新土地再利用下，予以拆除。欲實地探尋出各地之商業劇場，有其困難度。然雖時間久遠，有關皮影戲的演出資料與跡證，卻保留在劇團內部所收藏的演出紀錄本。臺灣的皮影戲團中，只有高雄市大社區東華皮戲團有所保留下相關的商業劇場演出文獻紀錄，也是唯一成功進入商業劇場體系的皮影劇團。其餘皮影戲劇團僅存部分口述資料，以茲了解。

究竟東華皮戲團為何能成功進入商業劇場時期演出，其有何其獨到之處能與其他劇種相互競爭，則為本文所討論的目的。劇團本身的劇場演出紀錄，是見證演出的重要歷程以外，其劇場位址的紀錄有助於後者了解整個臺灣皮影商業劇場的演出場域。藉由劇團內部所提供的演出紀錄本的紀錄，探討出皮影戲商業劇場表演的文化。如：劇團如何以行銷手法吸引觀眾，劇團的技藝、舞臺設施、改良演出的皮影戲偶、引用其他劇種表演藝術，促進演出皮影戲藝術的新演出風格，為往後的皮影藝術，在離開商業劇場後，其對酬神劇場演出的影響。此外；欲做商業劇場的研究，必須對目前僅存的戲院做普查。透過劇團提供，掌握皮影戲演出商業劇場的住址，透過舊有的商業劇場住址，調查戲院是否存留，除為皮影戲商業劇場時期做研究外，亦對臺灣的劇場史做記錄。另一方面報紙的分類廣告文字記載，更有助後者解析商業劇場的商業手法。報紙的分類廣告，為廣告招攬觀眾的宣傳方式，但也記述了劇種商業劇場的演出跡證，故必先針對報紙廣告做整理與收錄。於皮影劇團提供出了內部的商業劇場演戲的記錄本，此為研究商業劇場十分重要的基礎資料，也是為建構出商業劇場史的重要史料來源。直言之，這些商業劇場的文獻，提供出了何樣的官方表象與民間普羅大眾的文化面向？而這些文獻的背後，論述出了何種劇場文化的文化建構？是值得吾人，再次透過戲院的文獻，了解劇場背後的深層意義。

三、商業劇場實際演出本分析

在過往影音設備尚未發達之時，了解戲劇僅能由劇本內容了解。劇本的內容解析，可看出時期的觀眾取向與表演文化的變異。劇本探究儘可能以對比分析方式，說明出皮影演出本在商業劇場演出情境。再者利用部分西方戲劇理論分析皮影戲商業劇場演出劇本的情節以及特點，以便深入討論劇本在內容上的編寫，是如何運用劇情掌握消費的觀眾群。在劇本內容方面，以劇情內容之分析、人物編寫之特性歸類，探討出商業劇場皮影戲劇本戲劇情節演出的特點、人物的掌握度，並從皮影戲商業劇場的演出日期資料表與劇本做全盤的分析，討論出在商業劇場的不同時期，皮影戲演出劇本之改變。這些劇本的演出，是否呈現商業劇場的演出文化現象？或者商業劇場的演出劇本，具有劇場觀眾層的文化層面？因而促使劇本的改變？為何而變？變異過層之中，是否代表了當代商業劇場的表演文化。

四、研究步驟

研究臺灣皮影戲的商業劇場，筆者在其研究步驟上，主要是以文獻史料資料為主。由於目前所存的皮影戲劇團或前人研究商業劇場，田野口述的採集，已有相當豐沛的成果，且已有著述專書。有鑑於此，筆者不再重複前人口述採訪過程。為現階段或先前的皮影戲團，筆者儘可能再次藉由文獻的徵引，分析出過往或者現階段所存的皮影戲演出經過，並透過史料的梳理，再次補充過往曾經進入商業劇場體系的皮影戲劇團演出過程。本文的第一部分為戰後商業劇場文化。第二部份則為商業劇場的劇本。第一部份，含括劇場模式、劇場文化、劇場演出、文化變遷等面向。第二部份則是劇本分析。

（一）東華皮戲團戰後商業劇場演出的建構

簡略概述臺灣商業劇場的興建始末，並討論由 1945 年戰後至 1951 年間，東華皮影戲於戲院的演出過程。說明戰後皮影戲即已開始接洽戲院並進入商業劇場的演出。1952 到 1970 年，論證商業劇場環境為皮影戲所帶來的改變，包含皮影戲藝術的變革。此外；著手分析臺灣商業劇場的演出環境文化與觀眾，環境文化、消費觀眾群為何等因素，討論出皮影戲走入商業劇場時，所需面對的問題。商業劇場是為以商業營利性質為主的劇場，構成主體的要件是為進場消費的觀眾，觀眾進入劇場消費、娛樂，而內臺劇場提供演出舞臺，劇團藉由劇場呈現表演藝術給觀眾，三者互為依賴關係，一但任何一方有所

變化，勢必造成三者的關係有所改變。藉此；第一部份筆者必須先建立出劇團、戲院與觀眾三者關係，相互分析出三者因素，建構出當時戲團、戲院與觀眾之取向，方能對商業劇場皮影戲演出劇本做探討。

（二）劇本分析

在商業劇場時期，皮影戲會以該類劇本文演出本，該演出本與藝師，有何魅力與技藝能夠征服商業劇場的觀眾。同時對劇本內容特色、書寫語言等，並以演出劇本的情節結構，人物特徵個性和劇情走向做解析。劇本套入新式表演藝術的層面上分析，說明在甚麼樣情節上增入新式的表演藝術，而新式的藝術與皮影戲如何結合，以達到吸引消費觀眾的效果。傳統皮影戲的藝術表現，皆有一套戲曲表演的程式可依循，各有其傳統的規範表演方式。從而分析內臺時期皮影戲如何跳脫傳統的規範框架，與新式表演藝術做結合，在劇本創作上與其他劇種劇本的屬性做分析與比較。

透過戰後商業劇場的文化演出，分析戲院的演出時期，具有何種的劇場文化，而在這些劇場文化之中，演出劇本受到何種影響，而有所改變。這些劇本的型態，又出現了何種的戲院演出劇本的特點。

第四節　研究對象與範圍

臺灣的「皮影戲」，日治時期日人稱爲「皮猿戲」。早期南、高、屏一帶皆以「皮戲」稱之，中、北部則以「皮猴戲」（見圖 2）稱之。目前南部老一輩觀眾，仍以「皮戲」爲說法。1975 年代中、後期後，因應政府政策的緣故，更改「皮戲」或「皮猴戲」的俗稱，加入「影」字，加上「影」字後，則爲現在的「皮影戲」。因舊文獻之書寫與口述田調資料，文中的皮戲、皮猴戲，皆爲皮影戲，行文中的皮影戲，皆是皮戲與皮猴戲，「皮戲劇」團亦同「皮影戲劇團」。故而以下行文，皆有相互使用。爲遵從引用文章之原貌，有國曆與西曆的相互使用。此外，早期民間藝人或官方文獻皆稱商業劇場爲「戲院」、「戲園」、「內臺戲」，因此文內的「戲院」、「戲園」、「內臺戲」，皆同商業劇場。

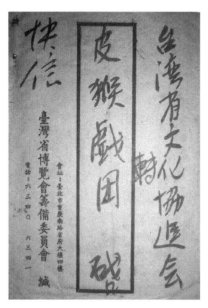

圖 2：信件上書寫「皮猴戲團」的稱呼，顯見
　　　當時稱呼皮戲名稱上的不同。（東華皮戲
　　　團提供）

　　過往或者現階段尚演演出的皮影戲劇團，除藝人的口述回憶以外，對於
商業劇場的文獻資料，付之闕如。有鑑於此，藉由「東華」張德成所記載的
史料，作為研究範圍，建置皮影戲商業劇場的演出史文化層。據《東華皮戲
團各地上演紀錄表》及石光生之〈論張德成皮影戲「內臺演戲記錄」（1952～
1967）反映的臺灣內臺戲劇場文化〉一文中指出，當時曾於商業劇場演出的
皮影戲團，除東華皮戲團以外，還有大社鄉的「安樂皮戲團」、彌陀鄉「金連
興皮戲團」、「新興皮戲團」、阿蓮鄉「飛鶴皮戲團」等。但在時代的轉變下，
多數的皮戲劇團早已散班、更易。近二十餘年隨政府、學界的研究，爭相的
走訪對劇團藝師採訪、採集下，多數的皮戲劇團藝師仍能憑藉著過往記憶，
細數商業劇場演出型態。但口述資料在所難免具有個人的情緒用詞或誇飾成
份，則容易失其客觀性。故亦須仰賴更多相關的文獻資料的佐證，方能證明口
述資料的準確性。全臺灣亦只有張德成所記載的《東華皮戲團各地上演紀錄
表》，〔註45〕記載內容上鉅細靡遺，有助於判讀當時商業劇場 1952 至 1967 年、

〔註45〕　《東華皮戲團各地上演紀錄表》鉛印於該紀錄本的內容上，內容封面以深藍
　　　　厚紙版編訂。全書分為二大本，第一本始自民國 41 年 9 月 7 日到 51 年 12 月
　　　　15 日，共 300 頁；第二本從民國 51 年 12 月 21 日到 56 年 6 月 30 日，共 127
　　　　頁，2 本頁數共達 427 頁。

1970 年，整個臺灣皮戲商業劇場時期的演出脈絡，此是爲撰寫最爲主要之重
要依據。是故，本文將以此爲基礎資料，舉證出其他皮影劇團的商業劇場演
出層面，並討論進入商業劇場體系與其他劇種競爭。二則其主要是全臺唯一
成功進入商業體系的皮影戲團，爲跑遍全臺演出劇場之劇團，由全臺灣的劇
場演出，探究出商業劇場時期的演出文化。

　　劇本除了是寫作的一部份，更可了解到劇本的類型與演出屬性。臺灣皮
影戲的劇本，內容故事的書寫，大抵以中國傳統忠孝節義或章回小說爲編寫
題材。而後歷經時代的演變，雖仍是以傳統教忠教孝爲書寫題材，但在內容
的編寫創作上，藝人開始將劇本的書寫觸角延伸至庶民生活的環境，傳達出
了皮影戲於臺灣在地化的過程。早期的民間藝人將劇本視爲一種商業機密，
不對外公開展示。另一方面，則是對劇本的保存並不太重視，加上政府、學
界的忽視，皮影劇本時常任由其蟲蛀毀壞；或被西方學者收購典藏於國外，〔註
46〕導致後人欲研究相關皮戲議題、劇本時，顯得棘手和缺乏文獻來源。1990
年後，在政府機關、學界的重視與劇團的提供下，由 1996 年由教育部出版《皮
影戲——張德成藝師家傳劇本集》，〔註47〕內容共分十五冊。鑑於科技的日新
月異，數位化的典藏是爲時代所趨。2000 年後，由高雄市文化局皮影戲館（原
爲高雄縣皮影戲館）投入數位典藏，並網羅全臺灣偶戲的相關文物，建置文
物保存室，利用現代科技技術保存偶戲文物。收集偶戲文物方面，尤以皮影
戲爲重文物亦最爲豐碩。含括：劇本、戲偶、道具砌末等，並委託大專院校、
學者教授妥善規劃，架設網站，設計網頁提供民眾瀏覽。網頁內容劇本方面，
則將每劇本利用拍攝方式，呈現出各劇本的原貌。並爲各劇本題寫內容綱要，
方便讀者研究解析劇本的情節內容。

　　若依照東華皮戲團目前所保留下劇本，由張德成 1965～1976 年，〔註48〕

〔註46〕西方學者施博爾教授曾於 1968～1969 年之間，在臺灣的高雄縣境內蒐集、購
　　　　買皮影戲的相關文物，劇本則含括於內。施氏一年間，在臺灣總共集到 198
　　　　本劇本，並刊登出每本劇本的齣題。詳見 1981，《民俗曲藝》第三期，頁 30
　　　　～88。

〔註47〕由教育部所出版《皮影戲——張德成藝師家傳劇本集》，內容總共輯錄出十五
　　　　冊。由臺灣皮影戲清末至戰後 1960 年代的劇本，內附皮影戲的歷史來源、影
　　　　偶圖片、演出解析等。詳見教育部，1996，《皮影戲——張德成藝師家傳劇本
　　　　集》，臺北市：教育部。

〔註48〕依張德成的日記本的紀錄，自己於 1965 年 6 月 14 日編寫《黃蜂毒計》劇本，
　　　　後在 11 月 10 日開始進行家傳劇本的編訂與校正，內容包含劇本名稱的書寫、

以十餘年時間所審閱、編訂、校正、修補成冊劇本，共達 350 餘本，未訂成冊共 60 餘本，以及其他皮影戲劇本寫作的手抄本參考資料（如：四書五經、引句作法、三字經、謎猜字句等），30 餘本。皮影戲劇本較早的劇本有，道光十年的《崔學忠》、同治六年的《董榮坤》、九年的《李盛祖》、光緒七年《五鼠鬧東京》、光緒二十三年《二度梅》、明治三十三年《昭君和番》、明治四十四年《魔家四將》、大正四年《包公案——施桂芳》、《周考立》、《李德武》、昭和三年《下南唐》，以及未署名的年代的清代《呂蒙正》、《三結義》、《四結義》、《上表辭官》全本、《白鶯歌》、《黃花洞》等皮影戲劇本。總劇目長達 780 餘齣。可見臺灣皮影戲演出劇本，藏量之多、內容之豐富。臺灣皮影戲劇本有著豐富內容與藏量，但目前研究商業劇場相關的劇本，仍未有所發掘。

由於日治時期的皮影戲商業劇場史料資料，較於零散。本論文將主要研究放置於 1945～1970 年之間的商業劇場時期。早期劇團的戲院演出，並無留下影音資料，劇本內容記載，則成為了解戲院演出十分重要的來源。從劇本的解讀，分析為何商業劇場時期皮影戲的演出，為何以此劇本作為演出？其劇本有何特色足以吸引觀眾？劇本暗含出劇種的何種特色？劇本內容分析大抵以 1952 年後的劇本為主，然 1945～1951 年劇本，張德成雖有載明，但對於劇本演出段落，以及各劇本的演出記載，則較少之。故本文的劇本分析，筆者以 1952 年後為主，鎖定在 1952～1970 年的劇本為主要論述。

本論文的主要架構，探討戰後臺灣皮影戲商業劇場的文化與特徵。並以東華皮戲團為主。藉由東華皮戲團所留下的劇場資料，討論商業劇場演出及其文化現象，透過現有的史料文獻，分析商業劇場中有何種文化產生與面貌。戰後的國府，制定出相關的法規，在官方介入戲劇的演出，皮影戲受到官方的何種法源影響，因而產生不同劇場的文化。這些劇場文化，牽涉到音樂、舞臺、影偶等變化，產生了何種的皮影戲劇場演出的特點。此外，則分析戰後的商業劇場劇本，分析出特點，以及是否受到劇場環境的不同影響，而產生不同的變化？如 1952～1956 年之間皮影戲的演出，是以傳統的章回小 1956 年後之後，皮影戲的戲院劇本，開始編寫不同過往演出的劇本新形態，這樣的改變，是否因布袋戲的影響？還是有其他的因素，因而導致皮影戲商業劇場演出劇本的新編寫與創作，這些劇本是否有臺灣在地化的表現風格。

劇本的修補、書面的修訂等幾項，至 1976 年 1 月 18 日止。一共歷經十餘年的時間。另有部分劇本較於老舊，頁面無法修補等因素，則另置一書櫃。

第二章　戰後東華皮戲團商業劇場發展歷程

　　臺灣民間戲曲的演出時性，大致上可以分為商業劇場演出以及外臺酬神戲的演出。臺灣的傳統戲曲走入內臺戲院的演出，是為臺灣戲劇史相當重要的一環。戰後，臺灣的社會環境，有別於先前戰時環境，1945 年後臺灣各地方的戲曲，再度活絡。此時臺灣的地方戲曲、新興娛樂，在其社會充沛的條件下，紛紛走入商業性質的表演行列中，造就出一股臺灣傳統戲曲商業劇場的黃金時代。

　　商業劇場的共通點就是以「營利」為最主要的目標。如果有「營利」，劇場的戲院演出，顯然就具有資本主義「商品經濟（merchandise economy）」的活動，然而既具商品經濟，劇團的戲院演出，如何流通？是否與阿多諾（Theodor Adorno）和霍克海默（Max Horkheimer）所謂的「文化工業」理論，其商品文化要找到它的消費者。消費者只有在一個產品中看得到用處時，才會消費這個產品。以該理論，戰後的消費觀眾為何會認為劇團演出值得花錢消費？劇場演出為最主要的來源，即是消費的觀眾。觀眾的消費行為，如何構成？此外，戰後臺灣的皮影戲劇團，在何種的情況下進入戲院演出？是歷史因素？還是流行文化使然？現階段的戰後商業劇場研究，大抵是以戰後因 1947 年的二二八事件，以及政府管制臺灣舊時社會的民俗普渡拜拜的儀式，過於鋪張浪費，〔註1〕而促使傳統戲曲進而轉入戲院演出，帶動出一股臺灣戲曲的戲院

〔註 1〕詳見臺灣省民政廳，〈改善民俗疑義〉一文，中華民國四十一年十月二日（四一）府民甲字第八六〇八六號。

黃金期。但以皮影戲方面而言，目前學界的研究，多採用 1952 年為起點，最主要乃依照《東華皮戲團各地上演紀錄表》一書，該書是以鉛印的方式，其書中所記載的日期 1952 年，也成為日後研究戰後皮影戲商業劇場演出與文化的縮影。不過，隨著更多文獻記載的發掘，皮影戲的商業劇場演出，嚴格而說，大抵在戰後 1945 年皮影戲就已經進入，至 1951 年之間，皮影戲也與其他劇種一樣地進入商業劇場演出。

　　本章參照張德成《東華皮戲團各地上演紀錄表》、《請戲人明細案卷》、1956～1970 年《隨身日記本》、戲院書信、張叫 1948～1955 年《日戲》記錄本、彙整為基礎史料作為本章論述的基礎。彙整出戰後臺灣皮影戲商業劇場演出始末。

第一節　歷史分期

　　所謂的歷史分期即歷史時期的一種劃分，歷史分期的優點，可以快速的掌握到臺灣皮戲在商業劇場演出的始末。本章節試圖以戰後東華皮戲商業劇場演出，進行初步的歷史劃分。1945 年後，臺灣一別過往日本的戰時體制。臺灣傳統戲曲又再度復甦，除了維繫酬神戲的上演外，在社會氛圍與流行文化的趨使下，開始再次轉入商業劇場的體系中，建構出戰後臺灣傳統戲曲商業劇場演出的黃金年代。皮戲也在戰後，開始逐步的再次轉入商業體系的行列。東華皮戲團是為家族代代相承的皮戲團，自第一代演師張狀和第二代演師張旺創立德興班以來，歷經第三代張川、第四代張叫與第五代的張德成的改革，不單恪守傳統給予的框架，而是從傳統的本質出發，創造新的風格，以合乎當代觀眾的藝術欣賞取向。在「東華」的發展史，商業劇場的演出，佔有相當重要的一環。依據目前的史料分析，以下，將戰後的皮影戲戲院演出，分類成萌芽期、黃金期與沒落期。將皮影戲的商業劇場史，依史料的發掘，分成三個時期。並透過史料的解析，論述「東華」在商業劇場的發展。

一、萌芽期（1945～1951）

　　1945 年臺灣揮別以往的戰時狀態。臺灣傳統戲曲又開始再度復甦。但不久，1947 年隨即發生二二八事件，全島陷入一片草木皆兵、肅殺的氣氛當中。1949 年國民政府在中國關鍵三大戰役的相繼失守、戰局的退敗，12 月 8 日即

將首都遷往臺北，〔註2〕使得國民政府逐將臺灣納入反共復國的範疇內。〔註3〕即於 1950 年 3 月 1 日，蔣委員長復行視事，並把臺灣納入反共復國的基地中，〔註4〕並著手整建臺灣，希望臺灣能成爲一個反攻大陸的後援補給站，也爲光復著祖國做準備，開啓了臺灣反共抗俄思想教育的脈絡。政府經濟的政策，使得 1950 年中期的臺灣逐步朝向穩定的發展。〔註5〕在這樣的社會環境下，逐步締結了臺灣傳統戲曲競相地，進入商業劇場的演出。1949 年後，臺灣政治局勢的劇烈變化與政府爲提倡「普度祭祀的簡約」，在政府的提倡下，故而轉入商業劇場演出。依照張德成 1951 年的《請戲明細案卷》第一頁就寫道，1945 年 11 月黃度捎信前來聘請新德興皮戲團的張叫，前往臺南戲院演出的戲路安排。換言之，1945 年 8 月戰後三個月，臺灣的戲院就已經開始活躍起來。而隔年，1946 年 7 月，花蓮縣的張水虹前來希望於 1948 年 7 月前往演出。1947 年 3 月 16 日陳明高希望前往同年四月起在竹山戲院演出一個月，1947 年 6 月 29 日高雄鹽埕區戲院的陳祈勅，希望七月起演出，1947 年 7 月初陳春長，希望 8 月 1 日進入岡山戲院演出、臺中縣大甲區臺中方面的李朝呈，希望定於 1948 年 4 月起一個月等。透過當年張德成所紀載的戲院紀錄，其反應了幾點：一是 1945 年戰後，臺灣的傳統戲曲再度的活絡事實。其二，1947 年所發生的二二八事件，雖然全島充滿了肅殺，籠罩在緊張氣氛，但對南臺灣的皮影戲商業劇場的行程規劃和演出的活動，依然持續進行。林美鑾所研究皮影戲因歷經二二八事件，所影響或者以二二八事件的發生，導致戲曲走進劇場的原因，以皮影戲方面，皮影戲的商業劇場演出與政治事件，或許影響層面較小。皮影戲的商業劇場演出，與社會的流行文化取向較爲密切。除此之外，張德成在《請戲明細案卷》1949 年 8 月 25 日提到：

　　蘇澳十天封神榜、西遊記，因戒嚴令之故回鄉。

〔註2〕 彭懷恩，2008，《臺灣政治變遷史》，臺北：風雲論壇有限公司，頁 79。

〔註3〕 黃秀政、張勝彥、吳文星等合著，2002，《臺灣史》，北市：五南，頁 257。

〔註4〕 同上註，頁 258。

〔註5〕 「第一期的經濟建設四年計劃係於民國 42（1953）年開始實施，至 45（1956）年完成。…，此一計劃實施後，一般來說，由於整體經濟環境尚稱良好，且有相當的美援協助，而且所訂計劃復甚切實可行，所以臺灣經濟及顯有重大的改善。」臺灣銀行經濟研究室編印，1970，《臺灣經濟發展之研究：第二冊》，臺北：臺灣銀行，頁 602～604。

　　透過該紀錄的呈現，表達了皮影戲在 1952 年以前的戲院演出事實。戰後 1945～1947 年近一年半的這段期間，南臺灣的皮影戲，無論是商業劇場或者外臺的酬神戲，都有其演出的活動。1949 年後，因國府在臺灣提倡，戰時生活節約運動的作風，因而影響到戲曲的酬神演出活動，故而競相轉進商業劇場的體系。再者從外臺酬神戲而論，從目前東華皮戲團所留下的資料，早於 1952 年政府提倡「戰時生活節約運動」之前，皮影戲業已在民間酬神戲的演出。1946 年東華即有民間的外臺酬神戲演出記載，1951 年後逐漸要求民間廟宇，節約酬神戲戲演出，但由紀錄中，反應與實際的情形也有所不同。如：張叫 1951 年的《日戲》紀錄本，提到，辛卯年七月間（農曆七月）的日戲演出，初六、初九在新庄仔（即目前的高雄市大寮區新厝里）、初十在相思林（即目前的鳳山區瑞竹里附近），〔註 6〕透過張叫的 1951 年的演出紀錄，論證了 1951 年官方雖然逐漸推行普渡的簡約之風，但皮影戲的演出，並未受官方的影響。1951 年張叫《演戲紀錄》，業已寫道請戲者的請戲日期等紀錄，證明了官方的戰時生活節約的推行，在民間皮影戲的發展上，有所不同的面向。然 1952 年東華張叫的《日戲》記錄本，仍記載於農曆七月於新庄仔、茄萣、九甲圍等地演出，1952 年的官方推行戰時生活節約規範，對皮影戲的影響，或許不是那樣的直接。

　　從 1949 年 8 月 25 日，張德成位於蘇澳戲院演出的記載，皮影戲於國府提倡節約之前，就已經進入演出。此證明了政府的「戰時生活節約運動」推行，並非是促成皮影戲走入商業劇場演出的主因，政府的「節約」政策，只是促成加速戲劇進入劇場的原因之一。1951 年國民政府提倡簡約之風，只是促進戰後的劇團，相繼進入商業劇場演出的間接因素而已。1949～1951 年這個階段，皮影戲依是持續的先前的酬神戲演出，同時，也有商業劇場的演出行程。在 1952 年國府推行「節約」之前，皮影戲的發展仍是維持先前的演出型態。如上述，林美鑾認為臺灣社會在國民黨政權管理下，逐漸朝工業社會之途發展。但由上吾人可以明確的看到 1945～1951 年臺灣的皮影戲即已開始進入戲院演出，而國府朝向工業社會發展，是在 1960 年後，1950 年的臺灣社

〔註 6〕「「相思林」即是「想思林」。早期「想思林」位於鳳山陸軍官校後山的山下，原是一座小村落，因山上遍佈相思樹野生林，因而以「想思林」作為村名兼地名。1942 年因日本軍事需要，將村落遷村到「雞母山」（即是現今灣頭南巷一帶），1944 年再遷至「新厝地」（目前的中山東路瑞竹里一帶）。」參閱 2015 年 7 月 5 日，鳳山想思林瑞安宮沿革。

會仍是以農業爲主，工業社會尚未邁入。由此，可見戰後的臺灣商業劇場，二二八事件和工業社會的說法，並非是臺灣皮影戲走入商業劇場的始因。爾後，在劇場消費型態的風行，皮影戲的場次開始增加。若從皮影戲場次的增加，也點出了皮影戲商業劇場流行文化的蓬勃發展，並在 1963 年，達到了高峰。

二、黃金期（1952～1965）

　　由上，1952 年，皮影戲進入商業劇場演出，將近 7 年。在時代與流行文化的趨向下，開創了長達 16 年皮影戲商業劇場的黃金歲月。往年對於皮影戲商業劇場研究，大抵以 1952 年爲始至 1967 年。以往對此時期的商業劇場文化，已有相當深入的研究。清楚的點出 1952 年後，皮影戲商業劇場的脈絡，對劇場文化間的變化、戲團因素、觀眾層的反應、時期點的劃分等，已有綜合性的解析。若再由此時期所留下大量廣告、文獻資料，見證了該時期的皮影戲，與其他劇種一樣，活躍於商業的體系。由此見到該時期皮影戲的商業劇場演出的盛況，印證了皮影戲在該時期演出的黃金期。更表示自 1952 年至 1965 年之間，皮影戲蓬勃活躍在劇場演出的事實。此時期的皮影戲演出文化，隨著文獻資料的發現與整理，仍有幾點十分重要。對於日後的皮影戲演出，產生不同的影響。如，音樂變革、影偶改良、劇本體裁的新創、舞臺布景的改進等。這些於 1952 年後逐漸產生的商業劇場文化，影響至日後的酬神演出。

三、沒落期（1966～1970）

　　商業劇場的沒落，原因相當紛雜。有電視影音的崛起、社會消費娛樂型態的改變、流行文化的變動等諸多因素，這些因素，促使傳統戲曲逐漸退出商業劇場的體系。要說明這段時期大概狀況，主要依據《東華皮戲團各地上演紀錄表》一書中，所記載的檔期評判與張德成 1966～1970 年的《隨身日記本》的戲院演出寫錄。爲何會以 1966～1970 年爲皮影戲商業劇場的沒落期？筆者據《東華皮戲團各地上演紀錄表》中的演出場次，1966 年後，皮影戲的商業劇場演出場次，大幅下降。每年演出的平均場次只剩下不到 30 場。若與1965 年之前相比，自 1966 年後，場次大幅雖減，銳減達近百場。平均場次數量爲 8 場，又比 1945～1951 年的平均場次甚少。可見該時期內，所呈現的是皮影戲商業劇場的日落黃昏狀態。再加上先前所排定的戲院檔期，皆在 1966～1970 年當年度取消或臨時終止。由此 1966～1970 年這近 5 年之間，隱約的

呈現皮影戲商業劇場的最後尾聲狀態。雖是皮影戲的最後戲院演出尾聲，但皮影戲劇場變革的呈藝，卻再失去戲院的場域以後，保留進了外臺的酬神戲，為酬神戲開啟了不同的風貌。1970 年皮影戲雖於臺東方面有三處商業劇場的演出，簽約檔期為一個月，但演出在觀眾票房的失利之下，只演出 7 天。票房盈餘的失利，反應皮影戲商業劇場沒落的事實與觀眾群的流失。1970 年臺北萬華的今日世界娛樂場所，雖再次提供皮影戲劇場的演出機會，不過，皮影戲因故未能成行，留下皮戲戲院演出的遺憾。1970 年後，再也無皮影戲商業劇場演出的任何紀錄，顯示了臺灣皮影戲商業劇場，在 1970 年後畫下了休止符與終結，更象徵了皮影戲商業劇場的結束。

第二節　戰後商業皮影戲劇團

　　1945 年後的臺灣皮影戲，進入商業劇場，反應的是社會時代的潮流和文化現象。劇團進入商業劇場演出的成功與否、數量的多寡，呈現的是與商業劇場的環境生態。現階段除了東華皮戲團自己有留下當年演出商業劇場的影音、照片圖像、《東華皮戲團各地上演紀錄表》等文獻，見證當年皮影戲商業劇場演出的文化以外，其餘的皮影戲劇團資料十分匱乏，只存留下劇團老藝人過往的口述回憶。《東華皮戲團各地上演紀錄表》一書內，所保留下皮影戲劇商業劇場演出資料，如同石光生的研究提到：

　　　儘管《內臺演戲紀錄》是皮影戲單一劇種的內臺戲紀錄，但張德成
　　　以東華團主的平民觀點，記錄內臺戲的歷史軌跡，有別於官方記錄
　　　與舊報紙的文獻價值，因而益顯珍貴。…。張德成的《內臺演戲記
　　　錄》完整地記錄了東華皮影戲團於光復後所有的內臺戲演出，這是
　　　臺灣皮影戲史上，恐怕也是臺灣戲劇史上最完整的單一劇團內臺演
　　　戲記錄。〔註7〕

　　《東華皮戲團各地上演紀錄表》是以平民觀點所記錄出的商業劇場歷史軌跡，也是單一劇種進入商業劇場演出的完整記錄。但這本手稿是張德成私下所記載的一項資料，紀錄表內容包含了演出地點、日期、天數、戲院負責人（經理）、記帳金額、拆帳比例、演出劇本、特別記事等項目。紀錄者張德成本身，就是戲院演出的參與者，為商業劇場的第一手真實資料。書中內容

〔註 7〕石光生，2004，〈論張德成皮影戲「內臺演戲記錄」（1952～1967）反映的臺
　　　　灣內臺戲劇場文化〉，《民俗曲藝第》146 期，頁 157、158。

含括自己表演的優略缺失、劇場環境、劇場文化等，都著實的紀載於其中，而劇團團員發生事項、戲院負責人的做事態度等。如同日記本般毫無保留地再現當年最爲眞實的整個臺灣商業劇場體系的表演文化，以及劇場環境生態。然而張德成所記錄的劇場環境生態，含括了劇場環境生態和不同劇種的相互競技的競爭。

一、高雄縣大社鄉東華皮戲團

　　東華皮戲團是爲家傳式的皮影劇團，爲臺灣皮影戲團中，歷史最爲悠久的劇團。自第一代張狀、第二代張旺所留下的珍貴的皮戲資產與經驗，爲之後第三代張川、第四代張叫奠下了扎實的皮戲基礎。傳至第五代的張德成，張德成的皮戲技藝，完全來自於家學的淵源。從小受到祖父張川及父親張叫的嚴格教導、調教，加上自己後天的努力，而書畫的根基，更成爲日後皮戲的助力，也爲自己奠定扎實的皮戲基礎，1947 年張德成將家傳的新德興皮戲團，更名爲「東華皮戲團」，而後更將「東華皮戲團」推向到新時代的另一個高峰。張德成他與父親張叫，是爲臺灣的皮戲團中，成功的將皮戲轉戰入臺灣的商業劇場之中，將皮戲的藝術，拓及到電視及電影的演出，更寫下臺灣皮戲藝術豐富的一頁。1985 年榮獲首屆民族藝術薪傳獎的殊榮，1989 年，更榮獲教育部聘選「國家重要民族藝術藝師」，肩負起臺灣皮戲傳藝的工作。1990 年旋即於高雄縣文化中心（高雄縣文化局前身）展開薪傳皮戲技藝的傳藝工作。

　　張德成主演的年代（1961～1987）二十六年的時間，締造了民間藝術空前的佳績，也爲臺灣的民間藝人寫下豐富的一頁，更爲祖傳的東華皮戲團，寫下了日後在臺灣皮戲界的輝煌紀錄。而自己一生爲皮戲的保存紀錄的資料，爲之後研究臺灣皮戲的發展，更留下了當時的見證與珍貴的文獻證明。目前對於整個臺灣皮戲商業劇場的年代，大抵起於 1952 年，但透過「東華」的記錄，早於日治時代，東華皮戲團就已經有走入商業劇場的演出，不過，當時團名並不爲東華皮戲團，而是以新德興皮戲團爲團名，做爲商業劇場的演出。張叫書寫的《八寶樓》劇本內頁以紅、藍色蠟筆記載著「順手發達，昭和十九年四月一日起墾丁開演」一行小字，[註8] 與戰後張德成所記錄的《東華皮戲團各地上演紀錄表》，1962 年 8 月 4 日，東華位於高雄縣小港鄉鳳林戲院演出的記載：

─────────────

〔註 8〕詳見《八寶樓、鐵頭僧》劇本，頁 224。

　　大林蒲自日政時常々去戲院演出，光復初次入演，成績普通。〔註9〕

　　這是日本時期商業劇場演出，較爲明確的紀錄。石光生於 1995 年撰寫《重要民族藝術藝師生命史──皮影戲張德成藝師》與 2004 年《民俗曲藝》第 146 期發表《論張德成皮影戲「內臺演戲記錄」（1952～1967）反映的臺灣內臺戲劇場文化》一文，爾後，相關研究者皆開始以此做爲臺灣皮影戲商業劇場的演出史，而筆者碩士論文的《論民族藝師張德成新編皮影戲》第三章〈東華皮戲團內臺戲院的劇本及其演出〉，亦是以張德成《東華皮戲團各地上演紀錄表》由 1952 年開始談起，紀錄由 1952 年到 1967 年東華皮戲團張叫、張德成演出商業劇場的所有經過、見聞與記事。但 1945～1951 年的商業劇場演出，則分別用手繪表格的方式，記錄在 1950 年《戲劇雜事記錄簿》與 1951 年的《請戲明細案卷》中（見圖 3）。

圖 3： 1951 年張德成所設立的《請戲人明細案卷》，內容由 1945 年 11 月開始至 1955 年 12 月。（東華皮戲團提供）

〔註 9〕《東華皮戲團各地上演紀錄表》，頁 285。

　　「東華」的商業劇場脈絡，於戰後就已開始。1945～1951年之間的演出，這時期臺灣脫離日本統治，臺灣皮戲剛離開二戰時日本的嚴格控管，逐漸復甦。二是1952～1970年的演出，因國府剛撤退來臺，實行了嚴密的戒嚴統治。其三是張叫與張德成父子的不同演出。戰後的張德成與父親張叫，有不同的戲路演出，直到1953年4月11日後，張德成開始與父親張叫共同合作。如《東華皮戲團各地上演紀錄表》位於高雄縣鳳山鎮南臺戲院演出紀錄：

> 自此院表演与我父合作，各五分計算，第一二三天滿，四天降小雨失，北門仔清樂戲院演龍華興敗，在鳳山成績佳，受呂經理贈（藝術明甚、術明昭著）旗一面。〔註10〕

　　從1952年9月7日，位於嘉義市文化路文化戲院，到1953年3月26日位於臺南忠義路中華戲院前的演出，是為張德成所自行領團演出。1953年4月11日以後，張叫與張德成父子的合演，直到1961年張叫因身體微恙退居幕，張德成自己主持團務的運行與演出。張德成《請戲明細案卷》所記載的戲院經營者或仲介者，皆有臺南、岡山、臺中等地區的人員。透過1951年的《請戲明細案卷》可以看出，東華皮戲團在戰後即進入商業劇場。先是由張德成領軍進入演出，在1949年8月25日已有前往宜蘭蘇澳的戲院演出，劇目安排的是《封神榜》和《西遊記》。但進入蘇澳戲院表演的同時，因戒嚴令已於同年的5月發佈，故當時由張德成所領軍，進入的蘇澳戲院的演出檔期，並沒有演出完畢。如《請戲明細案卷》，1949年5月記載：

> 蘇澳十天封神榜、西遊記，因戒嚴令之故回鄉。

　　當時張德成所演出的是家傳的傳統戲文《封神榜》、《西遊記》，只是因為戒嚴令因素，導致10天的檔期，無法全數演出只能臨時結束。另一方面，也表示宜蘭地區對於戲曲表演的熱衷程度。南部的皮影戲，可以到達宜蘭演出，印證了戰後皮戲的傳播，已達到宜蘭蘇花方面。雖然國府1949年5月，即發布戒嚴。可是根據《請戲明細案卷》紀錄，這時期仍有劇場的負責人前來規劃戲路與安排行程。例如：1949年12月8日臺中陳中的陳進揀、陳秀，都規劃於1950年初入戲院演出，顯見1949年雖然臺灣兩岸對峙的時局不穩，可是商業劇場並沒有受到干涉，依然持續在進行規劃皮影戲的演出事宜。此外，當吾人討論劇團進入商業劇場演出的因素，不外乎由國府當局為例行簡約之風，管制民間普渡的廟會祭祀習俗，劇團在政府強制推行簡風之風開始走向

〔註10〕同上註，頁16。

商業劇場的演出。由東華皮戲團張德成所記錄的《請戲明細案卷》中卻呈現了，早在國府屬行提倡「簡約」之前，皮影戲已有進入商業劇場的演出。所以國府所禁止民間普渡拜拜，並不是促使皮戲走入商業劇場的原因。當時雖要求民間普渡祭祀要儘量簡約，可民間仍有戲劇的演出。例如，1952 年張叫的《日戲》紀錄本，農曆三月二十七日仍有前往大樹龍目井的戲路，可見得國府政策的推行跟實際的民間情況有所不同。但由國府所舉辦的相關政治性演出，如：反共文化宣傳列車活動、戲劇比賽，就必須參加。東華皮戲團曾於 1962 年參加由國府的「反共文化宣傳列車」的戲劇演出。1945 年戰後，「東華」即開始進入商業劇場的演出，雖然國府在大陸政局上的逐漸失利，可是臺灣的商業劇場演出，並不受到政局的影響，依然持續進行。直到 1952 年後張德成的《東華皮戲團各地上演紀錄表》，開始對商業劇場內的演出收支、演出事項等做更明確的記載。鉛印本日期，也成為學者研究皮影戲商業劇場的起點。但若戰後皮影戲的商業劇場，明確的來說，應在 1945 年 10 月就已經開始。只是 1945～1950 年後的這段商業劇場演出、收支等明細，是以手繪設計的樣式與將金額、人員等，分別整理成本。以至於才以 1952 年為戲院演出的起點。當然有時的演出會因劇團本身內部關係或者氣候、政令、不同劇種等諸多因素，而影響到票房的成績。例如，1963 年 7 月 11 日，東華於臺南縣歸仁鄉歸仁戲院演出，提及：

> 李也好，入演日戲休，光線太呆不能演的，而請（且）此地入戲呆，第一天入演，演到一時央，時，觀眾走出一半，為放声機マーク（麥克風）故章（故障），此地永遠不敢來了，自出演以來，未曾第一天就失敗，以後注意，…，未曾有演 1 天的地方，只是此地而已，現在排在第一劣。〔註11〕

1962 年因參加了臺灣省政府的反共抗俄宣傳車的巡迴演出，影響票房與演出行程。進入商業劇場體系，必須與不同劇種做相互的競爭，與不同劇種做競爭，除了利用廣告文宣，宣傳行銷手法和當時流行的劇場表演文化，刺激消費以外，皮戲技術基礎，更是打進商業劇場體系重要關鍵的因素。皮戲技術得到觀眾的認同，才是進入商業劇場體系能否成功的原因。東華的商業劇場演出，包含檔期和行程，由張德成所接洽。而最先走入商業劇場演出並非是張叫，是由張德成的領軍演出。張叫與張德成父子要到 1953 年，父子才

〔註11〕詳見《東華皮戲團各地上演紀錄表》，頁 328。

共同合演至 1961 年張叫退居幕後，往後才再由張德成繼續擔綱獨自演出到
1967、1970 年止。演出人員方面，可分成兩個面向：一是皮影戲後場人員，
皮影戲的後場人員，張德成與張叫各有不同的皮影後場人員組織。二為不同
音樂體系的演員。不同音樂體系的人員，包括：女歌手、西洋樂隊、北管樂
師等。歌手制度、西洋樂隊的產生，當然有其時代商業劇場環境的背景因素
層面。而演出劇本方面，依《東華皮戲團各地上演紀錄表》紀錄共有：《西遊
記》、《八寶樓（八寶連環樓）》、《封神榜》、《濟公傳》、《南遊記》、《世外奇聞》、
《萬劫北交趾》、《郭子儀》等八齣。但由目前所留下的戲單劇目和照片、資
料文獻來看，亦有《薛仁貴征西》與《荒江（山）劍俠》、《荒江女俠》。故東
華皮戲團商業劇場所演出劇本，共有十餘本。

　　若將臺灣的皮影戲商業劇場時期演出，比喻成一個生物的演化現象，假
以將劇團比喻為「生物」、劇場比喻為「環境」的話。從上述諸多劇團的考察
中，必須要去了解，劇團在商業劇場和相當多劇種的競爭當中，想要生存下
來，獲得利益，劇團就必須學會適應周圍的環境，找到生存的法門。劇團進
入商業劇場都希望生存（營利），所以想要生存，必先適應環境（文化）。劇
場的環境，是詭譎多變。劇團本身，只有理性（客觀）的了解整體劇場環境
形勢，才能看準劇場需求，進化劇團的技術（表演藝術）和經驗（劇場實務
經驗），為自己劇團找到自己的生存之道。劇團的表演技藝、隨環境的需求變
異等，就是生存的法門。

　　若再將劇團的表演，看成是一門藝術。藝術的審美，有時相當主觀。藝
術主觀的分析，就會產生優劣好壞的見解。可是如何從眾多消費大眾的「藝
術」審美眼光，求取一個數學所說的「最大公約數」，符合大眾對藝術審美的
要求，就是劇團的表演「技術」與「演出經驗」的總結，這其中當然包含了
傳統與現代的表演技術法則。商業劇場體系的演出，十分殘酷、現實。皮影
戲劇團進入演出，若沒有相當一定的「皮影技術」基礎，恐怕難以合乎劇場
廣大觀眾的角度。吾人直白而言，觀眾進入商業劇場娛樂，是需要消費。皮
影戲學術的商業劇場研究，若只都單由藝術層面討論，恐怕最終只流於文獻
學術的形式，技術層面的優劣，才是決定皮影戲劇團在商業劇場生存下的唯
一法則。反之，技術層面的純熟，符合觀眾的眼光和要求，才是進入商業劇
場演出，與吸引觀種最主要的條件。當然，商業劇場環境、觀眾消費觀的改
變，也是一項重要原因，當劇場環境、觀眾消費取向若已不接受劇團的表演

形式，雖技藝的依然存在，但被劇場環境、觀眾淘汰，最終也是無法避免的定論與選擇。

二、其他皮戲團

戰後有多少皮戲劇團進入商業劇場？或者存有多少皮戲劇團？依據《高雄縣志》〈藝文稿〉對存在於高雄縣市的皮戲劇團做過調查。如下：

鄉／鎮	團名	團長／負責人	團址
大社鄉	東華皮戲團	張德成	高雄縣大社鄉三奶村北橫巷四號
大社鄉	安樂皮戲團	張天寶	高雄縣大社鄉三奶村北橫巷四號
阿蓮鄉	飛鶴皮戲團	陳戌	高雄縣阿蓮鄉港後村二六號
彌陀鄉	新興皮戲團	張命首	高雄縣彌陀鄉過港村二四號
彌陀鄉	金連興皮戲團	蔡龍溪	高雄縣彌陀鄉光和村二一號
彌陀鄉	明壽興皮戲團	宋貓	高雄縣彌陀鄉海尾村六三號
路竹鄉	太平興皮戲團	黃慶源	高雄縣路竹鄉竹滬村七二號
大樹鄉	竹興皮戲團	林清長	高雄縣大樹鄉興田村八八號
永安鄉	福德皮戲團	林文宗	高雄縣永安鄉永安路二號

由該書當年所登錄的劇團，存有 9 團。此外，在呂訴上於 1967 年 3 月 11 日，發表於《徵信周刊》，〈臺灣風土〉的第三頁，提到：

> 現存臺灣的皮猴戲戲班除張德成的東華皮戲團的職業戲團外，還有業餘性的班，筆者爲調查皮猴戲的現況，在民國五十一年曾專程親自訪過各班主持人。計有：永興樂皮戲團（張晚，當時七十四歲）、金連興皮戲團（蔡龍溪，當時七十一歲）、林能皮戲團（林能，當時七十歲）、飛（是「新」應爲排版上的錯誤）興皮戲團（張命首，當時六十二歲）、新（是「飛」應爲排版上的錯誤）鶴皮戲團（陳戌，當時六十一歲）、⋯。另有黃太平、張恙香、王振文，諸位主持的皮猴戲團等。〔註12〕

從呂訴上的調查，1961 年左右，臺灣的皮戲團共存有 14 團左右。但高雄縣市的明壽興皮戲團宋貓、太平興皮戲團黃慶源，亦或者屏東地區的皮戲團等，是否有進入？有多少團進入？

〔註12〕詳見 1967 年 3 月 11 日，《徵信周刊》，〈臺灣風土〉，第三頁。

　　石光生根據《東華皮戲團各地上演紀錄表》所記錄的劇團：高雄縣大社鄉東華皮戲團、高雄縣大社鄉安樂皮戲團（合興皮戲團）、高雄縣彌陀鄉金連興皮戲團、高雄縣彌陀鄉新興皮戲團（復興閣皮戲團）、高雄縣阿蓮鄉飛鶴皮戲團、宜蘭假皮戲團等劇團，〔註13〕共有 5 團左右。然而目前已出版皮影戲書籍的永興樂皮戲團、福德皮戲團等二團，因只存有老藝人的口述資料，且該二劇團的藝人口述資料，與文獻的對照分析，仍存有商議。故此，筆者暫不將二團列入。僅依東華皮戲團張德成有書寫的紀錄為主。

（一）高雄大社安樂皮戲團

　　安樂皮戲團於 1966 年左右，改名為合興皮戲團。1980～1990 年左右，曾短暫以「中國皮戲團」對外演出。2006 年，合興皮戲團的主演張春天，因身體的因素，將劇團長年所收購和所有的皮戲文物，全數販售於高雄岡山皮影戲館收藏，而後正式結束團務運行。有關「安樂」的商業劇場演出，最早於何時進入商業劇場體系？先依照張春天的口述：

> 大約是我二十歲或二十出頭那年，我們在鹽水戲院，和布袋戲合演。
> 那一次演《秦始皇吞六國》，又叫《鋒劍春秋》，自攻燕國請孫臏下
> 山演起。這種戲大概五十歲以上的人最喜歡看，因此那次的成績很
> 好。至於當時會和布袋戲合演，現在記不得了。不過那時只要在戲
> 院演出，大概都是這個樣子吧。〔註14〕

　　從口述資料，了解安樂皮戲團於 1959 年左右進入商業劇場。再以，張德成的《東華皮戲團各地上演紀錄表》內容，1959 年 10 月 16 日，位於嘉義縣太保鄉後潭戲院的演出，提到：

> 後潭前 2 年被烏肚仔〔註15〕合布袋戲掌中班去演十分失敗。〔註16〕

《東華皮戲團各地上演紀錄表》1959 年 10 月 21 日，位於嘉義縣水上鄉水上戲院演出，提到：

〔註13〕 石光生，〈論張德成皮影戲「內臺演戲記錄」（1952～1967）反映的臺灣內臺戲劇場文化〉，頁 203。

〔註14〕 林永昌，2007，《合興皮影戲團發展紀要暨圖錄研究》，高雄：高雄縣文化局，頁 26。

〔註15〕 高雄縣大社鄉合興皮影戲團主演張春天，幼時的乳名為「烏肚仔（oo-too-a）」，因年幼時皮膚較於黝黑，肚腹略微大，故族人以此稱之。

〔註16〕 詳見《東華皮戲團各地上演紀錄表》，頁 182。

此院前也烏肚仔合布袋戲做呆，第 1 天無人敢來看，吾團入演成績
好，在水上演時勝其他戲團，成績很好。〔註17〕

《東華皮戲團各地上演紀錄表》1960 年 3 月 21 日，位於嘉義縣布袋鎮過溝明
樂戲院演出，提到：

過溝前烏肚仔合布袋戲也有去演，而光復後阿蓮鼠仔也有去演。〔註18〕

《東華皮戲團各地上演紀錄表》1960 年 4 月 26 日，位於臺南縣塩水鎮永成戲
院演出，提到：

塩水第 2 次入塩水鎮，前次入東文社戲院，第一天入演時遇廟口演
布袋戲謝神明黃朝琴當選，即日起連演 3 天，又此院前被烏肚仔合
布袋戲去演成績太呆，觀眾心理上太怕，我團日日進步，俞（越）
演俞（越）好。〔註19〕

《東華皮戲團各地上演紀錄表》1959 年 11 月 1 日，位於嘉義縣竹崎鄉內埔戲
院特別記要：

地土人和，前 6、7 年前被張古樹去做呆过，吾團入演成績很好，受
院主贈（藝立雲華）錦旗乙面。〔註20〕

《東華皮戲團各地上演紀錄表》1960 年 10 月 11 日，位於花蓮縣壽豐鄉豐田
戲院演出，提到：

此地前大憨（張古樹）〔註21〕父子來演，大失敗十分影響，壽豐來
了流氓要鬧，戲院主太勁（強悍），不怕他，…，此院大希望我團再
入演。〔註22〕

《東華皮戲團各地上演紀錄表》1959 年 11 月 11 日，位於嘉義縣民雄鄉民雄
戲院演出，提到：

此院被我租死，每天 175.00，因爲前被白賊龍溪及烏肚仔二團來演
做呆过十分驚惶，張院主又無胆，吾団成績很好，同時受謝先化兄

〔註17〕《東華皮戲團各地上演紀錄表》，頁 183。
〔註18〕同上註，頁 195。
〔註19〕《東華皮戲團各地上演紀錄表》，頁 199。
〔註20〕同上註，頁 185。
〔註21〕「大憨」即是張古樹的別號，爲「合興皮影戲團」張天寶、張春天的父親，
創立「安樂皮戲團」。據筆者實地田調高雄市大社區的老一輩口述，對「大憨」
張古樹演出皮影戲有句：「大憨戲一坪（場）二十四（又有二塊四之說法），
搭棚兼做戲」之語。2006 年 1 月 30 日，筆者田野調查大社鄉取得。
〔註22〕《東華皮戲團各地上演紀錄表》，頁 217。

十分幫忙，並爲墻叔協助，在民雄演時我與江明類到新港去張貼廣
告紙。〔註23〕

《東華皮戲團各地上演紀錄表》1964 年 7 月 11 日，位於雲林縣口湖鄉楛梧戲
院演出，提到：

第一天入演我太怕成績呆，因 4 年前有烏肚仔與嘉義布袋戲合，演
來失敗，十分困難入演。〔註24〕

東華皮戲團張德成 1964 年 7 月 11 日，隨身日記本記錄：

此入演太危險了，因爲前有烏肚與布袋戲合作，太無愛（不要）看
皮戲的地方戲團入演，租戲院 1 天 1 佰元，成績好。〔註25〕

《東華皮戲團各地上演紀錄表》1964 年 11 月 6 日，位於高雄市旗津中洲戲院
演出，提到：

吳永長是北港人，來此租的，以來此地有 4 年足，但是爲差太多，
對戲班戲院租要租的，抽分不要，此前是小輩兄弟〔註26〕來做呆成
績，吾団入演第一天就大滿。〔註27〕

　　透過東華張德成的商業劇場演出紀錄和張春天口述比對，安樂皮戲團進
入商業劇場的日期約略都坐落在 1957～1964 年間。而 1957 年左右的演出，
據紀錄是爲張春天。可確定的是安樂皮戲團，曾在嘉義縣太保鄉後潭戲院、
嘉義縣水上鄉水上戲院、嘉義縣布袋鎮過溝明樂戲院、臺南縣塩水鎮永成戲
院、塩水戲院、花蓮縣壽豐鄉豐田戲院、嘉義縣竹崎鄉內埔戲院、雲林縣口
湖鄉楛梧戲院、嘉義縣民雄鄉民雄戲院、高雄市旗津區中洲戲院等，10 所戲
院演出過。張古樹父子曾於 1957 年、1960 年左右，前到花嘉義縣竹崎鄉內埔
戲院、花蓮縣壽豐鄉豐田戲院等處演出。而內埔戲院、豐田戲院兩處，吾人
認爲此兩處，極有可能是張古樹父子合作，並由張古樹主演，沒有與其他劇
種或皮影劇團的合作，是以安樂皮戲團的表演和後場人員做爲演出。除了《東
華皮戲團各地上演紀錄表》張德成的紀錄以外，亦有當年安樂皮戲團，當年
演出商業劇場的廣告戲單。

〔註23〕　同上註，頁 187。
〔註24〕　同上註，頁 375。
〔註25〕　詳見張德成 1964 年 7 月份的隨身日記本記載。
〔註26〕　「小輩兄弟」指的是張天寶與張春天兄弟，依照張氏宗祠輩分，張德成與張
　　　　　天寶兄弟爲平輩。因年紀小於張德成，故張德成書寫上會稱之爲「小輩」。
〔註27〕　《東華皮戲團各地上演紀錄表》，頁 388。

　　東華保留一張安樂皮戲團主演張天寶於新樂戲院，〔註28〕演出的廣告單（見圖 4）。先從美術設計來看，較無花色和圖樣，可能是安樂本身，委由印製的廠商所自行設計。再者，從該商業劇場劇場戲單，推算該戲單可能印製於 1958～1962 年前後，印製於張古樹過世後由張天寶接手主持所印。從戲單上可以明確地掌握到安樂皮戲團，曾於這 11 所戲院做過演出，北是雲嘉南地區，東至花蓮壽豐等地。

圖 4：安樂皮戲團位於新樂戲院演出的廣告單。（東華皮戲團提供）

〔註28〕　「安樂皮戲團」的廣告單「新樂戲院」，是屏東縣塩埔鄉新樂戲院或是基隆市義三路新樂戲院，不得而知。廣告單上註明主演是張天寶，若以 1952 年來看，張天寶當年為 16 歲，是否張天寶 16 歲就能擔當主演進入演出？還是 1959 年退伍後，再進入商業劇場演出？若是退伍後，那麼廣告單的演出，應當在 1960 年之後。

除了張春天口述的《鋒劍春秋》外，在新樂戲院廣告單中，得知張天寶演出夜戲《六國誌》和日戲《封神榜》劇目，故而安樂皮戲團，進入商業劇場有這三本劇本的上演。從安樂皮戲團的商業劇場演出資料，可以看到安樂的演出劇本形式，同樣偏向神怪的章回小說。戲單的天數是上演五天，其這二齣劇目戲文的演出，是擷取哪些重要或刺激的情節作爲演出，《封神榜》的〈十絕陣〉、〈三進碧游宮〉、〈收魔家四將〉等；或是《六國誌》的〈孫臏下山〉、〈馬陵道龐涓絕命〉等，還是全本演出？不得而知。安樂皮戲團的商業劇場演出，同樣的是以皮影人偶的十彩天然色，做爲宣傳廣告號召，內容提及五色電光、機關變景、千變萬化等，做爲表演內容的噱頭，是當時劇場中相當流行的表演。其演出日場時間爲 14 點半，夜場 19 點半，反應了演出時間的制定問題。當時安樂皮戲團後場的演出人員有誰？是否是以酬神戲的班底？還是有布袋戲的後場樂師？目前已難完全掌握。1958～1960 年之間，極有可能是張古樹和張春天父子的合演，而張春天的戲院皮戲演出，可能是與布袋戲劇團的合作。〔註29〕1964 年的高雄市旗津區中洲戲院演出，當時張古樹已經過世。確定是爲張天寶、張春天兄弟的合作演出。因當時張天寶已退伍，可能是張天寶主演、張春天爲助演。值得注意的是，安樂皮戲團進入永成戲院、塩水戲院、明樂戲院、楗梧戲院的演出，是與布袋戲團的合作演出。但隨合興皮戲團解散與相關人員的辭世，已無從得知當年安樂皮戲團與布袋戲合作的演出狀況。不過，大抵能看出當年安樂皮戲團進入商業劇場演出的情形。

（二）高雄彌陀金連興皮戲團

高雄縣彌陀鄉金連興皮戲團的創團人爲蔡龍溪（1892～1980），蔡龍溪的金連興皮戲團，前爲「金保興班」，戰後才更易爲金連興皮戲團。1961 年呂訴上對臺灣皮戲調查，有金連興皮戲團紀錄，1963 年曾參與高雄縣反共宣傳車活動。〔註30〕1971 年後，隨著政府對民間藝術的重視，開始有民間調查者與學者對於金連興皮戲團研究的相關紀錄（見圖5）。

〔註29〕「張天寶於 1958 年 8 月入伍服兵役，1960 年 8 月退伍。故 1960 年的永成戲院演出，有可能是張春天的演出。」詳見金清海，2000，《皮影藝人——張春天的生命史》，高雄：高雄縣文化局，頁 26～28。

〔註30〕詳見 1963 年東華皮戲團臺灣省政府的反共抗俄文化宣傳列車名單。

圖 5：1973 年左右，金連興皮戲團演出情況。（詳見陳處世，1974，《國小工作・
美勞科教材進度與評鑑》一書，頁 15。2006 年 1 月 20 日，張能傑翻攝）

　　蔡龍溪留下皮戲的演出資料，紀錄的演出相關記載，較於零散。但由蔡
龍溪後人所提供的資料和石光生的拼湊，仍可約略的建構出蔡龍溪演出酬神
戲與商業劇場的輪廓。

　　2015 年承辦蔡龍溪皮影文物網的高雄市岡山皮影戲館，委託學者數位化
典藏，並出版《一甲子的弄影人——蔡龍溪皮影戲典藏文物精選 1892～1980》
內文指出：

　　　蔡龍溪一生專心演出民間酬神祈福除煞的儀式劇，不專攻商業戲院

　　　演出內臺戲，所以沒有自戲院賺取高額利潤。〔註31〕

　　蔡龍溪進入戲院演出的過程，或許由其後人的口述可窺探出一二。依據
蔡金宗回憶，描繪其過去與父親蔡龍溪，父子演出內臺戲院的情形。〔註 32〕
據蔡龍溪後人的口述，蔡龍溪曾到過嘉義民雄地區的戲院演出過，與新興皮
戲團的張命首共同演出。蔡龍溪曾與同劇種的皮戲演師張命首，共同進入商

〔註31〕 王淳美，《一甲子的弄影人——蔡龍溪皮影戲典藏文物精選 1892～1980》，頁
　　　　20。

〔註32〕 石光生，《蔡龍溪皮影戲文物圖錄研究》，頁 16。

業劇場的體系。後人蔡國勢的回憶，反應了蔡龍溪進入商業劇場的幾點問題，
一爲同業合作進入戲院的演出，二爲內臺戲院的聲光特效運用，三爲舞臺空
間和布景的視覺繪製使用。金連興皮戲團的舞臺布景有租賃和自製方式，四
爲商業劇場的廣告宣傳模式。在蔡國勢的口述中，清楚交代出蔡龍溪商業劇
場演出的特色。這些特色當然也是當時商業劇場時期，皮戲演出的文化。

　　依照《東華皮戲團各地上演紀錄表》提到蔡龍溪的商業劇場演出，如，
1953 年 11 月 21 日，東華皮戲團位於嘉義縣大林鎮大林戲院演出：

> 成績很好，前旬頂山中華興歌戲來演失敗了（賠）錢，五仟外元，
> 同時又稻穀收刈中，劇界人人恐怕，吾団入演每天狂滿，風評眞好，
> 第三天遇美國無料（免費）公開也不影響，（新興皮戲張孟（命）首，
> 彌陀白賊龍溪〔註33〕合演）在民雄大失敗。〔註34〕

　　該資料顯示了 1953 年 11 月 21 日，蔡龍溪與張命首二人，在嘉義縣的民
雄戲院做演出。《東華皮戲團各地上演紀錄表》1955 年 5 月 16 日，位於南投
縣草屯鎮銀宮戲院演出，提到：

> 草屯 4、5 年前有白賊龍溪彌陀港人，去演大失敗，智（至）此打不
> 能入演。〔註35〕

《東華皮戲團各地上演紀錄表》1959 年 11 月 11 日，位於嘉義縣民雄鄉民雄
戲院演出，提到：

> 此院被我租死，每天 175.00，因爲前被白賊龍溪及烏肚仔二団來演
> 做呆过十分驚惶，張院主又無胆，吾団成績很好，同時受謝先化兄
> 十分幫忙，並爲墙叔協助，在民雄演時我與江明類到新港去張貼廣
> 告紙。〔註36〕

〔註33〕彌陀金連興皮戲團蔡龍溪在民間別稱。筆者要先解釋紀錄之問題，「白賊龍溪」
　　　　並非是紀錄者有所輕蔑之意思，「白賊龍溪」是彌陀金連興皮戲團蔡龍溪的民
　　　　間別稱。直至目前爲止，前往彌陀區田調，仍 70～80 歲長者以此稱呼。再據
　　　　筆者 2006 年前往高雄縣大樹鄉田野調查，目前仍有老一輩以此稱呼蔡龍溪，
　　　　也表示蔡龍溪曾到過大樹鄉演出。臺語的「白賊」，有二種意思。其一有說謊
　　　　欺騙他人之意思，其二則有誇張不實之意。民間觀眾對於蔡龍溪的稱號，偏
　　　　向後者，意指蔡龍溪，與人溝通時通常會以比較誇張的用詞使之表達，故而
　　　　有此別稱。紀錄者是以當時民間對於蔡龍溪演師的別號稱呼寫之，也反應紀
　　　　錄的忠實性。
〔註34〕《東華皮戲團各地上演紀錄表》，頁 32。
〔註35〕同上註，頁 74。
〔註36〕同上註，頁 187。

《東華皮戲團各地上演紀錄表》1959 年 11 月 16 日，位於嘉義縣新港鄉新港戲院演出，提到：

> 此院被彌陀港白賊龍溪 6 年前來做呆。〔註 37〕

透過上述幾點資料，蔡龍溪應當於 1953 年左右亦進入商業劇場。金連興皮戲團的蔡龍溪，確實進入過戰後商業劇場體戲演出過，但由文獻資料與口述資料的比對，蔡龍溪進入商業劇場的演出，沒有從商業劇場獲取豐碩的利潤。也許正因如此，才沒有留下相關商業劇場的文獻紀錄。

（三）高雄彌陀新興皮戲團

高雄縣彌陀鄉新興皮戲團的創團者為張命首（1903～1981），爾後，張命首交棒給女婿許福能後，1966 年，許福能（1923～2002）才將「新興皮戲團」易名為「復興閣皮戲團」，是目前復興閣皮戲劇團的主演許福助之兄長。

張命首的資料，根據 1947 年臺灣省行政長官公署〈戰後初期乙種（木偶戲）劇團核准登記暨登記號次一覽表〉，登記次號為第 5 號。1960 年《高雄縣志藝文稿》一書與 1961 年呂訴上的《臺灣電影戲劇史》〈皮影戲〉一文，皆提到張命首的新興皮戲團。石光生在撰寫《皮影戲藝師許福能生命史》、邱一峰《光影與夢幻的交織；許福能的生命歷程》，二書，對於張命首以及許福能二位演師，有相當的口述研究紀錄。透過石光生〔註 38〕與邱一峰〔註 39〕的調查，張命首曾聯袂蔡龍溪至嘉義獻藝，應當指的是嘉義縣的民雄戲院。

《東華皮戲團各地上演紀錄表》1953 年 11 月 21 日，東華位於嘉義縣大林鎮大林戲院的特別記要欄，敘述了張命首與蔡龍溪位於嘉義民雄戲院合作的過程。資料如下：

> 成績很好，前旬頂山中華興歌戲來演失敗了（賠）錢，五仟外元，
> 同時又稻穀收刈中，劇界人人恐怕，吾団入演每天狂滿，風評真好，
> 第三天遇美國無料（免費）公開也不影響，（新興皮戲張孟首，彌陀
> 白賊龍溪合演）在民雄大失敗。

可以確定張命首與蔡龍溪聯袂演出的事實，其他是否是《東華皮戲團各地上演紀錄表》未曾記錄的演出地方？目前為止，隨著復興閣張命首與許福能的過世，已經無法了解。

〔註 37〕 同上註，頁 188。
〔註 38〕 邱一峰，2000，《光影與夢幻的交織；許福能的生命歷程》，羅東，國立傳統藝術中心籌備處，頁 56～57。
〔註 39〕 《東華皮戲團各地上演紀錄表》，頁 32。

（四）高雄阿蓮飛鶴皮戲團

創團者爲陳戌（1902～1977），因臺語的戌（sut）念法，與臺語的「鼠（tshú）」近音，故當時在民間稱呼陳戌的別號「鼠仔」。1960 年《高雄縣志藝文稿》一書，官方紀錄「飛鶴皮影戲團」的文獻，了解陳戌的飛鶴皮戲團情況。在呂訴上《臺灣電影戲劇史》〈皮影戲〉一文，提到陳戌的飛鶴皮戲團。1966～1976年臺灣省地方戲劇協進會的會員名錄，陳戌是戲劇協進會的會員之一。

永興樂皮戲團的張歲，口述曾擔任過飛鶴皮戲團的後場演出經過。〔註40〕

《東華皮戲團各地上演紀錄表》，1959 年 4 月 16 日，東華位於臺東縣關山鎮關山戲院演出，提到：

> 前年阿蓮鼠仔去演十分失敗，吾団入演大勝利，又隔壁庙边有賣藥
> 団演新劇也不怕。〔註41〕

《東華皮戲團各地上演紀錄表》1960 年 3 月 21 日，東華位於嘉義縣布袋鎮過溝明樂戲院演出，提到：

> 過溝前鳥肚仔合布袋戲也有去演，而光復後阿蓮鼠仔也有去演。〔註42〕

《東華皮戲團各地上演紀錄表》1960 年 5 月 6 日，東華位於臺南縣新市鄉新市戲院演出，提到：

> 新市當時薯籤收刈中，農民忙期，此院是許城源等租的，院主也很
> 好，此地方前被阿蓮鼠仔演過，很呆印象，見皮戲就不要看，同時
> 我団入演風評好，但是同時月光夜農家工作蕃薯籤太忙不來看戲。
>
> 〔註43〕

《東華皮戲團各地上演紀錄表》1962 年 12 月 16 日，東華位於臺南縣後壁鄉安溪寮金紫戲院演出，提到：

> 此地前被阿蓮鼠仔去演过，成績太呆，致成我団入演另可怕，但是
> 我団入演很好成績。〔註44〕

《東華皮戲團各地上演紀錄表》1962 年 12 月 21 日，東華位於臺南縣東山鄉東原戲院演出，提到：

〔註40〕石光生，2005，《永興樂皮影戲團發展紀要》，羅東：國立傳統藝術中心，頁23～27。
〔註41〕《東華皮戲團各地上演紀錄表》，頁 165。
〔註42〕同上註，頁 195。
〔註43〕同上註，頁 201。
〔註44〕同上註，頁 301。

三年前被阿蓮鼠仔去演成績很呆。〔註45〕

陳戌當於 1957 年左右進入商業劇場，此外曾駐足過臺東縣關山鎮關山戲院、嘉義縣布袋鎮過溝明樂戲院、臺南縣新市鄉新市戲院、臺南縣後壁鄉安溪寮金紫戲院、臺南縣東山鄉東原戲院等，五處戲院。遠有嘉義，東有臺東。陳戌的商業劇場演出，但有沒有與他人或不同劇種的合作？還是以自己皮影戲劇團的表演模式進入？則已經無法得知。

（五）宜蘭假皮戲團

《東華皮戲團各地上演紀錄表》第一本，1958 年 10 月 16 日，位於臺北縣南港鎮南港第一戲院特別記要，提到：

> 此院 3、4 年前，有假皮戲去演，失敗，本團入演多少影響，成績好。
> 〔註46〕

1958 年 12 月 1 日，東華位於臺北縣新莊鎮成功戲院演出，提到：

> 此地布袋戲太多，小戲無人敢去演，本團入演個個讚好，前要入演
> 時數次受院主拒絕，因為 3、4 年前有宜蘭假皮戲去演失敗，這次本
> 團入演可真假分明。〔註47〕

商業劇場曾存在宜蘭本地皮影戲團。根據東華張德成的記載，皮影戲商業劇場表演，早在 1949 年 8 月 25 日，宜蘭蘇澳戲院東華就已有進入演出。〔註48〕然而做為臺灣歌仔戲發祥地的宜蘭，是否就曾經出現過皮影戲團？可是翻查所有相關文獻，不見宜蘭有過任何皮影戲的相關記載，可能是宜蘭在戰後才有人組成皮影戲團對外演出，也可能是南部皮影戲班人員移居宜蘭，再由宜蘭組團對外演出。「假皮戲」進入商業劇場的時間，根據記載日期推算約在 1954 年間，由演出的地緣環境來看，都坐落在臺北縣內的戲院。此外，1960 年 7 月 6 日東華位於臺南縣玉井鄉大觀戲院演出，提到：

> 此地前被人演呆，吾團入演風評很好。〔註49〕

以及，1962 年 10 月 1 日，東華位於臺中縣大肚鄉大肚戲院演出，提到：

〔註45〕 《東華皮戲團各地上演紀錄表》，頁 302。
〔註46〕 同上註，頁 151。
〔註47〕 同上註，頁 159。
〔註48〕 詳見《請戲人明細案卷》，頁 1。
〔註49〕 《東華皮戲團各地上演紀錄表》，頁 204。

以前要來打戲路不敢引我，關係前被假団入演妨害演技，所以不准

皮戲団入演。〔註50〕

關於這兩項紀錄，張德成所指的假皮戲團為何？已經無法了解。總體而言反應在商業劇場演出競爭壓力下，曾有劇團仿冒同業團名對外演出。再來是如果皮戲劇團的進入演出，而無法吸引觀眾，勢必造成後來要進入該商業劇場演出的皮戲戲團戲路和演出上的困擾。

戰後臺灣商業劇場，是否還有高雄以外其他皮戲劇團？屏東地區合華興皮戲團的黃合祥、林明達的新吉興皮戲團、鍾原婆的新新興皮戲團，除了口述外，是否有進入過當年的商業劇場？現階段已經無法解析。無論如何，大抵透過張德成的記錄，約略可知當年皮戲劇團進入戲院演出的現象與數量。

每個皮戲團的演出，都有其演出方式與風格。但以東華的演出而言，憑藉著是本身表演的特殊，以及不同於其他皮戲團的呈藝手法，如：操偶的動作、視覺燈光的變化、佈景美觀，立足於商業劇場的表演場域。例如：操偶的動作，東華皮戲團講究的是操偶的快速、影偶的視覺變化毫無破綻，利用皮戲劇種的表演特點，讓影偶的變化與動作宛如魔術般的表現。

商業劇場的演出是相當激烈，劇團本身若無演出基礎，具有符合大眾所期待的呈藝手法，恐怕就很難打進商業體系。其他的皮戲團為何無法成功打進？其因素點為何？是演技？廣告？引戲人？公關手法？還是有不同的因素，此待日後研究者的研究與深入解析。商業劇場的生存與否，定論十分明瞭。相較於外臺戲酬神的演出，也十分簡易。商業劇場的生存，依靠的是劇團的演出「技術」，劇團的演出「技術」，能夠得到消費的大眾認可，才是生存唯一的法則。而這個受到戲院消費大眾所認同的表演技術，或許才是最為寫實、客觀的一種對劇團的認同。若將台灣的皮影戲商業劇場時期演出，比喻成一個生物的演化現象，假以將劇團比喻為「生物」、劇場比喻為「環境」的話。從上述諸多劇團的考察中，必須要去了解，劇團在商業劇場和相當多劇種的競爭當中，想要生存下來，獲得利益，劇團就必須學會適應周圍的環境，找到生存的法門。劇團進入商業劇場都希望生存（營利），所以想要生存，必先「適應」環境（文化）。劇場的環境，是詭譎多變。劇團本身，只有「理性」（客觀）的了解整體劇場環境形勢，才能看準劇場需求，進化劇團的技術（表演藝術）和經驗（劇場實務經驗），為自己劇團找到自己的生存之道。劇團的表演技藝、隨環境的需求變異等，就是生存的法門。

〔註50〕同上註，頁290。

　　若將劇團的表演，看成是一門「藝術」。「藝術」的審美，有時相當「主觀」。「藝術」主觀的分析，就會產生優劣好壞的見解。可是如何從眾多消費大眾的「藝術」審美眼光，求取一個數學所說的「最大公約數」，符合大眾對「藝術」審美的要求，就是劇團的表演「技術」與「演出經驗」的總結，這其中當然包含了「傳統」與「現代」的表演技術法則。商業劇場體系的演出，十分殘酷、現實。皮影戲劇團進入演出，若沒有相當一定的「皮影技術」基礎，恐怕難以合乎劇場廣大觀眾的角度。觀眾進入商業劇場娛樂，是需要「消費」。一樣的消費金額指數，消費者當然有權選擇自我喜愛的劇種，以及演出精湛的皮戲劇團。站在觀眾的消費心裡角度，會選擇品質技術優秀的皮戲劇團演出，還是品質不好的皮戲劇團演出？皮影戲劇團的演出，能讓消費觀眾能得到應有消費滿足，就是觀眾所稱道的優秀皮戲劇團。然而進入商業體系中，要與不同劇種做競爭，若劇團無具備符合劇場環境的要求，恐怕也就難於生存於當時的商業劇場之中。這是商劇場任何劇團或劇種演出，一個相當重要的定論。

第三節　皮影戲商業劇場劇的商業型態

　　早期的通訊、交通並不發達。劇團是有透過何種橋樑或者仲介？而進入前有何種作業程序方能進入演出？而這些前置作業又反應了何種社會氛圍？再者；構成「商業劇場」的演出文化或其型態，其最根本的基礎，就為「商業」的交易。吾人所知，商業劇場是以商業性質為本質的一種演出。而商業性質為主，其營收、獲利就是劇團與院方之間，所相當著重之地方。劇團如何建立一套商業獲利上的機制？而在營收獲利之下，戲院與劇團雙方，如何取得一種營收獲利的平衡點？但既是商業演出，就具有商業的交易本質；有商業的交易，就必須面對官方的稅收，當時有何種官方的稅收？而官方的稅收，是否對於劇團或院方造成影響？

一、商業劇場演出流程

　　劇團進入商業劇場演出前，必須準備好一定的前置作業，也就是有其一套的流程。例如，檔期的敲定、官方的法定規章、仲介等，所有流程完善後，才能依約前往到劇場內，做檔期上的演出。可官方的法定規章，是要在與劇

場的聯繫完成後，才能可進行。換言之，這些前置作業，是劇團進入前的一種程序。可是當劇團進入商業劇場後，劇團與劇場之間的關係如何配合、約定？如果商業劇場演出，是建構在官方、劇場、劇團三方間運行，那麼；就須了解劇團與戲院之間的運作模式。

（一）商業劇場演出前的接洽

劇團進入商業劇場的演出，並非直接就能前往。其涉及到諸多原因，如，官方、劇團、戲院等因素。以官方法令而言，早期的通訊不便，在官方的公文往返之間，需有一定的程序與時間，必須在劇團與戲院雙方的確定之下，才能申請官方的法定程序。劇團要進入，它必須建構在劇團與戲院雙方的認同、溝通與接洽，才能成行。但建構前會有幾種方式？則必須了解。據目前張德成所留下的商業劇場聯繫文獻資料，共可有三種形式的接洽。而這三種型式的接洽，也反應了皮影戲進入商業劇場演出前，劇團必須作業的項目。

1、商業劇場與劇團的聯繫

商業劇場與劇團的主動聯繫，主要是在確定劇團能否依約演出的檔期與戲路安排。當時的商業劇場，除了有戲院負責人等外，部分戲院亦有所謂「外交」與「外務」的職別，也就是主動接洽劇種演出或聯繫劇團相關事務的工作。如，1953 年 10 月 21 日，東華位於桃園縣龍潭鄉新龍戲院演出，提到：

此院一外交姓葉，為人太利害，客庄（客家庄），院主陳貫很好。〔註51〕

當所有檔期排定後，劇團在依約前往演出。也就是戲院為主動者，劇團為被動者。而戲院主動者，又可分有信件的通訊與本人的到訪。如 1951 年張德成所設立的《請戲明細案卷》內容提到，岡山戲院的楊春長於 1947 年 7 月初，本人親自到訪與張德成接洽，位於岡山戲院的演出事宜。基隆市雙溪戲院的鄭應貢於 1950 年 9 月 30 日，親自到訪三奶壇（即高雄縣大社鄉舊地名）造訪張德成談論戲院演出事宜、1950 年 6 月，太平戲院的姚清玉、1951 年卦山戲院的聯華貿易行。信件聯絡的有 1947 年 6 月 29 日，恒春戲院的陳祈勒，即以書信方式做為戲院演出的事項聯絡。上述，就為戲院負責人或經營人，是為自行主動聯絡劇團前往戲院演出。如：1964 年 9 月 14 日，張德成隨身日記本記載：

〔註51〕《東華皮戲團各地上演紀錄表》，頁 29。

④、今天接到臺南市西區大仁街 44 號華僑戲院來信聘赴表演，回信去。〔註52〕

1965 年 9 月 2 日，張德成的日記本，提到：

②塩埔勝利露天（戲院）來信說 10 月 1 日起 5 天有戲路。〔註53〕

　　由紀錄上，約可看出屏東塩埔的勝利露天戲院已和張德成有所接洽，進而說明在 10 月 1 日後有演出的空檔，劇團可以前往。此時，劇團亦為被動者的角色，是由劇場所排定。由戲院單方所排定，代表院方所詢問劇團的日程內，戲院可能沒有劇種的演出行程，所以戲院所接洽劇團排定的日期，就需靠劇團本身的取捨和回應。戰後的臺灣，通訊設備雖有日人的基礎建設，但相較於現代而言，仍顯不足。戲院為了方便日後劇團的接洽，通常會再寄送戲院負責人的名片或聯絡方式，以利劇團的聯繫。劇團在透過名片上的聯繫方式，與書信或者電話等，聯絡有關演出的相關行程。不過，資料的背後，又隱含著何種值得吾人所注意的事？前來接洽東華皮戲團的戲院，有些戲院位於東部或北部，地理位置相當遼闊。劇團的主動聯繫，呈現劇團演出或者知名度等，有被戲院所了解，或者院方曾看過劇團的相關演出，在戲院負責人的同下，認為聯繫劇團前來演出，能有獲利營收的可能，才會主動聯繫。除了反應南部皮影戲的北傳以外，多少也與劇團的演出受到迴響與否有密切的關連。

2、劇團與戲院的聯繫

　　劇團本身與戲院聯繫，是劇團負責人親自前往或以書信溝通方式，向戲院詢問可否有檔期的排定與演出時程，也就是東華所俗稱的「打戲路」。當然「打戲路」的指涉形式較為廣泛。也並不一定只有劇團本身的負責人，「引戲人」亦有可能代替劇團前往。所謂的「打戲路（phah hì–lōo）」，「打（phah）」就臺語在其字面上的解釋有「聯絡、拓展」的意思。「戲路」則為劇團演出的「檔期、演出地點」之意。而此種與第一方式相同，只是主、被動者相互調換。此為劇團為主動者的角色，戲院成為被動者。如：張德成在 1964 年 12 月 2 日的隨身日記本中記載：

去前鎮戲院排戲路，又來高雄買色料。〔註54〕

〔註52〕張德成 1964 年 9 月 14 日，隨身記事本記載。
〔註53〕張德成 1965 年 9 月 2 日隨身日記本記載。
〔註54〕詳見張德成 1964 年 12 月 2 日份的隨身日記本記載。

同上，12 月 5 日記載：

> 兒麗金（即張德成長女張麗金）自己去燕巢戲院排按戲路。〔註55〕

　　透過張德成的日記本記載，此種方式則為劇團主演者本身或團員，親自造訪戲院敲定檔期日程的演出。而高雄市的前鎮戲院與高雄縣的燕巢戲院，則為東華本身所與戲院所排定的檔期。此時，劇團就成為為主動者的角色，亦表示劇團所接洽戲院的日程，劇團可以依約前往演出。成行與否則必須由戲院所決定。劇團的親自接洽，劇團要具有足有說服戲院的原因，如知名度、演出實力等。戲院負責人才有可能答應劇團進入演出。而劇團的演出實力，就由門票的盈餘印證。當然；「打戲路」亦有劇團本身聯絡向已成行的戲院，再次確定與聯絡所有檔期內的演出等事項。就如張麗金（1941～）的口述：

> 過去的「打戲路」，譬如講就是我們如果若是在嘉義演出，下一位所在是民雄戲園做，我就先去向戲園頭家說我團預定當時要來演出，讓戲園頭家先知（知道），等待在民雄戲園演時，再去民雄戲園下一位的戲園聯絡，這也是「打戲路」。〔註56〕

　　由張麗金的口述，吾人可詳知當時東華的「打戲路」，除有向戲院負責聯絡商討演出行程外，也有在演出時，對於下一檔次的戲院做一種演出事務上的告知。

3、引戲人的產生與仲介

　　引戲人就是在商業劇場時代所需之下，所產生的一種從事戲劇演出，仲介的工作腳色。他是負責居中協調戲劇演出前的相關事務，以利張羅劇團演出。東華所謂的引戲人，即是介紹劇團前往戲院演出的仲介者。通常也承接劇團打戲路的工作，但要看劇團本身是否有與「引戲人」協議，若無則劇團則為親自前往打戲路。引戲人，就字面上就是戲院與劇團進入演出的仲介者，也就是一種劇團進入戲院演出前的橋樑，他扮演劇團與戲院的聯絡事項，必須要了解劇團與戲院雙方的事務，才不至於延誤檔期或者錯失演出時程。引戲人的身份相當廣泛，有的只是單純引戲的角色，如，彰化縣的李畫、臺南新化鎮的李連成等。

〔註55〕同上註，12 月 5 日記載。
〔註56〕資料來源，2007 年 8 月 30 日筆者田野調查張麗金取得。

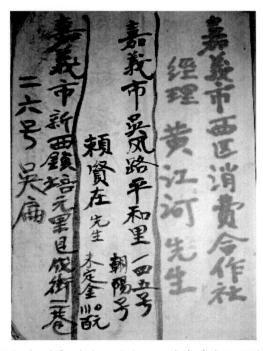

圖 6：1950 年張叫的《日戲》演出記載本，紀錄嘉義市西區消費合作社經理黃江
河、嘉義市吳鳳路平和里一四五号賴賢在來定三百元、嘉義市新西鎮培元
里建成街一巷二六號吳扁等人的接洽紀錄。（東華皮戲團提供）

　　有的亦具有「租瞨」的身份，如嘉義方面演出的賴賢在、賴燕聲、張清
添、涂榮、賴賢在等（見圖 6）。有的則是在各地區仲介所有劇種演出的身份，
另有不同劇種的負責人或團主也身兼引戲的角色。可爲何會有引戲人的出
現？其乃因爲劇團本身，並不一定會都熟識各地鄉鎮的戲院，而所有戲院的
場域或者負責人，也不一定會對劇團都會有所熟知，引戲人可以居中仲介劇
團進入演出的相關事務。二方面是，當每一劇種演出的檔期結束後，會有演
出的空檔，檔期的閒置時間長短並不一定，戲院或劇團可以透過「引戲人」
的幫助，協調戲院填補戲院所閒置的檔期，安排劇團做演出，以增加院方的
收入。而劇團也可以透過「引戲人」的牽線，了解戲院的相關事情，進入戲
院演出。「戲院」藉由「引戲人」的介紹，讓院方，更了解前到戲院演出劇團
的來歷與知名度等。引戲人可居中協調戲院與劇團之間的相關事宜，促使劇
團進入演出。不過，如果「引戲者」對於戲院演出的行程有所延誤，則會造
成劇團進入戲院演出的影響。如，1962 年 6 月 11 日，東華位於桃園縣新屋鄉
下庄中興戲院演出，提及：

　　　無意欲來此院演出，因戲路被吳添喜所誤，排按半途而拔（撥），所
　　以本團臨時變更來此。〔註57〕

　　因引戲人有所失誤，而導致影響演出，臨時改變演出場地。如果引戲人
檔期約定，如果疏忽，則會造成劇團與院方的困擾。引戲在 1945 年後即已開
始出現。如，東華 1946 年 12 月 28 日，張德成的《請戲人明細案卷》記載，
張水旺本人到三奶壇接洽東華可否進入臺東方面的戲院業務，1949 年 9 月 11
日由林天德洽談有關宜蘭地區 1950 年 1 月份的演出，1950 年 7 月 24 日，吳
扁前來所詢問洽談有關，嘉義市內的戲路。1950 年張叫的《日戲》演出記載
本，東華在屏東方面的有左營的曹金生、沈士前來接洽有關屏東海豐方面的
戲院演出；嘉義縣市方面的戲路，是由橋頭甲圍張清添所交涉。但以上的引
戲人，有些也身為承租者的腳色。所以，引戲者有些也扮演著承租者的身分。
在「引戲人」協調完所有劇團與戲院方面的事務後，劇團就能依照引戲人，
所協調戲院檔期的結果，前往演出。當交涉完成後，在與東華討論有關演出
的行程。當然，事成檔期排定後，引戲人通常有所謂的「仲介費」。這種仲介
費的多寡，要看與劇團或戲院的協定。其費用有劇團本身的給付；或者戲院
方面單方所給予的酬勞。若以劇團而言，必須依約付給引戲人之間約定的金
額或演出抽成的額數。若由戲院方面給付，則必須看戲院與「引戲人」當初
的協議。就另一個角度，引戲人若所接洽的劇團演出，所得到的獲利指數越
高，相對地「引戲人」所能得到的報酬也就越多，這時「引戲人」就必須考
慮到仲介對方皮影劇團本身的演出技術實力與知名度。因為演出技術等，得
到越有觀眾認同的劇團，也就為各引戲人，所競相引介的劇團，為何會競相
引介？主要這也是利之所趨。

　　以上，這三種方式是東華進入商業劇場演出前的一項流程。當接洽戲院
演出的相關事宜完備後，劇團就依約前往演出。不過，藉由上述所言的這三
種方式，看似簡單的分類記載，劇團與戲院的聯絡方式，無論是哪方面主動
或者被動，是以通信或是本人、是透過何種的仲介橋梁等，其中又可透露出
何種，值得吾人討論，皮影戲劇團是如何能夠讓戲院、引戲人等接洽進入戲
院演出？皮影劇團進入劇場演出，要了解其所衍伸出的表演文化等事項，前
提是，要了解劇團該怎麼進入。而劇團進入前要如何能讓戲院，或引戲人得
知劇團本身的演出實力？亦或者戲院或引戲人又如何能夠知道劇團本身的演

出實力或知名度？以東華皮戲團進入戲院演出而論，《請戲人明細案卷》顯示，這些前來接洽的戲院或者「引戲人」，有些的地緣關係相當遠，如有基隆方面的戲院負責人、花東方面、宜蘭等地區，以早期的交通措施或者通訊設備，尚未如現代發達，戲院的負責人或者「引戲人」，要如何能夠知道東華皮戲團？其一，反應了這些戲院或引戲人的接洽，其實表示了臺灣 1940 年代的皮影戲，已經不在侷限於南部地區的演出場域。而開始拓展至中北部的戲院場域，而北中部的戲院，也已有對生活在南部演出的皮影戲所了解。二則這些前來接洽的戲院負責人和引戲者，是有透過報章雜誌或者親自看過、或民間口耳相傳等的介紹，才能得知東華皮戲團的演出事項。例如：1960 年 9 月 21 日，東華位於宜蘭縣羅東鎮林工戲院演出，提及：

> 此院離街面太遠，應皆（應該）很呆，但是吾團入演普通，當時宜
> 蘭各地戲院院主來參觀都欣迎去演，也有流氓，此院是林工之家。
> 〔註 58〕

1961 年 3 月 11 日，東華位於臺南市中正路臺南戲院演出，提及：

> 在臺南時各地戲院全部到來參觀，並來約定日期，臺南市最好再 4
> 年再去比較好。〔註 59〕

由上的紀錄，反應這些前來參觀的負責人，再看過東華實際演出後，立即約定演出日期。皮影戲進入商業劇場演出，是一種以「營利」為主的演出，其本身就已經成為一個商品。若是商品，商業劇場或引戲者就有權去選擇商品，本身好壞的權力。這些商業劇場負責人前來參觀，並歡迎前去演出，顯見東華在各戲院主的參觀下，認為有營收上的可能。也代表說，這些戲院負責人前來聘請，本身就先已有劇團演出資訊上獲得。如果是劇團本身，當然所洽談的內容，就如同在商談一場「生意」，必須考量到雙方或者三方之間本身的利益分配。可吾人須所知，戲院或商業劇場，其演出的性質與酬神戲不同。是以商業營利掛帥為目的性。劇團進入商業劇場或戲院演出，戲院無不希望所到演出的劇團，能夠有相當的營收獲利，戲院才能藉由劇團的演出，獲取拆分盈餘。當然是希望前來演出的劇團，或能獲利越好。所以儘可能會接洽演出技術與實力，是受觀眾青睞的劇團，戲院與引戲人才能由中獲取更高額的利潤。換言之，當這些引戲者前來商討劇團進入演出前，勢必已有所

〔註 58〕 《東華皮戲團各地上演紀錄表》，頁 215。
〔註 59〕 同上註，頁 226。

了解，劇團的諸多演出特點。否則，一樣的仲介時間與時程，如果無法獲利營收，立於人性的立場，或有多此一舉的想法。可是吾人再去思索一個問題點，除東華以外，其他皮影戲劇團，同樣也有進入過商業劇場演出，如：安樂皮戲團、金連興皮戲團、新興皮戲團、飛鶴皮戲團等，是否有引戲人？或是與東華皮戲團同樣的洽談模式？這時吾人就必須藉由文獻資料上的取得，去分析其進入可能性。上述的皮戲團，除了東華皮戲團以外，其皆無成功打進商業劇場。可是這四團沒有成功打進商業體系，並不代表沒有與商業劇場或引戲人有過接洽，可是這些引戲人或戲院的詢問接洽，是基於劇團本身的何種因素，才前往接洽？還是劇場時代因素？亦有其他原因？還只是劇團本身的接洽？沒有引戲人的出現？在相關人事物的流逝下，尚留待更多資料的發掘。不過，如果是引戲人的推薦，可是前往演出後，其成果並不如預期，顯現演出的皮影技術，還有待消費觀眾的認同，換言之，若是其技藝演出無法得到迴響，就算是有引戲人的仲介，也無法引起共鳴。呈現商業劇場演出的現實層面與競爭。

（二）商業劇場硬體設備的載具

　　商業劇場的皮影戲演出，其所要準備的演出道具相當繁複。是將所有的演出團員、影偶、戲箱等物品，一同帶往演出。早期各團員，以「東華」而言，除本身的家族團員以外，大多分屬在不同的地區，必須要儘早聯繫團員，有關演出的訊息。以免團員無法前來演出。二則因交通工具不便，運輸必須向有關單位申請路權。而劇團的檔期都為連貫的演出，若有一項物品無帶出，則會造成演出上的困擾。劇團演出常會面到演出的臨時突發狀況，如：燈光的毀損、戲偶斷裂的自然等因素。將全部的道具前往，可以應付臨時的突發狀況。院方事先告知劇團戲院內所有的設備，可以讓劇團有利計算所可搭設的舞臺布景與可利用的空間。如，1959 年 5 月 10 日，東華在臺東縣埤南鄉知本戲院演出，由院方所提供的戲院設備書面資料，戲院前景照片、戲院設備共有 14 項。此外，若戲院有防空洞的設制，也會一併載具。

　　由臺東知本戲院的照片資料（見圖 7），可看出知本戲院是為竹造並蓋有類似石灰瓦的屋頂，可以想像 1950 年代的臺東，戲院整體的建築和設備，可能還沒有像大城市一樣的華麗，依然維持著較於質樸的樣貌，可戲院的總體坪數可能有數百坪的單位。但臺東的知本戲院，擁有一臺人力踩踏的廣告用三輪車，劇團進入演出，可以節省下另外租賃廣告車的費用。而戲院演出的

舞臺空間，具有電影與歌仔戲二種並用的演出功能，且戲院本身就具有喇叭的擴音機三臺，擁有三臺擴音設備的喇叭，顯見臺東的知本戲院，在管理規劃上，尚有一定的規劃和管理制度。此外；在觀眾座位上，有長板凳百條，若有百條長板凳，可能戲院的座席並非是固定式的。而以一條長板凳的人數爲3人和距離70 cm來計算，知本戲院約是一個可容納3～400人左右的中小型商業劇場。而顯現位於臺東的知本戲院，可以有播放電影和上演歌仔戲。若可以演出歌仔戲，那麼；對於皮影戲所能使用的演出舞臺空間，就相當足夠。透過臺東知本戲院的戲院的書面文件，吾人依稀能夠建構過，當年戲院的約略輪廓。透過這些由院方所提供的戲院內部設備資料說明，劇團可以有所準備出適合該戲院演出的用具。例如，喇被設備音響的懸掛位置，舞臺布景的搭設等，有利劇團進入戲院演出事前的準備工作。

圖7：1959年5月10日，東華皮戲團位於臺東縣埤南鄉知本戲院演出，由知本戲院寄來戲院前的場景。（東華皮戲團提供）

（三）檔期的排定與簽約

　　商業劇場就以演出的空間位址，多爲一個固定式的演出場所。劇團如何去接洽演出，是爲劇團進入演出前的作業程序。劇團進入商業劇場演出，並不是直接進入，而是須有一個仲介的橋樑，也就是必須先透過事先的排定程序，爲何需要排定？檔期的排定，有利之後再接洽另一場次的演出，以免重複到檔期，因而延宕之後尚在排定的既定行程，如；外臺酬神戲日期的重疊等，必須要先行錯開，以防無法演出。其二是劇團要進入臺灣每縣市鄉鎮的

劇場演出前，並非就對該地方的劇場負責人或場址，有所熟知。在「排定」的程序下，有利劇團了解劇場內，需要籌組的相關事務。在檔期的「排定」完成後，劇團則才會開始申請關於官方法定要求上的演出事宜。通常檔期排定確認後，會較演出前有 7 天的時間，因這涉及到當時劇團與官方公文流程上的往返。在所有事項確認後，才爲眞正的演出時程。皮影戲進入戲院演出，是以檔期作爲單位。檔期的排定，是以 5 到 10 天不等的天數爲一個演出時程。以東華皮戲團而言，從《東華皮戲團各地上演紀錄表》的天數，在臺灣的戲院，確定表演的天數最長爲期 10 天，少則 5 天等，菲律賓則有 30 天。但有時演出天數的長短，並非如檔期的排定，如，票房不佳、官方法令或劇團本身的突發狀況、酬神戲日期重疊、電力不足等，則會臨時取消之後的演出日期。

由記錄吾人可知劇場演出的檔期，會有臨時更動檔其的現象發生。但有時也會因「引戲人」的失誤或者其他原因，而臨時更改檔期與戲路。不過，若無突發的事項，劇團則會將檔期依約演出完畢。檔期的敲定，除了有演出檔期的重複因素外，最主要還是劇團和戲院雙方的一種營利上的考量。因爲劇團演出獲利，並不是侷限在一個固定的戲院場域（營利），還需有下個戲院定點的營收。相同地；戲院的營收，也並不是只有一種劇種，亦需不同的劇種演出，吸引不同的觀眾群。檔期的排定，主要是要確定演出檔期之所在，以免演出的失誤。而檔期確定後，爲了確保雙方的權益，會再加諸書面且具有法律形式的文件簽署。依照東華所留下的戲院訂約形式，共分有二種形式。亦即「書面」以及「口頭」上的允諾。〔註60〕這兩種形式，各有不同的效益。也具有不同的法源依據和院方與劇團之間的互信原則。

二、租瞨形式的產生

商業劇場皮影戲的演出，除了有拆分和承租方式的形式外，亦有租瞨方式的出現。從臺語的口語上來講爲瞨戲（pák-hì），亦有承包之意思。爲引戲

〔註60〕 據東華皮戲團張建國表示：「當時在內臺演出，不一定全部都有正式書面文件上的簽約，有時劇團與戲院二者間達成協議後，或者與戲院熟識，雙方在口頭允諾前往演出的檔期即可，是雙方相互信任憑信用，口頭約束的，不必簽署任何形式上的證明文件。」資料來源：2010 年 8 月 30 日，筆者訪問張建國先生取得。

人或者其他戲劇的仲介者，以承租或承攬的方式，租賃劇團進入戲院演出。可為何會有租賃的出現？就如先前所述，劇團進入商業劇場演出，並不一定會對該劇場有所熟識，引戲人可以作為劇團與戲院的協調作用，類似外交的作用。所以，有時引戲者就為租賃者本身。如果再將皮戲的演出，以商品的角度審視，租賃人的身分，就有點類似商品兜售的外務者類別，將皮影戲的劇種，介紹進入商業劇場的體系演出。當依約演出成功，租賃者就能以此得到租賃的仲介費，或者劇團演出的總所得持分。所以，租賃人對於租賃戲團演出，相當熱絡。當然租賃方式不只有如此簡易，再細分下仍可劃分。所謂的租賃方式，在東華而言，又有兩種形式，第一種為引戲人的仲介演出，引戲人即是承租人；另一種則是某地區劇場的某一演出時期，都由某承租人所承租，他是決定這段期間內的演出者。換言之，是這段期間內的戲院檔期，全都由他所承包。相對地，承租者就必須尋找演出的劇團，以租賃劇團的方式，前來演出，賺取劇團演出的利潤。租賃東有點類似包檔，延攬劇團進入所承租的戲院演出。然劇團既被租賃，前往戲院演出，就必須與租賃人等人，洽談一定的酬金比例。但有時租賃劇場的檔期過於耗費，會出現共同出資的現象。所以並不只有侷限在一人，租賃者有多人的共同租賃。如，1954 年 2 月 21 日，東華位於宜蘭縣頭城鎮農漁之家戲院演出，提及：

> 同時賃与頂埔人刘阿牛等，成績好，第 1 天第 2 天降雨，夜場滿，…，
>
> 賃主得利 2,000──外元。〔註61〕

該檔期就是由多人租賃，而進入演出。值得注意的是，然而當劇團有所經過的「租賃」的形式，進入演出時，演出的總盈餘所得，劇團再要則與「承租人」對分或者抽成論。換句話說，「劇團」是屬在一個第三方的角色，是由租賃接洽院方後，負責進入演出。演出的所得，劇團除扣除給予戲院的拆分比例或租金以外，另一金額的分配，則須再給予租賃人所約定的戲金或持份金額。如租賃頂埔人劉阿牛等人，可以在八天的時間內，獲利達 2,000 多元，等於一天可以盈餘進帳約 300 元左右。可想而知，租賃人有一定的獲利指數。「租賃」的持分，有時會以「對分」的計算，如，1953 年 11 月 26 日，東華位於臺南縣塩水鎮東文社戲院演出，提及：

> 賃与新營刘和順及翁助各一半計算，翁為人太慷慨。〔註62〕

〔註61〕《東華皮戲團各地上演紀錄表》，頁 37。
〔註62〕同上註，頁 33。

此戲院演出，就是與租賻者採取對分的比例，亦是扣除一切支出的總收入後，劇團在與租賻人進行總收入的五五分帳。而「租賻」方式，有時劇團是與「租賻人」雙方為一種合作關係。劇團與租賻人的合作關係，在租賻的形式下，租賻人的獲利，可謂相當豐碩。以租賻人陳姜維為例，每日東華需付給其 450 元的戲金，呈現與租賻人，商議總所得分配下的比例結果。由於租賻人能夠租賻劇團進入戲院演出，以此得到利潤。反之，劇團就得再額外付給承租人金額，1953 年 3 月 26 日後，張德成，則開始減少劇團對外租賻的形式，轉向獨自經營劇團。自 1953 年 3 月 26 日後，東華就開始自行與戲院聯繫演出的相關細節，節省所需付給「租賻者」的仲介金額。另一個方面，也顯示東華獨自經營，除了可以減少給付給承租者的開支外，劇團本身必須擁有相當演出自信與技術，在不受承租的引介或租賃下，依然能夠有所接洽演出和獲利。或許是一個劇團進入商業劇場演出，所必須擁有的技藝。除了，有熟識親友與親屬之外，如，東華在鳳山、大林蒲、小港、林園一帶的戲院演出，就租賻給張德成的岳父黃萬清，〔註 63〕由岳父黃萬清負責聯繫戲院的演出事項。

租賻形式無論如何，劇團需在演出後，按照雙方的洽談結果，在收入所得方面，給付所約定的金額。「租賻人」的金額，要看劇團與承租者的洽談而論。劇團演出的租賻方式，一樣有所謂的口頭與簽約的書面形式，主要是確保雙方的權益。口頭形式，主要是和戲團的口頭約定。當「租賻人」承租後，為了確定劇團的演出，會付給劇團訂金。劇團收下訂金後，無論如何，就得在日期確定下前往演出，這是一種雙方互信，也有依先來後到所排定。如，1950 年張叫的《日戲》的紀錄，提及：

> 臺灣省政府新聞處臺新社嘉南區記者賴燕聲先生，來定六百元。嘉義市興中街二号。〔註64〕

〔註63〕 黃萬清（1898～1977 年）為張德成的岳父，幼年受過中國傳統的私塾教育。早年居住在高雄的林園汕尾，為魚市場批發漁獲的中盤商。日治昭和四年 32 歲時，舉家遷至高雄鳳山戲院旁。後在鳳山經商有成，頗具名氣。之後，36 歲左右，隨後投身於開設戲院、飯館與承租劇團、劇團的行列中。1935 年左右，曾以鳳山漁獲商代表，聘請張叫前往鳳山漁市場演出「中元普渡」的酬神戲表演，而鳳山肉商則是聘請張川演出，父子倆同場競技。有關黃萬清的記載，詳見張叫日治昭和 15 年「新德興從業人員」名單與 1954～69 年黃萬清留下的劇團記帳本。
〔註64〕 詳見 1950 年張叫《每年日戲》紀錄本，頁 10。

　　張叫的紀錄，即可明白 1950 年的賴燕聲，前到接洽東華後，立即付給訂金。而東華在接洽賴燕聲後，隨後的 1952 年 9 月 7 日，東華位於嘉義市文化路文化戲院的演出，即爲賴燕聲所租贌進入演出。另一種則是書面上的簽署形式。租贌和劇團雙方，洽談完成後，即約定演出日期、演出時的項目等，當檔期結束後，依照「簽約」的形式拆分比例。簽約的書面形式，亦是屬於劇團與租贌者的私下簽約，主要也是要確保雙方的權益。但有時因劇團演出的票房情況不佳，劇團爲節省開支，會與租贌者談妥後，結束所剩的檔期。

　　租贌的產生，是在商業劇場演出時期，所衍生出的一種承租者租賃劇團，或者戲院承租劇團進入演出，獲取雙方利益的作法。這種形式，主要是第二方透過與劇團租賃的接洽，讓劇團進入商業劇場演出，藉劇團的演出，獲得利益。也可說，是在商業劇場的眾多商業契機下，所形成的一種形制。如果將團的演出，視同「商品」的販售，藉由這些承租人的承租，讓「商品」得以流通，而租贌人以此獲取其中差價。無論如何，這些承租者，建構起商業劇場劇團演出的另一種型態，劇團藉由承租者的租賃前往演出，而租賃人也得以就劇團的演出，得到所需的獲利。

　　最後，吾人透過東華所留下戲院演出的租贌形式。看似簡單地劇團與承租人的「租贌」過程，可吾人得去思索一個問題點。既然租贌者能夠得到仲介費，或者劇團演出的持份，當然；租贌者就希望所引薦或找尋的劇團，能有一定的知名度，或演出能夠得到廣大觀眾認可，以此才能得到更多收益。所以，當承租者在商談劇團租賃進去演出時，對於劇團本身的演出技巧，一定會有所認識，畢竟租賃劇團進入商演，都希望所租賃的劇團，能夠營收獲利才是主要的目的。而從東華所留下「租贌」者的資料，或許反應了劇團的技藝與觀眾迴響，才是吸引租贌者前往租贌劇團演出，最主要原因。

　　透過了整體東華進入商業劇場演出的作業程序相當複雜，得以想像在當時要進入商業劇場演出前，其劇團、戲院雙方的作業程序，必須要有所洽談後，才可能前往演出。但無論爲何種洽談，戲院是爲一種劇團承租場地演出的對象，劇團則是扮演演出者的角色。這些劇團與戲院、引戲者等三方，建構出劇團進入商業劇場體戲演出的一個脈絡。

第四節　審查制度

　　戰後的臺灣商業劇場，正處在兩岸局勢緊張的時期，國府官方對於劇團，除了列案登記嚴密管控以外，對於劇團上演的劇本內容，更加嚴厲的審核。戲劇的演出，具有娛神的宗教和娛人的層面，更兼具教育的功能。有時也常被執政的有關當局，作為政令宣導的工具與思想傳播的媒介物之一。如從戰後官方委發給劇團演出的劇本，便能看可戲劇演出宣傳官方思想的一面。而執政當局為有效杜絕或防止戲曲演出，散播不利執政者的思想，便開始管制戲曲的上演劇碼，以防戲曲演出不利執政當局的戲劇情節。然而戲劇的演出，除有以真人或其他物質講述、搬演故事之外，劇本更是戲劇演出不可缺少的要件。1945 年戰後之初，國民政府設置了「行政長官公署」此一特別行政組織，其「臺灣省行政長官公署」，在其宣傳委會組織規則的第二條，第五項：

　　　　關於電影戲劇之演出及指導事項。〔註65〕

　　該條文即明訂電影和戲劇的指導事項，宣傳委會具有指揮和掌理的行政責任。換言之，官方具有演出的指導事項，同時就是具有監視審查劇團演出的職權。也表示在 1945 年 8 月 15 日，日本投降後，臺灣的戲劇演出，依然受到官方單位的掌控。除部分所屬軍隊、官方的演出劇團，不必經過審核外，〔註66〕其餘臺灣所有地方戲劇、電影放映，都需經過官方「宣傳委員會」的審核。〔註67〕不過；隨政策法令的嚴、疏，而有所不同放寬。1945 年戰後，國府來臺，對於劇團以及劇本上演規定，隨即展開。如〈臺灣省電影戲劇事業管理規則〉第七條、第二項規定，〔註68〕與〈未經教育廳核發「上演登記

〔註65〕詳見《臺灣省政府政府公報》第一卷第二期，中華民國三十四年十二月五日。

〔註66〕「…。查各機關學校或經政府登記承認之合法劇團，因非經常經營戲劇業務，其為紀念或慶祝事項臨時舉行戲劇公演，或係軍政各機關直接舉辦之戲劇團隊，其演出係以宣傳施教為目的者，概免依照登記手續，僅由公演機關團體通知各當地縣市政府教育科（局）及警察機關派員蒞場查驗，…。」詳見〈戲劇管理工作問題〉叁陸戌有府教字第一○五七四二號中華民國卅六年十一月廿五日。

〔註67〕「…。查（一）無本會准演證之影片，不准放映，…。（二）本會所製之新聞片及中央新聞片，美國新聞片等，均可放映。（三）劇團未登記者，可令補行登記，如不遵照，得停止其演出。…。」詳見臺灣省行政長官公署宣傳委員會，〈電影戲劇檢查工作疑義三點〉致酉微宣字第三一一二六號中華民國卅五年十月五日。

〔註68〕詳見〈臺灣省電影戲劇戲劇事業管理規則〉一文，叁柒○真○綜法字第三三七四九號中華民國卅七年三月十一日。

證」之戲劇依法應予禁演〉〔註69〕一文，可知戰後 1945～1949 年之前的法令規章，雖當時國民政府尚未撤退來臺，將臺灣納入反共抗俄的基地。不過，戲劇上演劇本的內容審核，早已明訂相關法規，要求劇團必須呈報，以免受罰。反之，劇團需呈報劇本的相關資料，以便有關單位審查。就是一種官方監視劇團劇本上演的手法，若劇團不依循官方的法令章規，則會受到禁演的責罰。就其法令面而言，戰後劇團演出的劇本呈報，亦屬於官方對於戲劇劇本演出的一種限制。1949 年後，國府撤退來臺。對於戲劇劇本的上演，除了依據〈臺灣省電影戲劇事業管理規則〉一文的法規以外，受到官方對於臺灣歌仔戲演出的存禁和戲劇上演劇本內容的看法，之後擴及到全臺戲劇的演出。在戲劇劇本的內容上演情節，亦相當重視。

爾後，在官方的「反共」政策底定下，1952 年 3 月 6 日成立了「臺灣省地方戲劇協進會」，其「協進會」的〈工作計劃大綱〉中的第五條與之後的〈組織章程〉第四條，皆可明白看出配合官方的政策方針。如 1957 年附註於劇團演職員證後的〈臺灣省電影戲劇管理規則〉第七條，第二項規定：

> 二、上演登記：由劇團主持人填具劇團上演登記表（表式另訂）一
> 份，連同所擬上演劇本（如上演無劇本之舊劇可附具劇情及對白之
> 說明書）四份，逕向教育廳申請登記。〔註70〕

其內文，與上之 1948 年的〈臺灣省電影戲劇管理規則〉相同。可見得戲劇組織配方官方政策的一面，也表示官方政策上的落實。更是能夠符合時政所需的要求。如果從上演「劇本」的官方審查制度，臺灣的地方戲劇演出劇本，都曾經歷過一段被官方嚴格審查的時期。尤以戰後 1949 年到解嚴前，這段期間。官方對於戲曲演出的劇本內容，審查更加嚴格。不過，後來隨著官方對於戲劇演出的放寬，劇本內容的演出，只要不涉及到官方的施政措施與政治思想方針，戲劇演出劇，只要按照官方的規定內容程序，戲劇即可依照自己的「劇本」內容演出。

戰後皮影戲的演出，處在官方嚴厲審核上演劇本的規定下。劇團的劇本上演，必須經過按照官方的法規程序申請。不論是商業劇場或是外臺酬神戲

〔註69〕 詳見臺灣省教育廳，〈未經教育廳核發「上演登記證」之戲劇依法應予禁演〉
一文，叄柒辰迴警甲第九三七三號中華民國卅七年五月廿四日。

〔註70〕 詳見〈臺灣省電影戲劇事業管理規則〉奉行政院二月十三日臺四六教第○七
四三號令修正（四六）府教五字第一三六三五號四六年三月一四日。

劇本，都需要循法辦理。商業劇場的劇本演出，如前述，亦須呈報相關單位審核通過，方可准許演出。東華皮戲團的商業劇場上演前，必須先準備上演劇本的劇情梗概，同時內附劇團登記證、演員登記證等相關證件，呈報有關單位審核核准後，才能依序上演。若不依循上演，如果受到相關單位的查獲，則會面臨處罰。而當時由於官方對劇本上演有其審核制度，這樣制度也常被有心人，利用作爲檢舉劇團不依照演出劇本的法則。若不依照許可證上演，一經被查獲，劇團會受到相關單位的處罰。就另一方面，也正因爲東華依照了上演登記證的內容演出，雖受到嚴格的監視，亦能上演。透過上述資料的分析，吾人能夠想像，在當時戒嚴時代下，戲劇演出前，劇本上演的前置作業程序。「劇本」必須在官方的法律條文下，受到相關單位的審核通過後，才能進行演出，也證明處在戒嚴下的商業劇場皮影戲演出，必須依附在官方法令下進行演出。而劇本的申請上演許可證制度，在隨著臺灣政治的解嚴，逐漸成爲過去那段臺灣戒嚴制度下，劇團上演劇本的一段歷史。

一、劇團的登記審查

戰後商業劇場的表演文化，除了透過劇團的演出動向、觀眾取向之外，官方的法令，相當值得注意。官方的法令，往往影響到劇團的表演模式。如「反共抗俄劇」、「勞軍」活動；也就是說，劇團的演出，往往會因官方的法令，劇團在其底下所進行表演。若是因官方的法令，那麼；劇團的演出，則會影響到商業劇場的表演文化。不過，分析皮影戲團的商業劇場演出活動前，必須先藉由出官方的法令政策，分析法令如何要求劇團，對劇團產生影響，才能了解劇團劇場演出前的法令程序。從官方法令中，解析劇團的商業劇場活動。

劇團登記，是官方單位對於劇團演出動向、統計調查的一種方式。比較不同的是；現在的「劇團成立」或「劇團登記」，是官方單位大多是以文化表演的角度，去了解劇團的表演文化屬性。過去官方單位對於「劇團登記」的審核，則較有監控劇團的意味，從劇團演出了解，其是有否有不利執政當局思想的傳播。尤其是時局緊張之時，官方對於劇團的管控更加嚴格。爲何官方單位會要求劇團，進行「劇團登記」的審核？或許可由史料方面著手分析，了解其來龍去脈。戰後來臺的國民政府，在時局不同下，制定出相關的法令約束措施。其影響臺灣戲劇演出較爲深遠的，則是 1949 年 5 月 19 日，警備

總司令所頒布的《戒嚴令》，其中的法條「嚴禁聚眾集會、罷工、罷課及遊行請願等行動。」〔註71〕就是一種管制人民的集會法條。換句話說，人民集會、結社、宗教活動、思想言論等，都是在其官方的管轄範圍。過往的戲劇的演出，往往是以酬神為目的，能夠吸引觀眾駐足。若由此一法規的廣義解讀和延伸，戲劇演出會有群眾看戲、集會，就有違《戒嚴令》的法律條文。官方為了防止群眾的集會後所衍伸出問題，或者劇團散播不利的思想，必須要開始著手監視劇團演出的動向。處在戰後和戒嚴體制發佈下的臺灣地方戲劇，在官方單位的法令要求下，都需接受官方單位的劇團審核。

皮影戲當時隸隸屬歸納入臺灣地方戲劇的一種，同樣地都需要接受官方單位的劇團審核，方能對外演出。皮影戲進入商業劇場演出，最先決得的條件，就是必須領有官方所核發的劇團登記證，也就是劇團必須先受到官方的考核通過後，才能進入商業劇場。反之，若是沒有官方所委發的登記證，劇團則無法演出，這是當時候的一種法律的規定。官方透過劇團呈報的表章，了解劇團的屬性、演出、所在地、劇團工作項目等。以不同的角度審視分析，官方對於的劇團登記審查，是一種便於管理劇團和不同劇種收編的做法。能透過規章，防止劇團演出較不合乎於社會道德規範的劇情內容。再就深層一面而言，劇團的登記審核，亦有官方監視劇團的作用，防範劇團演出不利執政者的思想。更能以收編的方式，將劇團納入官方單位內的管轄，方便管理。

1945 年戰後，國府來臺，對於臺灣的地方戲劇劇團，開始著手整理。臺灣省行政長官公署，隨即公佈對於劇團的登記法令。在〈臺灣省劇團管理規則〉的事項，反應戰後初期，官方單位已經開始，規定劇團必須上呈相關申請書，向有關單位申請劇團的立案。宣傳委員會並要求劇團申請登記，才能對外演出，否則將處以禁演罰則等，〔註72〕也代表劇團納入官方的管核。而後，官方單位對於劇團的上演及劇團登記，越趨嚴格。〔註73〕若不遵循，劇

〔註71〕 詳見臺灣省政府臺灣警備總司令，戒字第一號。

〔註72〕 詳見臺灣省長官公署宣傳委員會，〈公告各劇團應依照臺灣省劇團管理規則來會登記〉致未迴署宣字第一八八七一號中華民國卅五年八月廿四日。

〔註73〕 「…。查（一）無本會准演證之影片，不准放映，…。（二）本會所製之新聞片及中央新聞片，美國新聞片等，均可放映。（三）劇團未登記者，可令補行登記，如不遵照，得停止其演出。…。」詳見臺灣省行政長官公署宣傳委員會，〈電影戲劇檢查工作疑義三點〉致酉微宣字第三一一二六號中華民國卅五年十月五日。

團就會被禁止演出。如：臺灣省教育廳的〈電影戲劇檢查工作〉一文。〔註74〕
至 1946 年臺灣省行政長官公署所發佈的法規，即明文規定，要求劇團必先向
官方單位申請登記。也可以看到戰後，國府即已開始對於劇團的管控。1946
年的「臺灣省電影戲劇事業管理辦法」中的第四條：

> 凡在本省經營電影戲劇事業者，應於開業前，由經理人，或代表人
> 填具聲請書，（格式另訂）並造具財產清冊，連同各項產權證，合同，
> 契據，向宣傳委員會，或其指定之機關，聲請登記。其在本辦法施
> 行前，已開業者，應於本辦法施行後，三十日內聲請登記。〔註75〕

該條文中，即規定戲劇工作者，必先填妥具備相關文件，向有關單位申
請登記，反應了官方對於戲劇的規定。其明文規定需要填妥財產清冊，向宣
傳委員會登記。未經登記擅自演出者，則令其停業與處以罰則。劇團若不遵
照法規，會被處以禁演和停業的處份。可見法規對於劇團不遵守條規的約束。
而後的「戰後初期甲種劇團核准登記暨登記號次一覽表」、「戰後初期乙種（木
偶戲）劇團核准登記暨登記號次一覽表」，更可了解當年劇團登記的情形。之
後，1949 年又要求劇團更新查驗證。〔註76〕在再的表達了官方對於皮影戲劇
種的一種管理，以及對於戲團的種種管控。1950 年後，於臺灣省地方戲劇協
進會的成立，〈協進會〉的組織章程，明文要求政府必須嚴格審查各劇團的登
記事項，其背景因素相當廣泛。但綜括重點是在〈地方戲劇協進會〉的統計
下，官方可以便於管理劇團的任何動向和演出。具體呈現的是；劇團只要加
入〈地方戲劇協進會〉的組織，就必須登記立案，也反應劇團的成立或演出，
必須領有官方所審核核准的劇團登記證，方能演出。在上述的劇團申請法案
通過後，爲了統一各縣市的劇團申請，臺灣省教育廳明訂出劇團申請的表件，
表件內容說明如下：

〔註74〕 詳見臺灣省行政長官公署教育廳，〈各級學校及社教機關演出戲劇應先向宣傳
委員會辦理登記手續〉，致亥元署教（四）字第五四四四八號中華民國卅五年
十二月十三日。

〔註75〕 詳見〈臺灣省電影戲劇事業管理辦法〉中華民國卅五年二月十九日。

〔註76〕 「…：查本廳所發卅七年度之「臺灣省電影戲劇查驗證」有效日期已過，即
繳銷舊證，以憑換發新證爲荷。…」詳見臺灣省教育廳，〈繳銷卅七年度電
影戲劇查驗證以憑換發新證〉叁捌子儉教五字第三○五六號中華民國卅八年
一月廿八日。

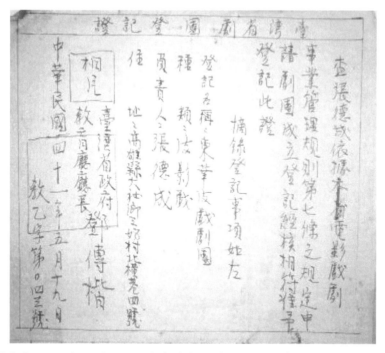

圖 8：張德成 1952 年 5 月 19 日手寫的劇團登記證，並有劇團核准的登記字號、團名、主持人姓名等。（東華皮戲團提供）

一本廳爲統一各縣市影戲業劇團造送申請登記表件起見，特訂定本省電影戲劇事業申請登記補充注意事項乙種。

二茲檢附上項注意事項乙份，電希查照，並希於電達之日起參照辦理。〔註77〕

透過上述法規的整理，吾人可以了解到，皮影戲劇團既處在當時的官方法令之下，就必須接受官方法規所帶給劇團要求（見圖 8）。先不論是否威權時代，或者戒嚴體制的問題，既官方單位公布了對於劇團的法規，劇團就必須要去遵守，這是法律層面的遵循。而戰後的商業劇場時期或者外臺酬神戲，既是在官方法規的公佈下所演出，當然就得必須遵守官方法規。而這「劇團登記證」的法規，也就成爲皮影劇團，進入商業劇場演出前，所必須準備的前置程序。而演出前，劇團也必須受到先行向相關單位申請，寄出劇團的登記證，才能依序上演。1965 年 4 月 6 日，東華位於基隆市義三路新樂戲院演出，提及：

〔註77〕 臺灣省教育廳，〈爲訂定本省電影戲劇事業申請登記補充注意事項〉肆拾申感教五字第三〇四九五號中華民國四十年九月廿七日。

因為全省換發登記證關係，我本回去高雄辦換發登記證，白風德回
去，榮仔（賴榮）也回去，江明類去臺中。〔註78〕

透過張德成的紀錄，吾人得以明白 1965 年，因為全省換發登記證，所以張
德成回高雄補換登記證。反應劇團上演前，須向官方登記演出，且準備劇團
的登記證，以因應臨時的抽查。「劇團登記」或許具有當時的時空背景環境，
可見得當時官方的法令對於「劇團」要求的嚴格度。不過就另一方面看；官
方的「劇團登記審核」，卻也對後來了解皮影戲進商業劇場，所需具備劇團演
出的要素與證明。附帶一提，當劇團被官方有所管核後，官方的政令宣導或
政治宣傳，有時就落入了劇團的演出之中。換言之，就是劇團也負擔起官方
的政令宣傳活動。質言之，當吾人了解商業劇場皮影戲的演出動向前，必須
先了解「劇團」的演出，是否具有劇團的登記證。劇團有依照官方的法令登
記，才可進入演出。透過官方的法令，也才能解析出真正進入商業劇場演出
皮影戲劇團的相關數量。由上可以了解，戰後官方對於戲團的演出管制。但
官方對於劇團的管制，並不只於劇場方面，外臺酬神戲亦是，都必須向官方
申請。官方對劇團演出的管制，一直持續到 1987 年臺灣解嚴。表示，臺灣戒
嚴體制下，劇團的演出，必須配合官方的法令施行，在有關單位的審核批准
之下，才可以前往演出。而請戲者或廟方，也必須在請戲的日期前，備妥相
關的證明文件，提供給有關單位審查，以利劇團的前往。在臺灣解嚴後，關
於劇團演出，才不須向有關單位進行申請。也反映了臺灣解嚴之前，戲劇演
出前的相關作業程序，要比現代的戲劇演出，更加繁複，也反應了戲劇身處
不同時代的過程和時代的變遷。

二、劇團人員的身份審核管控與影響

1949 年後劇團人員的審核，具有了解劇團從業者，是否存在共產的言論
思想，以及對於劇團人員進行反共思想的輸入。早期的劇團從業人員與劇本、
劇團登記一樣，都須接受官方單位的考核，是官方注視劇團演藝人員演出動
向、思想的一種法令規定。成立了「臺灣省地方戲劇協進會」，加入「協進會」
必須具有會員的身份，才能呈發演職員證，也就是一種劇團從業人員的身份
檢視。劇團的對外演出，不只需要具有「劇團登記證」、「上演登記證」，劇團

〔註78〕　《東華皮戲團各地上演紀錄表》，頁 400。

從業人員的演職員證，也必須一併辦妥，才可對外演出。可爲何國府來臺後，官方單位會再次對於劇團人員的身份最調查？其一，透過劇團人員的掌控登記，對劇團從業人員的身份檢核，有助於當時的官方單位，了解劇團演出人員的思想層面，防止劇團人員散播共產言論的思想在。另一方面，1949 年後，兩岸局勢緊張，國府實行戒嚴。戒嚴體制治安的考量下，警政單位能對戶口進行臨時的檢查，以確實的掌握人口，防止對岸人員的滲透。以東華皮戲團來說，當時加入了地方戲劇協進會，所有的從業人員，就必須接受官方人員的審查。目前留下 15 本演職員證，和普通流動人口的登記單。反應當時官方單位，對於劇團人員的審核，十分謹愼。商業劇場的演出，在法條的規定下，有時劇團人員的演出，必須隨時面臨到警政單位，對劇團人員的參法查核。劇團人員必須有所遵從，否則會影響到演出。表現出官方對於劇團人員身份的掌握相當嚴謹，反應了一種時代下的特殊寫照。最後若從當時官方對於商業劇場劇團、人員演出的管制情形來看。如下表：

表一：商業劇場文化表

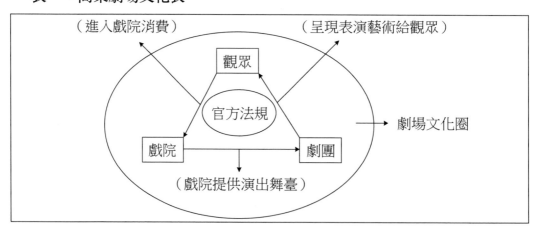

無論是劇場本身、劇團或者是觀眾，都必須遵照官方的法令。而這種官方與劇團、劇場、觀眾三方，共同形了一個戰後商業劇場文化圈。

第三章　戰後皮戲商業劇場的
　　　　變革與演出

　　戰後商業劇場的傳統戲曲演出，帶動出各劇種的百花爭艷，除了觀眾的因素以外，而這些改革表演物件的背後意義，是否有環境的影響因素，所做的變革？本文將以音樂、音響、影偶、舞臺裝置等四方面討論。

第一節　皮戲的音樂變革

　　對於皮戲商業劇場研究，1952 年爲至 1967 年。時期的劇場文化，已有相當深入的研究。清楚的點出 1952 年後，皮影戲商業劇場的脈絡，對劇場文化間的變化、戲團因素、觀眾層的反應、時期點的劃分等，已有綜合性的解析。而歷年關於皮影戲商業劇場時期，也從這年開始。不過，此時期的皮影戲發展，隨著文獻資料的發現與整理，這時期的變革相當重要。也對於日後的皮影戲演出，產生不同的影響。

　　商業劇場皮戲的音樂類型，究竟何種？依前人的研究，可知當時皮影戲所使用的音樂出現了北管、歌仔調以及流行歌曲。但皮影戲所使用的音樂類型，僅只於這三種？或許總不夠完善。商業劇場有來自不同的劇種，究竟皮影戲的音樂種類有何種？先藉由 1958 年所印製的廣告戲單，看出使用音樂體例的端倪。

　　該廣告戲單的內容，除了鉛印出劇團的簡介、皮影戲的歷史脈絡以外，介紹音樂內容方面，印製出「歌仔調」、「南音（南管）」、「都馬調」、「北調（北

管）」、「時代歌曲」等五項音樂類型。由此吾人大致可知，1958 年之時，皮影戲在商業劇場的音樂體系，存在了這五項音樂系統。單純從音樂的類別分類，除了「時代歌曲」是當時的現代音樂以外，其餘皆為傳統戲劇的音樂體系。而時代歌曲又延伸出國語、臺語歌曲、電影歌曲、西洋音樂歌曲、日本歌曲、輕音樂（Easy Listening）等。在音樂的改革下，又產生女歌手與西洋樂隊制度。臺灣皮影戲發展到某一階段的時候，雖然依舊使用「潮調」音樂系統，做為演出。但是否會在時代環境的流行驅使下，而改變演出的音樂形式？二則在劇本演藝之下，使用不同的音樂形式，是為一種創新？可音樂型態，是否會因外在的環境、流行文化、觀眾等因素，促使演出音樂型態有所改變，皮影戲進入商業劇場後，外在環境劇種的因素影響，逐漸促使皮影戲音樂體系上改變。皮影戲的音樂改革，應可分由幾方面來論述。一方面是商業劇場與外臺酬神戲的性質不同，檔期的能否繼續和營收，最主要是依靠觀眾族群的消費。為了吸引觀眾，必須在演出的某些程度上，進行些改變。在此情況下，劇團適度地在演出做更改，用來吸引觀眾的目光。其目的就是要讓觀眾觀賞商業劇場皮影戲的表演時，能有別於外臺酬神戲演出時的不同視覺觀感。汲取當前的劇種的樂曲、流行音樂來豐富表演的內容。以音樂題材來說，商業劇場的皮影戲音樂，除有先前的傳統皮影戲的潮調音樂外，加入了歌仔戲、布袋戲、當前電影流行樂、西洋流行樂等劇種的音樂體裁，以時下最為風行或流行的音樂，做為演出的陪襯音樂，產生了皮影戲在商業劇場音樂體系上的變革。二來是當時臺灣商業劇場的環境，劇種十分多元。劇場的劇種演出有歌仔戲、平劇、布袋戲、電影、新劇等，不同劇種的相互競爭。各劇種的演出，各有劇種的表演特色。如，舞臺形式、機關特效、音樂形式等。皮影戲進入商業劇場，在不同劇種的影響下，進行表演形式內外上的變革。音樂形式上的改變，亦是其中的一項。皮影戲在各劇種音樂體系影響下，改革原有的皮影戲音樂體系，引入不同劇種的音樂題材，不無也是一種音樂新形式的出現。

　　音樂形式的變革，象徵皮影戲進入商業劇場後，對戲曲音樂的再次革新。當然，皮影戲音樂新形式的出現，除有受到外在環境的影響，也是一種不同時代下的特殊表演風格，更是一種時代流行文化的展現或者是文化的拼貼。本節將討論皮影戲，進入商業劇場後所使用的後場音樂（見圖 9）。

圖 9：1958 年戲單上紀錄演出音樂的型態，計有歌仔調、南音、都馬調、北調、
　　　時代歌曲等音樂。質言之，1958 年的皮影戲商業劇場演出，就有此諸多音
　　　樂的運用。（東華皮戲團提供）

　　皮影戲進入商業劇場體系，當然在環境的影響之下，為了吸引觀眾，當
然會在演出的方式上做改革。使用其他劇種的音樂體系或者流行音樂，除了
有刺激票房的作用之外，也反應了商業劇場時期的一種時代潮流。隨著在 1958
年的戲單文獻的發掘以及有聲資料、文獻紀錄的相關音樂資料上，除了本身
朝調音樂體系外，更有廣東音樂、南管、七字調、都馬調、國、臺語流行歌、
日文歌曲等音樂。顯現在 1958 年時，皮影戲的商業劇場的後場配樂已經相當
豐富。本節將透過商業劇場皮影戲演出音樂變革，了解當時商業劇場時期，
音樂使用上的使用種類與變異。

一、潮調（Tiô-tiâu）的釋義

　　臺灣皮影戲傳承來自中國的潮州地區，使用由潮州所承襲而來的音樂系
統，在皮影戲的唱曲上稱之為「潮調」。〔註 1〕臺灣皮戲的潮調音樂，語言的

〔註 1〕詳見呂錘寬，2005，〈論臺灣偶戲音樂中的 tio5-tiau3〉，《臺灣布袋戲與傳統文
　　　　化創意產業研討會》，頁 48～67。

變化影響音樂，語言的變化，音樂就會產生變化。有關於臺灣皮影戲的「潮調」研究，歷來研究者努力採集皮戲演師的演唱以及文獻分析下，已有十分豐碩的相關研究呈現，在此不多加贅述。皮影戲戲曲音樂的收集，原本就十分難以收錄。主要原因是過去演師學習皮影戲唱曲或後場音樂，全都倚賴歷代的口傳心授，加上演師不習慣錄影、錄音的方式。所以曲調音樂的研究，全需靠演師的記憶，加以收集而成。在討論商業劇場皮影戲「潮調」之前，筆者並無受過音樂的學理教育，僅只以文字描述出「潮調」音樂的型態，並提出幾點臺灣皮影戲「潮調」音樂研究的幾點相關問題與看法。

（一）皮影戲的潮調分析

皮影戲的演出，除了劇本劇情、操偶的呈現以外，曲調音樂的運用，亦為演出相當重要的一環。臺灣皮影戲的曲調，屬於「潮調」的唱腔。「潮調」演唱時，除主唱者外，其他人員，如助手、後場人員，會幫主唱者一起合唱，形成「潮調」演唱藝術。而這一種一人主唱起音後，多人的唱和表現，稱之為「贊聲」。〔註2〕皮影戲演唱「潮調」時，後場鑼鼓人員、助手等，亦是多少會瞭解「潮調」唱曲的唱法旋律，否則難以在音樂的節奏點上相互唱和和鑼鼓音樂過門上的陪襯。為臺灣皮影戲唱曲使用中，最特殊的表演。臺灣的皮影戲「潮調」，是以臺語（白字仔）來演唱的，全為口耳相傳，「潮調」原有 46 首曲牌，分有二百多種唱法，〔註3〕以一首曲牌為名，從其曲牌下，各延伸出不同的唱法。有些曲牌，單只有一種唱法，有些曲牌則各有二種以上的唱法。每種曲牌亦代表著每種情節內涵，而每首唱法各有喜、怒、哀、樂的表現，曲牌的選用，必須要清楚了解該曲牌所要表現的意義以及曲牌要表達的意思，將曲牌運用在各個劇本情節中。皮影戲的曲牌，並不全都只有唱曲的部份，有些曲牌是為「譜」的曲牌體及鼓鑼點的曲牌體。以東華皮戲團來說，曲牌分有三種形式的曲牌體與體系形式。

第一種：即是唱曲「曲牌聯綴體」，如：云飛（駐雲飛）〔註4〕，又依照

〔註2〕資料來源：訪問東華皮戲團張義國，2007 年 7 月 30 日。

〔註3〕同上註。

〔註4〕有關於「雲飛」曲調的唱曲，每個皮影劇團都一定會唱該首曲調，而且是最常用的曲調之一。差別在劇團所演唱的旋律與音階上的不同，李婉淳寫有《從雲飛論臺灣皮影戲唱腔之傳承》一文，內中有深入的解析。但李婉淳只單分析「生」之所唱的「云非」，就論斷皮影戲劇團唱腔的傳承是否過於武斷？吾人所知一首「云非」有七種不同唱法，據筆者所了解共分有「云非（男）」、「云非（女）」、「云非（拜別）」、「云非（結拜）」、「緊非（又分快、慢二種）」、「半

不同情節，可分成七種唱法、鎖南枝、崑山、哭相思、下山虎、（又有下山尾之別）、紅南澳、紅目澳、小桃紅、四朝元（又有四朝尾）、拼病（斐雪英拼病；出自《李德武》）、上奏（《蔡伯皆》黃門上奏、香柳娘（又有兩種不同唱法）、風入松（又有風入尾）、無仔香（老婆調）、大北非（又有小北非）、山波（山坡羊）（又有兩種唱法）等，這一類的曲牌是為唱曲。演唱時搭配二胡和後場鑼鼓點的音樂，在每首曲牌的抑揚頓挫、過門時，亦有鑼鼓點的配合和打法。而後場鑼鼓手，也必須要了解曲牌的屬性、抑揚頓挫，才能在曲牌過門的鑼鼓縫（lô-kóo phāng）中，下達鑼鼓縫的鑼鼓點頓句。

　　第二種：即為單指後場二胡和鑼鼓的曲牌體。二胡的曲牌體如：祭獻、飛怨、落譜、川仔路、排酒宴（東華分有快、慢兩種音樂板式節奏）、老婆譜、佛祖譜、四門譜、探花、賊仔譜（丑角盜賊，盜賊取物時演奏）、百花春（唯一有皮影戲曲譜的曲牌）等，這一種的曲牌。分別在各種情節下所使用，但因演出劇本和時間的緣故，近來只使用 4～5 首而已。此類「曲牌」，沒有演唱的表現，單為音樂的曲牌體，表現人物於情節中的過門音樂，而這一類的過門音樂，雖不演唱，但亦屬於曲牌體的一種。由東華所留下清末的《封神榜》，〈三進碧遊宮〉、〈十絕陣〉、《狄青征西》等，亦可看見二胡的曲牌紀錄。而這一類的音樂曲牌，因無文字又無曲譜，所以多只能硬記旋律，或是以簡易的音樂代表曲牌的音符。如：一、二、三、四、五等。鑼鼓點（鑼鼓縫）的曲牌體，有「西帽頭」、「水底魚」、「套拳」、「亂宋江」、…等，這一些為鑼鼓的曲牌之，沒有演唱或清唱表現，純粹只有鑼鼓點的曲牌，亦即代表人物表現情節的音樂節奏，渲染情節的氛圍。

　　第三種：沒有二胡配樂，只有演唱者與鑼鼓點的配合，如：「武點江」、「敗走（「東華」分一、二）」、「引仔句（東華的引仔句分有小生、老生、旦、文官、皇帝等不同的形式用法）」、「馬令（鈴）頭（為武將點將的唱法，旋律引仔句不同）」、「出引（即人物出場時所唱）」等。以上三種曲牌的旋律和運用，演師必須要有所了解與精熟，才能將其曲牌，運用在每個劇本的情節中。

平非」、「云非（拜壽）」等，各個「云非」所使用的情節、屬性和唱法皆有不同，單以「生」所演唱的「云非」從其論斷，或許稍嫌不足。再者，由最早收錄張叫於 1943 年演唱的「云非」到 80 年代，時間點差距近 40 年，這 40 年是否也有改變？其餘的各皮影劇團的錄音皆由 1980 年後開始，如何能夠足以去證明這些演師先前所唱，是否與目前有所同異？或有「質變」的問題？此一仍待解決。此問題可能留待往後有相關音樂研究者更能深入的研究。詳見李婉淳，2010，《臺灣師範大學音樂學報》No.14，頁 21～52。

　　目前有關於臺灣「潮調」音樂，皮戲使用「潮調」演唱，布袋戲亦有「潮調」的音樂。但名同為「潮調」音樂，可是二者之間是否存有同異性的問題？石光生的研究曾經提到：

> 「潮調布袋戲」何時傳進臺灣？這是值得推敲的問題。個人認為「潮調布袋戲」與臺灣南部傳演的皮影戲關係十分密切，這可以從幾方面來談。第一，它們都使用潮調曲牌演唱，例如：【雲飛】、【鎖南枝】、…。第二，它們共享劇目，例如皮影戲中所謂的「上四本」：《司馬都》、《蘇雲》、《白鶯哥》、《蔡伯皆》，早期來臺的皮影戲團或掌中戲班，都會演出這些劇目。「潮調布袋戲」通用的劇目如《珍珠寶塔記》、《鄭思春》、《陳杏元和番》、《水漫金山寺》、《劉全進瓜》、…，都是早期臺灣皮影戲的劇本。〔註5〕

　　石光生直接由使用的「曲牌」與「劇本」，論述「潮調皮影戲」與「潮調布袋戲」的關係。但是相同的「曲牌」，演唱就一定互有關聯？如果演唱不同，那麼；其來源的「系統」、「戲統」是否不同？如果「系統」不同，證明了「潮調」具有不同的系統。如果相同，是否仍存有「戲統／劇種」上的差異性？皮戲的「潮調」與布袋戲的「潮調」是否關係密切？此仍有相當大的研究空間。再者，石光生以劇本，論述皮影戲與布袋戲使用「潮調」音樂互有關係，問題是，臺灣皮戲有些劇本，如：《高文舉》、《呂蒙正》等劇本，南管「七子戲」也有該劇本的產生，難道皮戲就使用了南管演唱？或者七子戲就使用「潮調」演唱？以「劇本」或「曲牌」來推敲潮調皮影戲與潮調布袋戲，或許就稍嫌武斷。然而不論皮影戲與布袋戲的「潮調」關聯，現今中國的「潮調」已失迭，如果能由目前臺灣各皮影戲劇團的演師，所演唱出的曲調唱曲，相互比較出劇團的差異性，或許能再次比較師承「戲統」或「系統」的不同。也或許能看出，劇團所唱出的唱曲，是否有受到「道士調」影響的可能。從劇團的唱曲比較，更可了解到，臺灣皮影戲的「潮調」，有劇團師承「戲統」的問題和派別上的差別。如果能由劇團所演出的唱曲差異性或後場音樂，那麼「戲統」差異，是值得再次研究皮影戲潮調音樂的地方。

〔註5〕石光生，2009，《鍾任壁布袋戲傳承與技藝》，臺中：行政院文化建設委員會文化資產總管理處籌備處，頁14。

　　現階段的皮影戲「潮調」音樂研究，多以彌陀復興閣皮戲團許福能唱曲做為研究。〔註6〕而後，學者又陸續採取錄影錄音方式，影音紀實出「永興樂皮戲團」、「福德皮戲團」等，彌陀、岡山一帶和高雄縣大社鄉「合興皮戲團」的皮影戲唱曲。各皮劇團唱曲研究中，又以「東華皮戲團」所公開的唱曲為最少，學界所能了解該團的曲調，多只有1991年後張德成在高雄縣立岡山文化中心傳藝期間的曲調，其中因藝生的學習態度問題，教導藝生演唱的曲調不超過5首。在學界先入為主的研究下，20餘年下，難免以其彌陀「復興閣皮戲團」為首，馬首是瞻；和岡山一帶為論述主軸。直至目前東華皮戲團的唱曲並無流失，只是有所保留的並且鮮少演唱。可為何不公開？涉及問題十分複雜的唱曲公開，有待往後的時間點配合。〔註7〕臺灣皮影戲的唱曲研究，有李婉淳和陳怡礽、〔註8〕王亮今的研究，〔註9〕並以皮影戲音樂為主或比較其他劇種的音樂做為研究主旨。陳怡礽是以探討傳統皮影戲音樂在臺灣是如何傳承與發展。並以現存三個傳統皮影戲團在後場音樂的異同點和劇目與音樂的傳承與發展上的差異。王亮今則是整理傀儡戲、皮影戲音樂相關之各領域資料，分別依其出版形式及資料內容中之同質性與異質性音樂內容作分類、比較研究。李婉淳以劇本所記載皮影戲的曲牌，分析出各曲的調性。〔註10〕並由南北曲、崑曲和皮影戲「潮調」的相互比較出其相異性。〔註11〕李婉淳以南北曲等，比較臺灣皮影戲的潮調的關係。可是中國的潮州潮調唱曲轉傳進臺灣後，是否有發生質變的問題？是否如同中國宋元南戲，流傳到各地

〔註6〕詳見李殿魁計畫主持，1999，《皮影戲「復興閣」許福能技藝保存案》，臺北：國立傳統藝書中心籌備處。

〔註7〕張德成長子張建國，演唱《苑丹妻》劇本的「看地府歌報」、「賭博歌」、「呂蒙正拋繡球」、《濟公傳──高富娶妻》的「高富遊賞歌」、「海反歌（魚蝦水辛海反歌）」、「什念歌」、「落地府」等，提供筆者紀錄。資料來源：2001年7月20日筆者紀錄。

〔註8〕陳怡礽，2010，《臺灣皮影戲音樂的傳承與發展》，臺南：國立臺南藝術大學民族音樂學研究所在職專班碩士論文。

〔註9〕詳見王亮今，2014，《臺灣傀儡戲、皮影戲音樂文獻資料之整理與研究（1945～2015）》，臺北：國立臺北教育大學音樂學系碩士論文。

〔註10〕李婉淳，2005，《臺灣皮影戲音樂研究》，國立臺灣師範大學民族音樂研究所碩士論文、2010《臺灣皮影戲音樂及其源流研究》，國立臺灣師範大學音樂學系博士論文。

〔註11〕李婉淳，2013，《高雄市皮影戲唱腔音樂》，高雄：高雄市政府文化局，頁266～304。

後，與當地的小調發生融合延伸出不同唱腔的情況相同？〔註12〕如，青陽腔、弋陽腔、海鹽腔等。如果有發生質變，那以崑曲或者南北曲調的方式，進行比較皮影戲唱曲做研究。其質變的過程和南北曲調、崑曲等比較法，是否洽當和欠缺思慮？李婉淳以文獻的分析，自己擅將臺灣皮影戲的曲牌，擅改成南北曲的曲牌，是否合適？這涉及到臺灣皮影戲演師用曲、紀錄曲牌體的傳統觀念。再者，皮戲是否會有借用曲牌名的可能性？元曲雜劇的曲牌，如：山波羊、桂支香、駐雲飛、哭相思等，臺灣皮影戲都有相同曲牌的出現。若李婉淳以此邏輯，那臺灣皮戲的曲牌演唱，與元曲雜劇都所有關聯？臺灣皮影戲曲調研究，以西方記譜方式，是當前學術研究與國際化趨勢所需。可是否存有中、西方記譜文化的差異？而記譜方式有助於保存演唱音樂，可是會不會造成唱曲的演唱形式僵化和音樂「文化移植」問題？這都尚待吾人研究臺灣皮影戲潮調音樂時，值得深思的地方。

（二）皮影戲商業劇場的潮調

潮調一直是臺灣皮影戲所使用的音樂體系，直至目前為止的演出，依舊是使用「潮調」的演唱和「潮調」的後場音樂體系。皮影戲商業劇場的演出，非一開始就使用新形式的音樂，而是與時俱進才引進不同的劇種音樂。如果使用「潮調」音樂作為演出，自然不成問題。一開始進入商業劇場的演出，最先使用的音樂，仍為傳統的皮戲後場音樂，以其做為演出。皮戲的傳統後場音樂，並不是在引進新形式的音樂體系後，就放棄使用。而是會依據商業劇場演出的環境，和觀眾的需求加以變更。皮影戲商業劇場的演出，雖然求新求變、刺激觀眾進場消費為主。但在求新求變、刺激觀眾消費之下，並不是所有的商業劇場觀眾或環境，都是習慣或喜愛異於傳統的表演方式。在皮影戲使用新式的音樂體系之下，有些商業劇場的觀眾仍然對傳統皮影戲的音樂表演方式，有所喜愛。反應「潮調」音樂演出，在商業劇場仍具有一定的市場。又以南部的戲院場域觀眾，對於傳統皮影戲「潮調」有所青睞。求新求變的商業劇場體系，以中北部的戲院居多。南部的戲院場域觀眾，反而要求劇團演出傳統的皮影戲音樂，代表了劇團的演出音樂內容，是依據觀眾而制定。有趣的是，這些演出「潮調」或者傳統皮影戲音樂的場域，都位於南部臺南、高屏一帶。表示臺南、高屏一帶的觀眾，而且越是上了年紀的觀眾，

〔註12〕詳見錢南揚，2009，《戲文概論》，中國：中華書局，頁29～32。

更重視以傳統皮影戲的演出，也呈現進入商業劇場消費的老一輩年齡層，並不習慣新式的音樂體系，仍喜歡傳統的皮影戲「潮調」或者演出傳統音樂。如果由時間點上來看，1956～1964 年，商業劇場仍存有傳統皮影戲「潮調」的市場。如果再根據此一紀錄而言，商業劇場並不是通通都流行新式的表演體系。也表示進入商業劇場的其他皮影劇團，有可能也是以劇團本身的傳統音樂進入演出。可是其他劇團為何仍無法打入商業體系，或許存在劇團「潮調」皮影戲表演上的差異。皮影戲原本就是使用「潮調」的音樂系統演出，商業劇場若使用「潮調」演出，自然與酬神外臺戲一樣，演出的型態皆同酬神外臺戲，差別在於演出場地的性質而已。既是以傳統「潮調」做為演出，在演出的唱曲，則會依據劇本的編寫唱曲而演唱。唱曲數量的多寡，則依照演師評判當時演出的狀況而定。當劇團評斷演出場域需要演出傳統「潮調」之時，則會以傳統的皮影戲音樂做為演出。反之，若不需要演出傳統「潮調」則會以新式的音樂為底。

二、皮影戲的北管

　　北管音樂傳入臺灣的時間，尚未有明確時間點。〔註 13〕北管音樂並非一次傳來臺灣，而是三百多年間陸續傳來的。北管音樂泛指由北方所傳來的音樂，相對於南管而言，北管音樂不是用閩南語的演唱，而是用類似「北京話」的北方語系為唱奏。所謂的北管音樂，乃泛指流傳在臺灣的亂彈時代音樂。

　　根據以往的論點，柯秀蓮以音樂體系論點，分析臺灣皮影戲時期點的「分派」分類，〔註 14〕或者論述臺灣皮影戲的歷史發展時期點，運用北管音樂的體系，不曾出現過其「分派」和「歷史發展」中。北管音樂或北管樂曲，在「東華」的說法上，基本上不太稱之為北管或北管音樂等的說法，口語上大體統稱之為做「北的」，或者在演戲的文字紀錄上為「北調」。透過該文獻紀錄，內容所寫錄的「北調」，就是亦指所謂的「北管音樂」。也表示，皮影戲所稱「北管音樂」，是以「北調」來稱呼。由影音資料 1955 年，張叫與張德成父子二人參予，由臺灣省新聞處電影製片廠拍攝，白克所執導，王大川、

〔註 13〕「據推測，北管音樂約於三、四百年前隨著漳州籍的遷民傳入臺灣，…。」
　　　　詳見呂錘寬，2000，《北管音樂概論》，彰化縣：彰化縣文化局，頁 7。
〔註 14〕柯秀蓮，1976，《臺灣皮影戲的技藝與淵源》，中國文化大學藝術研究所碩士論文，頁 30～32。

鄧綏寧編劇所拍攝《黃帝子孫》〔註 15〕的電影皮影戲片段。其拍攝地點，就是在商業劇場演出之時，所直接拍攝。其中皮影戲鄭成功出場與荷蘭士兵投降時，所收復臺灣的後場配樂，就是北管音樂的伴奏，呈現了當年商業劇場以北管音樂做爲演出的場景。易言之，早在 1955 年時，北管音樂就是皮影戲商業劇場的演出配樂。若依照《東華皮戲團各地上演紀錄表》的 1952 年的日期所記錄，也顯示了進入商業劇場後，最遲在 1955 年以後，皮影戲就已經出現北管音樂的演出。

　　據目前東華所留下的當年現場演師演唱北管音樂黑膠唱片的影音文獻資料，了解當年所使用北管音樂內容。商業劇場皮影戲北管音樂的使用，就音樂形式的演出，是一種迥異於傳統皮影戲系統的變革。以劇場觀眾的角度，不同於傳統皮影戲的音樂形式，雖不同劇種過往有以北管音樂做爲音樂形式，但以皮影戲而言，或許是一種新式演出。既是不同於過往，當然在觀眾眼中，就是一種新式。可是就問題深思，商業劇場的觀眾如何知道這是不同傳統皮影戲的後場音樂形式？或者認爲北管音樂就是皮影戲音樂？如果以此認爲，那爲何南部觀眾會知道北管音樂，是不同傳統皮影戲的後場音樂形式？此問題，則有待更多商業劇場劇種資料證據的發掘。

三、皮影戲的歌仔調與都馬調音樂

　　皮影戲使用進入商業劇場的音樂變革，除了本身的傳統後場音樂以外，對於商業劇場中所流行的劇種音樂形式，亦是加以運用在自己本身的表演行當中。歌仔戲亦爲商業劇場演出的劇種之一，其演唱的歌仔調，也成爲皮影戲所吸收音樂之一。除了歌仔調音樂以外，都馬班所使用的都馬調，也是皮影戲商業劇場的使用音樂一種。「都馬調」則是 1948 年之時，才由閩南傳入臺灣。當時「廈門都馬班」前到臺灣演出，引入「都馬調」。1949 年後，時局驟變下，「廈門都馬班」因此留在臺灣演出。「都馬班」的「都馬調」，至此影響了歌仔戲的唱曲，而蔚爲風潮。〔註 16〕皮影戲使用歌仔戲的歌仔調的唱曲有哪些？使用多少？目前已無法得知。不過，由上一小節所提到的北管音樂

〔註15〕　《黃帝子孫》爲臺灣的臺語黑白片，由臺灣省新聞處電影製片廠拍攝，1956年上映。

〔註16〕　劉南芳，1990，〈都馬班來臺始末〉，《漢學研究》第八卷，第一期，頁 587～607。

黑膠唱片中，筆者發現當年「歌仔戲」現場演唱「七字調」的唱曲，曲長約 3
分鐘。【七字調】在歌仔戲中不僅是「一曲多用」，而且幾乎是個無所不能的
「萬能唱腔」。〔註17〕由唱片資料顯示，皮影戲的「歌仔調」演唱，含有七字
調的唱曲。不過使用歌仔調，如非由現場演唱的歌仔調，那麼；則可能使用
黑膠唱片來替代。但當時所演唱的「歌仔調」與現在歌仔戲所演唱的歌仔調
是否旋律形式相同？現代所聽見的歌仔戲，經歷過廣播歌仔戲、電影歌仔戲、
電視歌仔戲、現代劇場歌仔戲等階段的銳變，商業劇場皮影戲所使用的歌仔
調，是否與現代歌仔戲所演唱的歌仔調有所差異？或許留待更多錄影、錄音
資料的發掘，才可將其分析。若有所不同，呈現的過往商業劇場歌仔戲曲調
的一種差異性。也見證歌仔戲音樂曲調上的一種改變。

　　臺灣商業劇場時期，歌仔戲的演出是主流的傳統劇種之一。相對的多少
也會構成主流的表演文化，既成主流文化亦有特定的觀眾和表演場域。商業
劇場的營收，主要依靠的是觀眾的消費。求新求變、迴異傳統的創新形式等，
就為招攬觀眾消費的宣傳做法。單就觀眾的的角度，是吸引觀眾目光、駐足
的音樂形式。就後場音樂形式，就為一種創新或者創意。對於進入商業劇場
的皮影戲而言，吸收歌仔戲的「歌仔調」、「都馬調」音樂形式，除了是吸引
觀眾、別出心裁的表演以外，更是一種戲曲音樂上的新做法與新改革。雖戰
後的歌仔戲唱曲，歌仔調、都馬調，早已出現在商業劇場的演出，可就皮影
戲劇種的演唱音樂來看，不為是一種取自當時商業劇場所流行文化的音樂之
一。

四、皮影戲的南音（南管）

　　皮影戲，是否曾經使用「南管」音樂，而發展成「南管皮影戲」時期？
或者曾經使用過「南管」做為演出？早期研究臺灣皮影戲的柯秀蓮，曾以劇
團音樂唱腔形式的分類，將臺灣皮影戲的唱腔，依據不同劇團入「南管」音
樂的唱腔形式中。〔註18〕可是皮影戲的唱曲和唱腔，亦屬潮州的「潮調」系
統，可能是因研究者調查上的誤差，或者各劇團的唱曲、唱腔所致。最早使
用南管的紀錄為 1958 年東華皮戲團，商業劇場演出時的戲單。也表示 1958

〔註17〕張炫文，《歌仔調之美》，頁 23。
〔註18〕柯秀蓮，《臺灣皮影戲的技藝與淵源》，頁 31～32。

年的商業劇場，使用南管音樂做爲演出的號召。不過，當時東華並不以南管
做爲紀錄，而是偏向中國福建對於南管音樂的說法，將南管印製爲「南音」。

　　目前東華留下南管的黑膠唱片，計有：由新聲唱片公司所發行新聲南管
團，所演奏的黑膠唱片。A面爲〈思時八折〉，B面則爲〈飛綠山〉。另一片爲
鳴鳳唱片公司所發行，南聲國樂社所演奏。A面爲〈三臺令〉，B面爲〈陽關
三疊〉、〈綿答絮〉。由南管黑膠唱片的播放出內容，所存留下的南管黑膠唱片，
商業劇場皮影戲所使用的南管音樂形式，屬於南管音樂中，譜的樂曲形式。

五、皮戲歌手制度的誕生

　　當瞭解戰後皮戲的音樂種類後，筆者以爲戰後的皮戲，相當重要的是；
產生了歌手與歌手制度的誕生。歌手制度的出現，改變了皮戲以往的演出形
態。戰後的皮影戲商業劇場演出，除傳統的後場音樂以外，當前時代歌曲或
者流行的臺灣歌謠，也是其所使用的演出音樂類別。換言之，商業劇場皮影
戲的音樂使用，不只包含傳統戲曲的音樂，也含括了當時所流行的時代歌曲，
亦即當代所所處年代所最爲流行的現代歌曲。時代歌曲的演唱，除了本身主
演者的演唱之外，就必須尋倚賴當代的科技產品，黑膠唱機來播放時代歌曲，
解決非主演者親自演唱的問題。然而，受到布袋戲女歌手制度的出現，商業
劇場中的皮影戲，也開始聘請女歌手的演唱，衍生了皮影戲的女歌手制度，
女歌手的演唱，開始爲皮影戲的表演，帶來跳脫傳統音樂形式的框架。

　　商業劇場的皮影戲，既有聘請女歌手，可女歌手爲何？由於皮影戲的報
紙廣告頁面，多無刊載女歌手的介紹，只將女歌手的演唱，按入「時代歌曲」
之中，而使女歌手的姓名或歌手的介紹等相關資料，十分缺乏。在當年國府
官方要求劇團，須呈報組織人員的法令下，和劇團本身的劇團成員紀錄。仍
可以找到商業劇場演唱皮影戲時代歌曲女歌手的蹤跡。建構當年皮影戲演出
「時代歌曲」的流行文化現象，女歌手成員爲何，是吾人所必須要先了解。
據《東華皮戲團各地上演紀錄表》第一本的記載，內中的紀錄小鳳，即爲女
歌手。那除了小鳳以外，是否還存有其他的女歌手？依張德成所紀載的演員
名單備註中，據筆者整理出女歌手如下。

表二：東華女歌手紀錄表

職稱	姓名	居住地
女歌手	梁子	高雄縣
女歌手	盧趙楊	臺中縣
女歌手	柯玉霞	臺南市
女歌手	林鳳妹（藝名：小鳳）	苗栗縣
女歌手	洪惠珠	屏東市

　　不過，相較於布袋戲來說，皮影戲廣告主軸，並不以女歌手爲廣告項目。吾人檢閱當年皮影戲所留下的廣告物件，其廣告的內容多是以，視覺燈光的變化、劇本情節的曲折離奇、流行音樂形式」、劇團主演、劇團歷史、特效變景等項目，作爲廣告的噱頭。以女歌手演唱，做爲吸引觀眾的號召，反而不見在皮影戲廣告的項目內，或許當年的皮影戲演出，廣告並不注目在女歌手的演唱方面上，而是以新奇鬥怪的場面、劇本內容等，做爲吸引觀眾手法。女歌手演唱的流行歌曲，是含入所謂的「時代歌曲」、「歌藝優美」的廣告項目欄內，這一些皮影戲所聘用演唱的女歌手，其歌藝方面上的風格、歌聲特色等，因無廣告刊登的女歌手肖像和演唱的影音資料，著實無法了解。也許正因如此，演唱時代歌曲的皮影戲幕後的女歌手，也就較爲陌生。之後，東華皮戲團進入過電視演出，但演出亦是以傳統後場音樂的方式。皮影戲的女歌手演出，也未能如布袋戲，特爲主角戲偶編寫出主題曲，或者發展出專爲戲偶主角的主題曲。皮影戲的女歌手，相較於布袋戲的女歌手來說，也就較不被人所熟知，而逐漸消失在曾經存在過皮影戲商業劇場演出的歲月中。不過，透過所紀載的女歌手的名單中，女歌手的演唱，確實存在過當年皮影戲演出商業劇場的那段黃金歲月。也爲那段皮影戲商業劇場演出的黃金歲月，增添了音樂演出形式上的文化特徵。伴隨商業劇場演出的退出，皮影戲的女歌手也一併的退出商業劇場的表演，直至目前爲止，吾人欲探求皮影戲的女歌手，亦只能由所紀錄的演員名單和戲單，去拼湊出些許皮影戲女歌手成員與演唱的樣貌。

六、皮影戲的西洋樂隊

　　戰後的歌仔戲、布袋戲都曾採用過西式樂隊的演出，布袋戲的廣告亦出現，中西奏樂的宣傳臺詞。然而，皮戲的商業劇場演出，是否也曾出現過西

洋樂隊，以西洋音樂做為演出的後場行列？皮影戲的西洋樂隊，是否是因女歌手的演唱而產生？商業劇場皮影戲的演出，使用了女歌手的演唱制度。既了解到女歌手，勢必涉及到西洋樂隊的組織。西洋樂隊的組織，顧名思義是以西方的樂隊形式為主的樂團組合，其演奏的歌曲形式，是以西方的演奏方式為主軸。可注意的是，當時所組織的西洋樂隊演奏，或許礙於團員對西方音樂的理解，演奏歌曲是以臺灣當時所流行的歌曲為其音樂的演奏。

　　商業劇場演出時，女歌手的時代歌曲的演唱，必須搭配類似那卡西（即日文ながし）的樂隊演奏，也就是西方的樂器伴奏，方可以現場的方式呈現。那麼，皮影戲的西洋樂隊演奏，起於何時？從 1952 年向政府申報的財產目錄本。其中財產內容申報有「洋琴」一個、「西洋樂器」一組。既是所申報的財產，勢必劇團擁有該演奏的樂器。反之，即可證明 1952 年的皮影戲商業劇場演出，或者在更早亦前，就已具有西洋樂隊的演奏方式。如果再由 1952 年的呈報表，已有西洋樂器的紀錄，顯然皮影戲的西洋樂隊，並不是因為女歌手的演唱才產生。亦代表在尚未使用女歌手的演唱之前，西洋音樂的演奏已存在，而女歌手之前的西洋樂隊演奏，則可能只是添加在人物演出的一種過場演奏。初期的皮影戲西洋樂隊使用，大抵為吹奏人物的過場，以西方樂器吹奏流行音樂，作為皮影戲偶人物間的過門音樂。若由表演角度而言，有一種新式流行文化的象徵。當然為何組織西洋樂隊的演奏，會是一種新式流行的象徵？或許與過往臺灣，在受到殖民者的統治下，只要殖民者帶來不同於傳統本土的文化，就視為一種前衛、現代流行的觀念有關吧。戰後的皮影戲，將這股流行文化的型態，引用進入商業劇場的表演。因而形成商業劇場西方樂隊的出現，以迥異以往的傳統音樂，做為演出。

　　西洋樂隊出現在女歌手之前，其演奏或許只是一種人物過場的間奏，其而所需的成員，相對的也會比較少。在女歌手時代歌曲的演唱下，皮影戲的西洋樂隊，則開始轉向演奏由女歌手所演唱的「時代歌曲」。皮影戲的西洋樂隊演出的演奏，最遲在 1961 年就已經出現。如果再由 1958 年戲單的廣告宣傳臺詞，西洋樂隊的演奏，於 1958 年就已經產生。西洋樂隊的演奏，若是單純的以演奏的形式出現，或許只需 3～4 名的成員亦可。若配合了皮影戲女歌手的演唱，則必須擴充西洋樂隊的人員數和樂器量，方能演奏出所唱的音樂。由目前所能掌握到的資料，當時皮影戲所使用的西洋樂隊成員，亦有五名。整理如下。

表三：西洋音樂士紀錄表

職稱	姓名	職別	居住地
西洋樂器士	阮宝丁	サクス（薩克斯風）	臺中市
西洋樂器士	簡清福	西洋鼓	屏東市
西洋樂器士	姓名不詳	黑達仔（黑管）	屏東市民族路
西洋樂器士	姓名不詳	洋琴	屏東縣新園鄉
西洋樂器士	陳順清	小喇叭	屏東縣崁頂鄉

　　從所整理西洋樂隊名單，可知當年所使用的西洋樂隊成員。其中所使用的樂器多是吹奏的樂器居多。反應當年使用西洋樂隊的演奏，是以吹奏爲主。皮影戲當時西洋樂隊的使用，除了是配合女歌手的演唱以外，更是具有一種新式流行的文化層面在，而西方樂器與臺灣的傳統樂器做演奏上的結合，就如同戲院演出布袋戲的廣告詞一樣，中西奏樂美女演唱的廣告詞。是結合傳統音樂和西方音樂的特點，所演奏而出的音樂伴奏。當如人由電視節目上，看到有歌手演唱，以中、西樂隊的合奏作爲伴奏的音樂型態，或許早於臺灣的商業劇場時期，就曾經存在過這種中西樂隊合奏的方式出現。皮戲在戲院演出，曾經出現過用西洋樂隊演奏的方式出現，只不過皮影戲的廣告宣傳，相較於布袋戲的廣告來說，都是與女歌手演唱一樣，將其併入於「歌藝優美」的廣告臺詞中。而之後皮影戲的所訴求的廣告宣傳主力，也都在燈光布景的變換、七彩的戲偶、奇幻的劇本劇情上，並不以西洋樂隊的演奏爲主要的廣告主軸，致使曾經伴隨著皮影戲商業劇場演出的西洋樂隊，在討論商業劇場的流行歌曲之時，因而遺忘掉了西洋樂隊的成分，而使西洋樂隊的組織，逐漸被淡忘。

　　從皮影戲的所使用的流行歌曲脈絡來看，皮影戲的商業劇場演出，確實出現過以當代所流行的音樂，爲演出的題材。流行歌曲的使用，或許只是皮影戲受到布袋戲的影響，所開拓的一種吸引觀眾進場消費的手法。不過，從音樂層面來說，「流行歌曲」的文詞內容，使皮影戲在演出劇中人物所遭遇事件，較傳統戲曲曲調的描述，更加細微的描述出人物心理性格的特徵。就表演型態，歌手制度，改變以往由主演者串起全場戲劇表演的氛圍。三者以觀眾消費心理面，流行歌曲既被普遍使用到傳統戲曲的表演行列，或許在觀眾心理面而，滿足了前衛流行的心理。

第二節　商業劇場皮影戲偶的發展與改革

　　以往臺灣諺語,「諸羅以北,看戲到天光(亮),不知皮猴一目(眼)」,表達了嘉義以北的觀眾,竟不知皮戲是單眼的雕刻。另一面也反應皮影戲偶側臉的雕作。從早期的臺灣皮戲戲偶雖有側臉的雕刻,但仍有雙眼的造型,只是雙眼造型的影偶並不多。只要乃是早期的戲偶,因戲偶尺寸小,通常介於 30公分左右,加上戲偶多半雕以陽刻,陽刻雕法更能襯托出戲偶的線條美學。

　　戲偶因演師對於詮釋皮戲戲偶個性、角色而有所不同。影偶的雕刻,除了是歷代經驗的傳承外,也必須要憑藉著本身的繪畫天份與扎實的雕刻功力,才能使其繪畫、雕刻出來的影偶,符合其所要呈現人物的忠、奸、性格,讓觀眾能夠清楚分辨。以現代受到西方美學理論的影響,對於演師雕刻美學的解釋,有「抽象」、「寫實」、「寫意」的說法,以現在的觀點,戲偶雕刻沒有美醜、好壞、優劣之分。不過,從現代的西方美學觀點,說明早期影偶或許不夠客觀。立在早期的演師或者觀眾而言,每一演師或者觀眾,對於人物,無論是想像或實體,都有於自我內心的一個既定的「圖像」。演師如何將這種人物,繪製、雕刻出符合大眾／觀眾,既定印象的「圖像」,牽涉到演師個人的繪畫天份。

圖 10:1956 年後張叫所雕刻金狐媽媽皮戲偶造型。(東華皮戲團提供)

　　東華皮戲團所繪畫和雕製的影偶以「寫實」為最主要，講究的就是一種
讓觀眾看到皮戲影偶時，就能「一目了然」評斷出戲偶的人物角色性格。東
華皮戲團每一代的演師，各有不同的風格與畫風。第三代張川的雕製方式，
仍較為傳統的型態。到第四代張叫，為皮戲偶注入了更多的色澤，使戲偶在
色彩在光線的照明下，更加的光彩奪目。早期的影偶，多半未有留白的概念，
而張叫開始懂得將戲偶的彩繪處留白，注意彩繪戲偶色澤的變化。在雕刻技
藝方面；更為繁複與精巧，下刀穩重綿密，華麗而不失典雅，融合了每一代
雕刻經驗的傳襲。張叫影偶的線條與花紋的表現，比起先前的影偶，更為精
緻（幼路）〔註19〕。改良由布巾所製作的影偶手臂與影筷，讓皮影偶於演出
時，能更加的靈活、生動。因本身對於民居的設計有所涉略，對於戲偶人物
的雕刻，則開始融入了中國與臺灣民居畫法的特性。張叫《萬劫北交趾》中
「金狐媽媽」（見圖10），原是一種想像人物，但張叫所繪製雕刻的人物，務
使觀眾一眼就能了解該人物的性格與特徵。到張德成在演戲之餘，開設「德
成畫房」，〔註20〕從事業餘的繪畫創作和寺廟的彩繪設計等工作，及傳統民
居，室內、外的繪畫。將寺廟彩繪與影偶融合，並融會祖、父輩的雕刻風格，
在雕製影偶的色澤上，開始採取了西方美學的漸層方式，使戲偶更加立體與
明暗分明。在雕製影偶時，會特別強調人物間的型態，將人物局部的動作與
型式，特別繪製而出，加強雕製時須的註記。

　　日治時期，影偶改革的萌芽，多在影偶的操作方面，演出《桃太郎》與
瀧澤千惠子所編寫的《猿蟹合戰》劇本，劇中的帝雉、蟹偶造型，就具有影
偶改良的雛型。在改良同時，也對皮影戲偶人形的裝置，也做了較以往不同
的改變。

　　清末（約1880～1900），臺灣的皮戲偶已有過一次變革（見圖11），如：
操縱竹桿的數量和影偶的裝置等。竹桿的改變，代表其操作方式的改變。竹
桿多可以多方面的操縱，但影響到影偶的操作速度，減少竹桿可使人物動作

〔註19〕　所謂的「幼路」，在東華的專業術語裡，指的為：「影偶線條表現的非常的精
　　　　細，精細並非雜亂無章，而是有其一定雕刻的規則。」
〔註20〕　張德成所成立的「德成畫房」，時間約成立在1947年底左右。年少的張德成，
　　　　就有在從事繪畫、設計相關等工作。由海南島回到台灣後，開設了「德成畫
　　　　房」。而張德成所開設的「德成畫房」自己所從事的相關設計項目有：傳統民
　　　　居（宅）的室內、外設計繪畫、寺廟殿宇的設計繪畫、木雕藝術工藝、泥塑
　　　　藝術、現代西洋水彩畫、中國傳統水墨畫、版刻（春聯、粿模）雕刻、現代
　　　　房屋的規格設計、現代藝術字體的彩繪…等項目。

方面可更加快速，各有優缺。早期的影偶裝置剪裁多是一體成形，將原有影偶固定的形體，分別剪裁，更可使影偶動更爲肖眞，影偶雕刻也有所改變。

圖 11：早期丑角縣官的造型，配戴眼鏡留翹鬍，也有雙眼陽刻的造型。早期影偶單眼雕刻居多，雙眼陽刻不多，所以才會有認爲皮猴是一目的說法。（東華皮戲團提供）

　　日治時期，臺灣皮影戲的演出，開始流行演出劍俠的劇本。爲了使演出影偶更加迅速，勢必對影偶的製作做改良。將清末布條所製成的影偶手臂，改成牛皮製作的手臂。製作方式的改變，涉及到影偶表現動作方面的流暢度。影偶動作的流暢，更可貼近人物演出的快速動作，已不同於中國，而顯現出臺灣皮影戲的獨特表現風格。雙手的雕製，可使人物更爲肖眞。而影偶動尺寸小，相對來說輕便也易於操作和翻轉，也表現出臺灣皮影戲的獨特表現方式。初期的商業劇場演出戲偶，已是改良後的影偶，尺寸雖是維持在 30～35公分左右，但在演出的動作呈現，已經是臺灣皮影戲獨特的表現方式。皮影既已牛皮做爲雕刻材料，日治時代，曾經在牛隻來源缺乏下，不得不尋找其他來源代替。當時則用類似電影膠捲的塑膠片，做爲影偶製作的材料（見圖12）。電影膠捲使用時間久遠下，雖會泛黃，卻也有不同於牛皮雕刻的歷史韻味。可缺點是塑膠容易斷裂，不耐長時間使用。

圖 12：戰爭時因缺乏雕刻的牛皮原料，張叫改以塑膠片來製作影偶，取代牛皮。
　　　如果從材質角度，叫使用塑膠片製造影偶，或許是當時臺灣首創另類皮戲
　　　影偶的材質創作。（東華皮戲團提供）

　　然而日治時期的臺灣皮戲影偶的改良，多還是屬於萌芽的階段，真正使
皮戲偶做全面的改革，卻使自戰後的商業劇場時期。質言之，日治時期的皮
戲偶改良是在影偶製作上的改良，而戰後的商業劇場時期，重點是在影偶尺
寸樣式、型態上做改革。以雕刻工藝的美學而論，姑且先不去論述傳統或現
代的二元分立問題，就雕刻藝術的工法上來看，其象徵出了臺灣皮影戲雕刻
工藝，向前邁進的一種新突破。而這雕刻工法的新突破，也顯示出由中國傳
承來臺的皮影雕刻技法，逐步地發展成臺灣皮戲在地化的雕刻方式。然而戰
後，商業劇場時期皮戲偶的偶身，為何會加長、加大？這與劇場觀眾的反應
有密切關連。商業劇場的演出，是建立在觀眾進入劇場的消費上，觀眾的喜
好厭惡，牽動著一個劇團能否繼續營收的可能，所以無不以觀眾的反應，作
為改進的考量。觀眾憑票入場，而早期戲院又較無如現代劇場設計，有階梯
式的座席，以利後者觀眾看戲的角度。在先後順序下，使得座席較後座的觀
眾群，常因影偶過小，而導致觀看皮偶人物動作的視野不清晰。〔註 21〕劇團

─────────────

〔註21〕筆者於 2007 年做過試驗，筆者利用現代演出的影窗演出傳統的皮偶，距離影
　　　　窗舞臺約 1～20 公尺處，雖能見影偶表演，但影偶卻已顯模糊。同理，若是
　　　　在商業劇場演出，座席較後面的觀眾視野，勢必無法清楚的看清影偶表演，
　　　　影偶的加大，可讓後座觀眾的欣賞視野，較於清晰。

為顧及觀眾群的反應，必須在影偶的尺寸上略加修正。從早期影偶的尺寸，逐步加寬、加長，以符合觀眾的視野。影偶的加長，使得後排的觀眾，在觀看視野更為清楚，是一種符合觀眾反應下所做的變革。就劇場演出方面來說，商業劇場的演出，或許也是另一種讓皮影戲偶改良的契機。然皮影戲偶的改良創新，也是劇團演出廣告宣傳的手法之一。影偶的光澤色彩、尺寸變化、影偶視覺鮮豔，具有吸引觀眾注目的一種作法。皮影戲的廣告欄面，會以十彩皮影、五彩皮戲做為廣告的手法。

目前研究皮影戲偶尺寸改變的學者，大都由外部商業劇場觀眾的面向解釋。因為觀眾的反應，讓戲偶尺寸改變，但演師的創作動機、舞臺佈景或者商業劇場的環境等因素影響，促使皮影戲偶的改革腳步？劇本內容的故事書寫，劇中人物的增加和造型的複雜化，讓演師對戲偶造型自由想像。在創作影偶造型之餘，因應劇場觀眾的是反應，創作出商業劇場影偶的特色。討論商業劇場演出時期皮影戲偶的改良，除了皮影戲偶的尺寸過小而影響到觀看的視野外，商業劇場劇本的創作，同樣也是促進戲偶變革的另一項重要因素。商業劇場時期的影偶，在傳統／創新的交界時期，皮影戲偶創新其型態又與傳統有何不同？

影偶變化分期約可分成幾個時期。1949～1954 年的初期階段、1955～1962年蛻變階段、1963～1970 年定型階段。但所做的影偶分期年代，並不十分準確，只是一個初步的分期分類。主要原因乃是影偶的新雕製並無明確的日期記載，只能由報章文獻和照片日期中去推斷。二則前、後期階段的交替中，新、舊（東華家傳的戲偶或傳統戲偶）影偶仍有重複使用的跡象。直到 1964年後，在張德成日記本文獻中，才有紀錄新雕製的大型皮影戲偶紀錄，才為現在演出影偶的形態。本節將透過皮影戲偶的比較，論述商業劇場戲偶的藝術及其皮影戲偶所帶來的影響。

一、外在因素——觀眾與舞臺裝置

偶戲劇種有其所要表現的特殊美學，皮影戲是以平面鏤刻的方式，呈現戲偶的特質，並利用光線照射，將戲偶投射在布幕上的一種藝術表演。早期皮影戲多是在民間鄉野的酬神外臺戲演出，隨著近代商業劇場的興建和時代的取向，走入商業劇場。演出場地不同時，戲偶就有其尚待克服的問題，就是戲偶的尺寸與舞臺、觀眾座席的比例。戲偶的問題，皮影戲進入商業劇場

的演出後，常因戲偶的尺寸過小，而影響到觀眾的視野。同樣的問題，也曾發生在布袋戲的劇種上。布袋戲進入商業劇場後，曾因為站在遠處的觀眾看不清布袋戲的尪仔頭，將三號的偶頭換成一號偶頭。〔註 22〕如臺灣的戲劇研究者呂訴上曾經提到：

> 布袋戲由外臺（露天）進入內臺（戲院）的最大問題，就是木偶太小。若離木偶六尺，臉部（眼、眉、鼻、口、耳）觀眾就看不清楚。…為配合在戲院上演的關係，對木偶頭以改進比原來的擴大有三至五倍的大頭殼木偶出現，但是它的大頭所配合的木偶身材比原來的頭大有二倍以上，因此看起來很不自然。布袋戲若要經常在戲院裡上演，可是不得不這樣改進。〔註23〕

呂訴上認為當布袋戲偶距離觀眾六尺左右，〔註 24〕觀眾對戲偶的人物臉部等，便逐漸不清楚。為了讓觀眾看清楚戲偶的特徵，戲偶勢必要略做尺寸上的改革。換言之，觀眾看不清楚戲偶的臉部特徵，相對的在對戲偶人物在表演動作之時，也會模糊不清。站在觀眾的角度而言，姑且不論劇團的演出技巧的好壞，會先對劇團的演出品質有所評價。皮影戲也一樣，早期的影偶，尺寸加上偶頭的高度多維持在 30～35 公分左右。當平面影偶在光影的照射下演出時，距離較於後方的觀眾，會因觀看距離的緣故，視覺上容易顯得不清晰。當進入商業劇場表演後，由於商業劇場的場地與座席原因，會使得座席較為後方或劇場二樓座席的觀眾，在觀看皮影戲演出時，導致影偶在光線的照射下，呈現出影偶不清楚的狀態。所以皮影戲的商業劇場演出，勢必得對戲偶做增長尺寸的改革。另一方面，商業劇場的環境因素，色彩艷麗的視覺感，更是刺激觀眾消費的一項因素。然影偶尺寸的問題，外臺酬神戲的演出，為何觀眾較無反應影偶過小？可能與觀看座席有關聯。外臺酬神的演出，觀

〔註 22〕　「鄭一雄認為這種演變過程分成三個階段：以前大部分的掌中班都使用三號頭，這是為了要配合「彩樓」，標準的尪仔頭在八寸二到九寸之間。戰後戲園觀眾一多，站遠處的觀眾便看不清楚尪仔頭，當時他的父親鄭德成曾發現這個問題，於是拿自己的三號木偶頭去換別人的一號頭，…。」如據布袋戲演師鄭一雄所述，布袋戲進入商業場後，布袋戲偶的改革，與觀眾和舞臺佈景有密切的關係。詳見陳龍廷，《臺灣布袋戲發展史》，頁 115。

〔註 23〕　陳龍廷，《發現布袋戲：文化生態・表演文本・方法論》，頁二二八。

〔註 24〕　筆者認為呂訴上所言的六尺，應該指的是公尺（M）。如果將六尺換算成臺尺約 180 公分，以 180 公分的距離，應該不至於會看不清楚傳統的布袋戲偶五官。但如果換算英制的 600 公分距離來看，傳統布袋戲戲偶的尺寸，的確實會不易觀看出臉部的表情。所以可能是為 600 公分左右。

眾的觀看大都近距離圍繞在舞臺的周圍，或者自己取得能觀看表演視野的絕佳位置。但商業劇場則有觀眾的座席配置，而座席配置與舞臺之間又有間隔約三尺的距離。座席的配置與舞臺間距離，觀眾必須依靠座席而觀賞演出。在座席的配置下，後方的觀眾難免會因座位距離，使觀看影偶在演出的視覺上，會有所不清楚。是故；將觀眾將觀看影偶、視覺不佳的狀況，轉達給戲團了解。劇團則為符合觀眾的要求，逐步將影偶身長及尺寸加大，以符合觀眾的需求。所以影偶改革的外在因素，不外乎商業劇場觀眾對於影偶視野不佳的反應。因觀眾的反應，劇團的演師為了合乎觀眾所能觀看到的視野，將影偶加大。但除了觀眾的反應以外，筆者認為尚有舞臺佈景尺寸裝置的影響。商業劇場皮影戲的舞臺佈景組裝，與酬神外臺所搭設的臨時舞臺組裝，尺寸上較有所不同。

進入商業劇場演出後，演出場地相較於酬神舞臺有所不同，劇場的流行和因應表演舞臺、諸多劇種也開始著重在舞臺佈景的精緻化下，皮影戲的舞臺裝置與布景尺寸也隨之改變。尺寸方面上，由八尺加長十二尺至 240～360 公分左右，影框則為 150～180 公分。以早期的影偶尺寸雖可演出，但影偶與布幕的比例，則顯得布幕空白處過多，影響視覺的整體感。所以也逐漸將影偶放大，以符合影框布幕與影偶的比例。如同布袋戲進入商業劇場後，傳統彩樓的舞臺裝置，改成舞臺佈景，為了配合舞臺佈景，將戲偶三號頭改成一號頭。〔註 25〕戲偶為合乎舞臺佈景尺寸，改用尺寸較大的戲偶。舞臺佈景的外在改變，也影響到影偶身長和尺寸的改革。商業劇場影偶的加大，觀眾觀看的視野與舞臺布景的外在因素，促使了影偶尺寸的改變。

二、內在因素——演師的改革想法與劇本的創作

影偶的改革，除了演師對影偶具有改革的想法以外，劇本的新創作，也是影偶改革另一內在因素。透過報紙文獻的紀錄，〔註26〕早於 1952 年時，東華就已透露了對於影偶改良的想法。

傳統戲曲不論是大戲或是偶戲，對於人物角色性別的分類，基本上將角色分成生、旦、淨、末、丑等五大類。但其中則各有不同的區分。如：南管

〔註 25〕 後來布袋戲進入戲院後，為了配合舞臺布景，這時大家都自發地把三號頭改成一號頭。陳龍廷，《臺灣布袋戲發展史》，頁 115。
〔註 26〕 詳見 1952 年 7 月 12 日，《中央日報》第四版。

戲分有生、旦、淨、末、丑、貼、外等七種角色。北管戲則有大花、正旦、三花、小生、小旦等。歌仔戲的腳色類別，則有小生、苦旦、大花等。布袋戲則有頂六柱和下六柱之分等。〔註27〕皮影戲的影偶角色行當分類，亦如同傳統戲曲角色的分類法則，一樣分成生、旦、淨、末、丑等五類，但由一些清代所遺留至今的皮影戲劇本或偶頭中，又可赫然發現在人物演出的角色類別，出現了「占」或「貼」的角色分類（見圖13），或許這些角色，可歸納在上述五類角色行當「旦」之中，但從中可了解皮影戲角色分類的細微處。也間接地說明皮影戲的角色行當，並不只侷限在生、旦、淨、末、丑等五類，角色分類也較偏向「南戲」的角色分類法。

圖　13：早期臺灣皮戲戲偶中的「旦」角，《蔡伯皆》劇本趙五娘造型。影偶的臉
　　　　部線條雖有所折損，不過仍可看出雕製線條的流暢，古樸質美的一面，偶
　　　　高 28 公分。（東華皮戲團提供）

〔註27〕「閩南泉州布袋戲，初期唱弦管調，搬演梨園戲劇目，故其腳色當有生、旦、
　　　　淨、末、丑、貼、外七色。至布袋戲演亂彈戲之正本戲劇目時，其腳色亦當
　　　　有『頂六柱』及『下六柱』等十色。『頂六柱』包括小生、小旦、三花、正旦、
　　　　老生、大花（花面）等。故布袋戲偶之分類，演出時之聲口，當依聲腔之不
　　　　同，而分別腳色行當，…」林鋒雄，1999，〈臺灣布袋戲的發展——以西螺
　　　　新興閣爲例〉，《國際偶戲學術研討會論文集》，雲林：雲林縣立文化中心，頁
　　　　361～362。

　　早期皮影戲劇多由中國潮州一帶隨移民的遷徙而傳入，在腳色的屬性上，多依照劇本內的人物而歸納。早在宋代時就有紀錄影偶雕刻性格的雕刻樣貌，〔註28〕是依據性格、屬性所雕刻。法則是人物公忠正義者雕刻正貌，奸邪狡詐者則雕以陋形。影偶人物造型根據性格、屬性而做。使人一目皆可了然人物的公忠正邪。商業劇場初期的影偶，大抵沿用清末或日本時期演出的戲偶演出。劇本的演出方面上，仍是以《郭子儀》、《南遊記》、《西遊記》、《濟公傳》、《封神榜》、《八寶樓》、《薛仁貴征西》為主，大多是傳統章回小說所改編或是家傳的劇本。當時的演出劇本，在人物腳色性格上，仍是傳統的人物腳色類別。直到 1956 年後，開始首度創作出《萬劫北交趾》和《世外奇聞》，不外乎是光怪陸離和神鬼的鬥法場面。創新劇本，當然有許多人物造型是演師的自我想像創作，如，怪聲神天祖、乾坤魔祖、飛天神劍翁、鐵甲仙祖、一炁世外仙、半空兒等。並非家傳的影偶人物無法代替、互補演出，而是新創作的劇本人物，許多的偶頭人物、性格必須要重新詮釋。在經過多年的觀察，將影偶偶身改革放大的同時，也順將人物的偶頭，以演師對劇本人物造型的了解，創作出新人物影偶的造型。

三、商業劇場皮偶的變革

　　臺灣皮影戲的戲偶，是以各劇團所雕刻的影偶特色和時期做為分析點。影偶在尺寸、雕刻等變化，發展出不同早期影偶的特性。

　　1949 年為戰後宜蘭南方澳的戲院演出，劇目《封神榜》與《西遊記》，大抵沿用傳統皮影戲偶的樣式。從 1953 年 1 月 12 日《新生報》報紙所拍攝的圖片，顯示 1953 年這時期商業劇場的影偶演出，仍是使用家傳的影偶。然而 1949～1955 年，據《東華皮戲團各地上演紀錄表》一書、廣告戲單所記錄的，為《封神榜》、《西遊記》、《濟公傳》、《荒山劍俠》、《薛仁貴征西》、《南遊記》、《八寶樓》等劇本。這些劇本大都是家傳劇本與劍俠戲劇本，使用家傳影偶即可演出。

〔註28〕　宋，耐得翁《都城紀勝》〈瓦舍眾伎〉提到：「公忠者，雕以正貌，奸邪者與之醜貌，蓋亦寓褒貶於市俗之眼戲也。」詳見耐得翁，1980，《都城紀勝》，臺北：大立出版社，頁 97。宋，吳自牧，《夢粱錄》卷二十〈百戲伎藝〉提到：「公忠者雕以正貌，奸邪者刻以醜形，蓋亦寓褒貶於其間耳。」詳見宋·吳自牧，1980，《夢粱錄》，臺北：大立出版社，頁 311。上述二者對於皮影戲偶的人物描述，大同小異。皆是以公忠者雕刻正貌，奸邪者以醜形。

　　只要人物性格的屬性約略相同，或者將衣帽配飾調換，就可充當不同戲出的影偶。人物的角色區分，仍以傳統的生、旦、淨、末、丑等五類作為人物的性格區分。戰後初期商業劇場，觀眾尚未反應影偶的變異，而皮戲舞臺尚未變化。故而此時期的戲偶，仍是傳統家傳式的影偶。偶身身長和偶頭，大約為一尺（臺尺）30～35 公分左右，但也有少部分的影偶尺寸因帽飾等配件，要較傳統影偶長，但都維持在一尺左右，不超過 40 公分。隨商業劇場演出的觀眾的反應和劇場舞臺尺寸的增長等，傳統影偶逐漸在尺寸上做改良。初期影偶的尺寸，大致使用到 1955 年左右，逐漸汰換成尺寸較長的影偶。

　　1956 年後隨著新創作劇本的產生，影偶的重新雕製，也隨即展開。然而當時的影偶雖有重新雕刻，但仍有新雕影偶與家傳影偶並用一起演出的現象。1956 年改革後的新影偶，最主要還是用於商業劇場中演出，而外臺的酬神戲，影偶還是使用家傳的演出。如張德成在 1951 年新編的文戲《包公案——深冤復仇記》劇本，劇中的包龍圖、1963 年所新編的文戲《奇巧姻緣》劇本，劇中的反派人物劉貴，影偶的屬性和人名，就被標貼在家傳的偶頭上。標明提醒演出該劇時，所要用此影偶做為演出。

　　在 1962 年前後的酬神外臺戲影偶，演出多半還是以傳統一尺的戲偶為主（見圖 14）。影偶改革在商業劇場的演出下，逐漸改變。新影偶雕刻先由商業劇場演出劇本人物所先雕製。而酬神外臺戲的劇本，有時並非演出商業劇場的劇本，所以在影偶仍使用家傳的傳統戲偶。酬神外臺戲全面使用改革大型的影偶，則需到 1966 年後，在張德成長時間的雕刻下才全面的使用。1956 年後，隨著影偶的重新刻製，若與之前所雕刻的家傳影偶相互比較，仍可發現在改革後影偶，呈現出與家傳影偶不同的樣貌。改革後皮影戲偶的色彩，要較前期的色彩多樣。如有紫、金黃等色出現，雖有增加，但色彩大抵是延續之前的顏色，主要顏色仍是紅、綠、黑、白（牛皮的底色）四色。這四色中，黑與白的色彩，除特殊製作外，以紅與綠的搭配做為偶身衣飾的色彩，最為常見。紅、綠在色彩學的色環上是一種互補色，從色彩學上的並置混色法而言，互補色很有視覺效，也相當鮮豔。處理影偶偶身上面，大體上會在鏤刻完圖樣後，將圖案外圍留白，或用顏色分隔出圖案雕刻與色彩的分界點。在偶身的服飾上，仍採取將色澤塗滿。改革後的影偶，色澤的彩繪上，出現了雕刻留白的部分。如：人物眼睛部分。早期都是將眼球塗黑，這時已會將眼球留白，使人偶更寫實。可是利用西方的美術漸層畫法，仍未大量的運用，

只出現在人物臉部的特徵。利用西方美術繪畫的漸層感，彩繪出人偶的臉部特徵。衣著方面的著色，是將色澤塗滿，尚未有不同顏色相互覆蓋的繪法。可這時期的色彩勾勒，也開始逐漸出現類似平劇勾勒臉譜的型態。用平劇的勾勒方式，彩繪皮影人物的臉部表情。

圖14：1963年張德成所新編的文戲《奇巧姻緣》，劇中的反派人物劉貴。由此，可約略得知，當年的外臺酬神戲戲偶，仍有使用家傳的戲偶為演出。（東華皮戲團提供）

　　商業劇場時期外在環境、觀眾、舞臺布景等因素與演師、劇本創新等影響下，帶動了臺灣皮影戲偶的改革。而臺灣戲偶的革新，也呈現了臺灣的皮影戲偶獨特的藝術形式。商業劇場的影偶尺寸變化，雖然只是因應當時期演出所做的變革，但從劇場演出時期的不同變革，看出臺灣皮影戲偶發展的不同面貌。在商業劇場時期內，影偶發展成為深具臺灣皮影戲偶或劇團影偶的特色。如果吾人由影偶改革面向而言，在商業劇場的演出之中，東華的皮影戲偶由傳統家傳影偶模式，走向符合現代演出的影偶。而當時所雕製而出的現代影偶，不僅在色澤彩繪、人物造型、雕刻圖案更具傳統精緻，表達出了臺灣皮影戲偶雕刻方面藝術的進展。而這些演進不僅呈現影偶在時代的不同處，也表現出藝人在皮影藝術方面的精進與創作過程。皮影戲商業劇場演出

不同時期的影偶改革，或許只是因劇場環境、觀眾等因素所做的變革。可是如果由雕刻創作藝術層面而言，不也是突破傳統雕刻的一種創作。

第三節　皮影戲舞臺技術的改革

由現今對戲劇演出舞臺場地分類，以戲劇表演的性質而言，可以分成「酬神外臺舞臺」與「室內的表演劇場」二種。若再細分演出性質，酬神外臺的演出舞臺，多為慶賀神靈壽誕，據廟前固定舞臺或劇團臨時所搭設的表演舞臺，它是廟宇的一種延伸；「室內的表演劇場」則多以縣市的文化禮堂、表演廳等，為政府相關單位所安排劇團演出的文化場次，民間藝人則多稱此二種類為民戲和文化場。早期民間戲劇表演，多以婚慶、神靈壽誕等吉慶演出為主軸。

臺灣皮影戲的戲劇表演性質，先由酬神外臺的吉慶戲演出開始。除了廟前已有固定的舞臺外，所需的舞臺多據廟宇前的廟埕空地，就地取材所臨時搭建在廟口室外的露天的舞臺。早期皮影戲演出時的食宿、舞臺搭建和交通運輸，都為請戲者所自行負責，是一種請戲者對劇團演出者的相互尊敬，若請戲者無法負責食宿、搭建舞臺和交通運輸，則會在戲金的金額上貼補劇團。〔註29〕因是請戲者所徒手所自行搭建，舞臺範圍大小沒有統一的規格，只要能符合劇團的演出即可，所以劇團本身無法預測所需舞臺的空間。但搭設舞臺者，大抵都能了解皮影戲劇種演出所需的舞臺空間。差別在不同地區的搭設者，所搭設舞臺尺寸的寬窄，但誤差尺寸不會太多。然劇團本身為因應舞臺的大小，會多帶布幕，做為遮蔽視線之用。爾後，至 1980 年代後期，因為時代變遷等因素，就為劇團所自行搭建舞臺。自行搭建的舞臺，劇團對於所需的表演舞臺空間，就易於掌握。

1950 年代左右，皮影戲開始設計出適用於各種外臺酬神戲搭設的舞臺。戲臺棚頂以防水雨帆作為隔絕陽光與雨水，舞臺角柱則以木頭和竹竿搭綁。若搭綁得宜，是一相當堅固的臨時演出舞臺。皮影戲早期的酬神外臺戲演出，是為坐式演出。隨著時代的發展演進各有發展出不同的樣式，有長條板凳組合式最簡易的舞臺、牛車的拼裝式舞臺、竹竿、木頭搭製的舞臺（見圖15）、美援時期美軍油桶式的舞臺，到目前以鐵條組裝的舞臺，也逐步改成站立式

〔註29〕詳見 1947 年東華皮戲團張叫演出紀錄本、民國己酉 58～76 年演戲行程表。

演出，約略可以看出來臺灣皮戲，每一個時代中，表演舞臺的演變。然而臺灣的商業劇場興起，其表演舞臺爲當代所新建設的現代化劇場，相當於現在的室內表演舞臺劇場，相較於民間的酬神外臺舞臺，表演的舞臺有其一定的場地規格。戰後的商業劇場，每個劇場的陳設格局與興建材料都有所不同，有的戲院是以木頭打造，有的則是以水泥鋼筋興建，或爲市場、倉庫（臺中縣太平鄉太平戲就爲農會的菸葉倉庫）、茶行（眾樂園就是茶行改建的）、大禮堂（嘉義縣梅山鄉中山堂、宜蘭市宜蘭中山堂就爲商業劇場演出的空間）等，所依其改建而成的。有露天劇場和室內劇場的分別。露天劇場較於簡便，基本上劇場周圍只圍起簡易的籬笆，或者遮蔽物，如：屏東縣恆春鎮南成露天戲院、屏東縣高樹鄉舊寮露天戲院、屏東縣高樹鄉泰山露天戲院，都屬於露天的戲院建置。「室內劇場」則是建築空間物內，包含了戲劇的舞臺空間與觀眾席。「室內劇場」有些劇場是二層樓的觀眾席，有的則只有單樓的觀眾席空間。商業劇場的空間的格局要看戲院興建的設計，不過基本上都大同小異。爲了讓各種劇種於劇場的演出，所規劃的舞臺表演空間，會比劇種在酬神外臺舞臺所演出的表演空間，要來的寬敞，以適應各類劇種所需要的表演空間。商業劇場的舞臺，通常會距離地面約高一米～一米半左右，是爲了使後排觀眾也能欣賞到演出。因爲如果舞臺高度過矮，會遮擋到觀眾的視覺。

圖 15：1967 年位於屏東縣萬巒鄉泗溝村所拍攝。從舞臺的搭設，約略可以看出以竹竿搭製舞臺的樣貌。（東華皮戲團提供）

　　為配合舞臺演出的空間，相對的在舞臺佈景樣式上也會有所變革。為了因應商業劇場舞臺場地，皮影戲的舞臺裝置設施，必須有所改變。布袋戲改變原有傳統彩樓形式，〔註 30〕皮影戲則變更過去簡易的舞臺搭設。皮影戲的舞臺裝置改變，主因是為了符合商業劇場的舞臺規格，也象徵時代的流行取向。商業劇場的場地規格，是促成舞臺裝置的一項改變。而時代流行文化的取向，也影響戲劇表演舞臺對布景視覺的改良。傳統戲曲的表演、舞臺布景是以寫意為主，一桌二椅的不同方向擺設，各有象徵的意涵。受到西方文化的影響，對於舞臺布景的繪製，朝向寫實的表現。然而論述商業劇場皮影戲舞臺裝置的改變，除了商業劇場舞臺的規格以外，不同劇種的相互影響、廣告的宣傳效果、演藝的需求、視覺美觀等，也是促成舞臺裝置的改變因素。商業劇場的演出，是建立在觀眾進場的消費上。當不同劇種在進入商業劇場演出後，為了吸引觀眾消費，加強觀眾的目光和演出效果，各劇種無不在的演出技術、視覺美感等方面上強化出自我的特性，對其舞臺裝置的設施改變，開始著手改變。舞臺技術是後臺工作，但同屬表演的一環。〔註 31〕舞臺的裝置改變，涉及到劇種演藝的呈現。戰後臺灣的戲園布袋戲，有一段期間很流行「劍俠戲」，這種表演不適光憑故事就足夠，還必須搭配舞臺「變景」。〔註 32〕人物口吐飛劍刀光、場景水火的呈現、劍俠的飛簷走壁等，就必須仰賴舞臺內的裝置機關，顯現更逼真的效果。換言之，戰後的戲園布袋戲，除了故事本身情節的懸疑緊張刺激外，搭配機關變景也是表演的效果之一。而臺灣的「話劇」是寫實設計為出發點，〔註 33〕戰後的歌仔戲的商業劇場演出，也承襲日治時期商業劇場的演出方式，以立體化、機關化的變景，眩人耳目。〔註 34〕

〔註 30〕　「在民國以前，戲班常用的是木雕四角棚，…。民初以來，再增大精雕成六角棚（或稱彩樓），…。彩樓的構造可分為蓋子、底座、柱子及屏三部分，可以分解裝運，拼合簡單，十分便利。」呂理政，《臺灣布袋戲筆記》，頁 45。
〔註 31〕　「舞臺技術，是專指演劇時，怎樣運用景片，燈光，效果，道具…等——所謂舞臺器具（stageequipment）的技術，正如發音，動作——等，表演的技術，屬於演員一樣。」劉露，1951，《舞臺技術基礎》，中國：上海雜誌公司，頁 1。
〔註 32〕　同上註，頁 111。
〔註 33〕　「50 至 60 年代的舞臺佈景設計，由於當時的劇本清一色都是寫實劇為主，所以舞臺上的呈現也是以寫實的設計為出發點，忠實地呈現劇本中所要求的空間及擺設。」羅揚，2015，《1950～1960 年代臺灣話劇的導表演與舞臺》，國立臺南大學戲劇創作與應用學系，頁 144。
〔註 34〕　此時內臺歌仔戲承襲 1930 年代內臺戲的演出方式，包括夜戲演出前會加演一段四十分鐘左右的京劇作為號召，以及立體化、機關化的變景，除了有各式

因情節需要的機關變景，就必須改變舊有的舞臺裝置。皮影戲的演出，演員的演出是置於影窗後，但爲因應演出的較果，勢必就必須裝設機關，烘托情節的眞實感。機關的裝設，就必須要靠舞臺的改良才能裝置。舞臺上的機關布景，除襯托演出劇情的臨場感外，更可製造賣點，提供一個宣傳的主要元素。爲了渲染吸引觀眾注意劇種舞臺演出效果的呈現，有關舞臺的「機關變景」用詞，就成爲廣告招攬觀眾的宣傳。當吾人由報紙廣告的欄面中，常可發現劇種以新式幕景、電光布景千變萬化，〔註35〕做爲號召的廣告詞。新式布景的新製做，除是全新的行頭之外，更有別於傳統的佈景視覺裝置，呈現出視覺美感，亦有隱含當時的流行文化於其中。在各劇種逐相對演藝技術、布景美觀做變革之時，皮影戲進入商業劇場與各劇種的競爭利潤，各種開始對舞臺設備進行改變，皮影戲也勢必針對自我的舞臺設備做改變。

一、皮影戲舞臺布景的改制與佈景的設計

皮影戲進入商業劇場體系後，原本演出於酬神外臺的舞臺裝置，面對商業劇場的表演舞臺略顯過小，所以勢必變更原有的舞臺裝置。商業劇場的舞臺範圍，各劇場因所興建的建築和改建成劇場的場地大小不一，表演舞臺場地和觀眾席的範圍和大小並不一致。在表演舞臺空間上，每個劇場的舞臺表演範圍，多有自己屬於固定的規格。如 1954 年 7 月 21 日位於臺南縣新化鎮新化戲院的舞臺場地，依據東華皮戲團張叫當年的計算，臺頂橫十八步、深十八步、臺頂至壁（牆壁）七步，雙平（邊）十四步、臺下至臺前三十步、臺後十八步、向北方。張叫所謂的「步」是指一個步伐單位，若以一位成年人的正常步伐來計算，約爲 25～30 公分。由此，吾人假以 30 公分的間格換算，可以知道當年「新化戲院」的舞臺場地，舞臺的長約 540 公分，寬 540 公分，是一個正方形的舞臺設計，是一個坐南朝北的方位劇場。而舞臺到牆壁的距離有 210 公分，顯見舞臺並不與劇場的牆壁相連，是一個獨立式的舞臺。

商業劇場的舞臺範圍，每個劇場並不相同，但是大致上的舞臺範圍，都有一定的格式。演師會依照自己的計算法則，統計出每舞臺約略的尺寸。然

軟景以外，也以種種機關布景，乃至鋼索吊人等噱頭，用以眩人耳目。詳見曾永義校閱，楊馥菱著，《臺灣歌仔戲史》，頁 100。

〔註35〕1952 年 6 月 11～20 日東港全樂閣位於嘉義文化戲院的廣告用詞。陳龍廷，《臺灣布袋戲發展史》〈第四章——戰後戲團布袋戲的表演體系〉，頁 110。

東華皮戲團進入商業劇場體系表演後,所使用酬神外臺戲的舞臺布景尺寸,
在劇場的舞臺空間上就略有不符,為要適應各戲院的舞臺展演空間,就必須
要在舞臺的佈景的設施上做改變。舞臺的改制,除了在設施裝置上做改變,
也包含舞臺的整體外觀。舞臺整體外觀的加大,若以早期酬神外臺簡易式的
舞臺佈景遮蔽,顯得過於單調,影響美感,所以就會對舞臺的外觀做設計。
早年皮影戲的酬神外臺戲舞臺,對於布景主要是以遮蔽觀眾的視線即可。商
業劇場的舞臺布景,除遮蔽觀眾的視線外,對於布景的外觀設計相當重視,
設計出鏡框式舞臺與布絨式舞臺。這兩種舞臺的外觀設計,也影響到往後的
酬神外臺戲的舞臺發展。

(一)改革與組裝

　　皮影戲進入商業劇場,為了符合各個劇場舞臺範圍,勢必對於先前的皮
影戲舞臺尺寸做變更。早期的皮影戲舞臺長度為六尺到十二尺之間。進入商
業劇場後,每個劇場所屬的舞臺雖大小規格不一,但舞臺的範圍有一定的空
間。加長舞臺布景的尺寸,是為必要的改變。將原先的佈景長度、寬度加大
到符合各商業劇場舞臺長度與寬度的範圍。演師會先約略的計算出每個劇場
舞臺大概的規格和劇團演出所需的空間,依此設計演出舞臺的尺寸。商業劇
場所用的舞臺裝置總長為二十四尺,高十二尺,內部的所需範圍為八到十二
尺的舞臺空間。布景和表演空間的加大,除了是針對商業劇場的舞臺做變革
以外,亦是商業劇場的演出,因所需的人員和設施比起酬神外臺戲來說,要
來得多上許多。早期酬神外臺戲所需人員,約四至六人。可商業劇場演出人
員,在呈藝的需求,增加了如,電光手、西洋樂器師、北管音樂演師、女歌
手等,增大了舞臺內所需的空間,以利人員的表演和硬體設施的擺設。另外,
為增加演出時演師的移動速度,將傳統皮影戲的坐演方式,改成站立演出。
坐演與站演方式,各有優缺點。站演方式的優點在於其便利和移動性,有時
演師操偶時,因情節使然可隨時移動,以利影偶在情節速度上的操作。

　　早年的皮影戲酬神外臺戲演出,舞臺的布景並非目前將布景固定在木
框上的組裝,而是以釘或懸掛的方式,遮蔽觀眾的視線即可,沒有固定在木
框上的布景,便於收納。然商業劇場的皮影戲舞臺裝置為組裝式的舞臺,組
裝式的舞臺裝置,在商業劇場後,影響到了酬神外臺戲的舞臺組裝設置,也
改為組裝式的舞臺。組裝式的舞臺有兩種好處,一為攜帶和拆卸組裝的方便

性、二可配合不同商業劇場的舞臺範圍做調整。早年運輸戲箱、砌末道具的交通工具，較不發達。所使用的舞臺布景裝置，越輕簡便越利於運輸。組裝式的舞臺優點是，舞臺拆卸後利於攜帶。此外；商業劇場的檔期有時十分緊迫，定點到達後，則必須要快速搭設出舞臺布景。組裝式的舞臺，有其便利性。如前述，每個商業劇場的表演並不一致，組裝式的舞臺裝置，可以配合每個劇場的舞臺規格，依序做調整。

（二）舞臺布景的設計

佈景設計的兩個基本目的是：幫助觀眾了解，和表達藝術的特質〔註36〕。西方戲劇的表演性質，對布景的運用和形式相當著重。西方佈景的形式，隨著日治新知識份子的引介，進入臺灣。配合著新式近代劇場舞臺演出，具有流行、進步的觀感。步入商業劇場演出的皮影戲舞臺布景，在當代流行文化的氛圍下，設計不同以往酬神外臺戲的表演舞臺布景。布景的繪製與設計，各劇種間各有不同的設計者。亦宛然李天祿的布景有福州師傅、新加坡師傅、上海師傅和大龍峒的張龍通等。〔註37〕歌仔戲則有侯壽峰從事繪畫軟景和製作布景道具。〔註38〕以東華皮戲團的舞臺布景來說，是為張德成所獨自設計。而走入商業劇場的各個皮影戲劇團的舞臺布景為何？是當時所流行鏡框式舞臺布景？還是絨布的景？是否有委託從事繪製布景的師傅製作，或者沿用舊式的酬神外臺戲演出布景，在相關人事物、圖像資料匱乏下，目前已無從得知。委託從事舞臺布景設計師繪製，可達到新製作布景的成效。若如果演師本身就會繪製或會設計布景，除可節省開支以外，一方面更可收非劇團本身設計者，所新製作出布景的成效。皮戲演師若會設計繪製，對於布景內的相關細節和適合皮影戲演出的所需的擺設，更能易於掌握住需求。

〔註36〕 胡耀恆，2001，《世界戲劇藝術欣賞》，北市：志文，頁626。

〔註37〕 「亦宛然的布景師傅有一位是福州人，擅長畫走景、變景；另一位新加坡來的師傅，原來是臺中人，到南洋住了一段時間後才回臺灣，他最擅長畫火燒景和水景；第三位是上海人，他畫的湖景十分生動自然；最後一位是大龍峒的張龍通，他所繪的內、外臺實景，雕梁畫棟無人能及。透過布袋戲李天祿藝師的口述，亦宛然的舞臺布景有四位舞臺布景的繪製師。陳龍廷，《臺灣布袋戲發展史》，頁108。

〔註38〕 侯壽峰先生師事黃良雄，在1950年代後開始從事繪畫軟景工作，為各個戲班戲製作布景道具。1970年代臺北「今日世界」開幕，全館六個表演廳都由侯壽峰先生擔任設計、及製作工程。劉南芳，2011，《臺灣內臺歌仔戲定型劇本的語言研究——以拱樂社劇本為例》，新竹，國立清華大學中國文學研究所博士論文，頁35

　　當時尚未有布景現代螢光漆的產生，布景繪製的顏料，是以油性的水漆，加以調化混合而成。油性的顏料漆耐水性較佳，而布景材料是以不滲水的畫布訂置在木框上，畫製而成。皮戲演出時，舞臺四周圍的燈光會關閉，布景會過於黑暗，所以兩旁會夾製燈光照射布景。1950年代，布袋戲已開始追求，十彩立體布景，歌仔戲則吸收來臺中國戲班表演的舞臺布景形式〔註39〕，同時也表示出，當時商業劇場舞臺布景的新形式與文化。透過這些資料的顯示，皮影戲布景設計，多少受到布袋戲與歌仔戲等劇種舞臺布景的影響，也追求舞臺新式電影化的目標。皮影戲所設計的商業劇場的皮影戲舞臺布景，共分有二種樣式，一為鏡框式舞臺、二為布絨式舞臺。而布絨式的布景約1940年代開始出現，早期的酬神外臺戲舞臺布景，大多是較於簡樸，只要能遮擋住觀眾看到影窗後的表演者即可，在商業劇場舞臺佈景的影響下，逐漸將絨布固定在木框上，已組裝方式做為搭設。絨布布景除會繡上團名、演出者、住址等名稱外，布景外緣加上近似繪製於民居、廟宇的花草圖樣作為點綴。布絨式的布景，是酬神外臺戲舞臺布景的一種延伸。使用在商業劇場的演出不多，多使用在酬神外臺戲的演出上。鏡框式舞臺（proscenium arch stage）興起於文藝復興時期，是採用透視法所繪製的立體布景。鏡框式舞臺布景的特點，可以遮斷觀眾的視線，使透視法發揮效力，並且集中觀眾的注意力。二則可以隱藏製造魔術機關的設置，也能保有戲劇演出的神秘性。〔註40〕當1950年代布袋戲在追求「十彩立體布景」或「變景機關」之時，皮影戲也與布袋戲，同樣在追求立體十彩的布景。鏡框式舞臺就為皮影戲的十彩立體布景。鏡框式舞臺幾乎全使用在商業劇場的演出，主要原因乃是鏡框式舞臺是為當時的最流行的舞臺布景。使用鏡框式舞臺布景具有新穎、時代潮流的文化象徵。

1、鏡框式舞臺特色

　　商業劇場的舞臺表演範圍有限，鏡框式舞臺（proscenium arch stage）可以營造出觀眾一個空間上的幻覺。〔註41〕皮戲的框式舞臺有以西洋式的樓閣

〔註39〕劉南芳，《臺灣內臺歌仔戲定型劇本的語言研究——以拱樂社劇本為例》，頁31～46。

〔註40〕舞臺畫框的功用有二：第一，遮斷觀眾的視線，使透視法發揮效力。假如觀眾看見佈景後面就是戲院的牆壁，距離與空間的幻覺變破壞無遺。舞臺畫框侷限舞臺畫面，集中觀眾的注意力。第二，假如要換景的話，舞臺畫框可以掩蔽搬動佈景的設置與舞臺以外的空間。舞臺畫框隱藏製造魔術的機關設置，保持戲劇的神秘性。胡耀恆，《世界戲劇藝術欣賞》，頁209。

〔註41〕「畫框式的舞臺與以往的舞臺迥然不同，它嘗試在舞臺的有限空間以內造成一整個地區幻覺。」胡耀恆，《世界戲劇藝術欣賞》，頁209。

或是中國的亭臺閣做為布景的設計。東華皮戲團的鏡框式舞臺佈景設計（見圖16），則是以中國古代建築單簷歇山式的建築，做為舞臺布景的設計。中國古代建築，除了運用在皇宮體系外，廟宇、民居的建築，也傳承下部分中國建築的特色。可為何會選以中國建築單簷歇山式做為布景？其一是張德成自我的構想創作，建築上的歇山式華麗雄偉，創作歇山式的舞臺布景，具有壯觀艷麗的感覺。二則是早年的張德成，演戲之餘也從事對臺灣的廟宇斗拱、藻井、窗花和傳統民居設計的工作。將其特點融入舞臺布景的設計，有別其他的劇種的設計樣式。東華的「鏡框式舞臺」特點，屋頂是用單簷歇山式庭臺樓閣宮殿式的模式，繪製宮殿樓閣的屋瓦。屋簷下有斗拱，用牌匾式的招牌，書寫上觀音山東華皮戲團團名的字樣。能使觀眾一目了然劇團的團名。影窗下則書寫上主演者的姓名並有階梯，兩旁各繪上三支龍柱，龍柱外則有中國式的迴廊，迴廊屋簷設有電燈，類似藝閣的裝置，並有四盆水仙花。布景圖樣用以西方透視法原理創作和西方強調光線明暗漸層的畫法，表現由近到遠處的感官效果。皮影戲的表演舞臺是影窗，這時西方的鏡框式就可發揮效用，將觀眾的眼光，全部吸引到影窗內。影窗上方懸有十六盞小電燈，最主要是燈暗時，觀眾的眼光仍可集中在影窗。音效設施，足以影響到演出品質的好壞，為了使聲音能夠傳遠，其設計的佈景上方，會預留有空間以方便懸接喇叭設施，讓聲波傳至遠處。

圖16：1950年後，東華皮戲團商業劇場演出鏡框式舞臺全景。（東華皮戲團提供）

　　如果皮戲與布袋戲，比較當年商業劇場時期的鏡框式舞臺，可以相互的看出不同劇種在鏡框式舞臺的特色。皮戲的鏡框式舞臺是採中國單簷歇山的設計，與當時布袋戲所設計的樣式不同。表現出出劇種自我對於舞臺布景的設計特點。

2、布絨式舞臺佈景特點

　　布絨式的舞臺相對於鏡框式舞臺而言較為簡樸，沒有鏡框式的顯眼。絨布式的舞臺分有不同的樣式，一為純絨布型，只繡上團名、主演者姓名和住址。後來因過於單調，六〇年代後期，劇團響應國家的文化政策，則繡上「宣揚文化」、「發揚國粹」等字樣。另一種則較為華麗，不只繡上團名、主演者姓名和住址，亦有團名的英文配置。影窗兩旁則各有花紋圖式的點綴或者鳳凰樣式，影窗下則有花紋樣式，是張德成透過廟宇創作、民居彩繪圖騰的一種延伸運用，比純絨布式布景要來得華麗。布絨式的舞臺尺寸，演出的影窗、舞臺內空間皆與鏡框式相同，不同在整體的尺寸。布絨式的舞臺，為十二尺到十六尺之間，若劇場尚有剩餘空間，可在加至絨布遮擋住空間。布絨式舞臺布景主要是配合舞臺較小，不容易搭建鏡框式的商業劇場舞臺。但布絨式的舞臺因使用在商業劇場不多，逐漸成為外臺酬神戲的舞臺配置。布絨式舞臺布景相較鏡框式舞臺，變化多在絨布的色澤上，絨布的布景據目前所得知的有暗紅色的色彩和橘色等。布絨式佈景較為簡樸，布絨布景在其布景的輕巧性。商業劇場的布絨式布景外觀無懸掛整排電燈，為站演方式的舞臺。但以此為酬神外臺戲的演出舞臺，若為坐演式舞臺，則會刪除下方的舞臺木框組合，只以兩旁木框和布旗作為搭設。絨布布景的搭設，會視舞臺的架設採取站、坐式的演出。

（三）舞臺佈景的幕布設計

　　舞臺的幕布有切割觀眾席與表演舞臺的作用，主要用於戲劇演出開始和結束後的開閉，也可用作場幕。舞臺上的幕布，是劇場舞臺上不可缺少的設備，幕布有裝飾舞臺、加強演出效果的作用，目前舞臺上廣泛使用的幕布主要有舞臺大幕、二道幕、三道幕等，因為舞臺劇受到場地的侷限，當舞臺上的場景道具需更替換時，就會將「幕布」拉下，避免觀眾受到影響，現代舞臺戲的表演，對於幕布的需要，相當頻繁。主要是透過燈光和幕布間的開闔，呈現不同場景的變換。商業劇場的戲劇演出，舞臺布景改變，除了針對在視

覺感官上外。戲劇演出前的幕布設計，也是舞臺布景設計的一環。幕布的設計，是吸收西方戲劇表演舞臺上的幕布特質，實質的運用到戲劇的演出。商業劇場皮影戲演出對於幕布的使用，並不像現代舞臺劇一樣是在場景的變換，而是將幕布只做為演出開閉場的使用。商業劇場皮影戲演出前的程序，並不是一開場就讓觀眾見到影窗和燈光。而是先以音樂開場帶動氣氛，亦即所謂的「鬧臺」，等到觀眾逐漸進場或觀眾到一定的數目後，才慢慢的將遮蔽於影窗前的幕布拉上到鏡框式舞臺內，類似現代舞臺劇表演前的拉幕方式。早期皮影戲的酬神外臺戲演出，並無以拉幕的方式做為表演前的前置作業，而是影窗直接面對觀眾。直至商業劇場後，皮影戲才開始有拉幕的產生，或許受到當時的新劇或歌仔戲等劇種的影響而設計，拉幕的使用也延伸到酬神外臺的劇場。皮影戲的舞臺布景拉幕的設計，除了美觀之外，也具有吸引觀眾目光、廣告的效用。據目前所顯示的資料，皮影戲舞臺布景的拉幕設計，共分有兩種形式；為拉幕式設計與窗簾式的兩種形式。

1、拉幕式的開場設計

商業劇場的皮影戲表演前，都以拉幕式做為開場。最主要是拉幕式的開場，原就被含括在鏡框式舞臺布景的設計。幕布是舞臺內的裝置，舞臺是戲劇的表演空間。皮影戲的表演舞臺空間是影窗，在影窗外設計幕布的使用，如同舞臺劇演出前的形式。拉幕式的開場如何裝置？首先是在鏡框式舞臺的影窗上圍留有空間，方便幕布垂降與整個影窗的遮蔽，拉幕的兩旁懸有滾輪和繩索，方便幕布升起。如果為絨布式的布景，同樣也是在影窗上方留有空間，方便幕布垂降。幕布的設計的樣式各有不同，但幕布前端都會繡上，劇團的團名與贈送戲院和贈送者的人名。東華皮戲團的幕布，有自製和戲院所贈致。戲院贈致的幕布，代表的是與劇團的深厚交誼與贊同劇團的演出技藝，另一方面是當劇團前往他處演出時，懸吊由該戲院贈送的幕布，亦有順道廣告戲院和劇團的效益。拉幕的開場是等到鬧臺後，是以人工操縱逐漸將幕布拉起。由皮影戲的拉幕使用，具有切割戲劇演出的情節作用，更具有美觀和廣告的效果。但若由皮影戲留下早年的商業劇場演出影音和照片資料來看，拉幕的設計早於商業場場演出時期，就已經產生使用了。並可知當年的設計的舞臺技術，已經具備了相當現代化舞臺幕布的設計概念（見圖17）。

圖17：1968年左右，東華皮戲團外臺酬神戲的舞臺拉幕式幕布。（東華皮戲團提供）

2、窗簾式的開場設計

　　商業劇場的開場設計，除了有拉幕式的設計，亦有窗簾式的開場設計。窗簾式的設計，類似舞臺的橫側幕，橫側幕的功能是它可以遮掩觀眾對舞臺兩側的視線，具有舞臺的美感作用，和同時增強觀眾舞臺的立體感。窗簾式與拉幕式的開場功能相同，都有遮蔽影窗和視覺美觀之用，而差別在拉幕開場是由下往上，窗簾式的開場是幕布開向兩邊。窗簾式的設計較晚，約在1963年左右產生。窗簾式幕布設計，是將幕布拉向影窗內的兩旁後演出。但窗簾式的使用較少，主要是窗簾式的裝置較拉幕式的麻煩，而窗簾的幕布，在花樣的設計上也較拉幕的幕布少。二則窗簾式的幕布，並不是設計在布景的影窗外，而是拉入影窗內的兩旁，所以容易影響兩旁的助手演出，故窗簾式就鮮少使用。窗簾式的開場，對於演出亦有吸引觀眾目光的效果在。如果吾人由皮影戲的窗簾式幕布設計來看，可以看到東華皮戲團是直接吸收舞臺劇的幕布手法，印入皮影戲的開場。如果將立體的舞臺空間，想像成平面的皮影戲螢幕。其實舞臺幕布，就像是舞臺劇的開場一樣，有異曲同工之妙。但因窗簾式的裝置較麻煩，商業劇場之後逐漸不使用，就直接用拉幕的方式。不過，1976年的香港演出仍有使用窗簾式的舞臺設計。

二、舞臺技術的廣告宣傳

　　商業劇場的演出，廣告的宣傳效益，目的在招攬消費群眾量，有時關乎劇團營收的多寡。所以各劇種進入商業劇場演出，對廣告無不重視。爲增加消費群眾對劇團或者呈藝技術的印象，劇團的廣告無不出現聳動的標題或標語，做爲吸引觀眾的目光。舞臺的布景技術，就常出現在劇團廣告的用詞中。舞臺布景的新穎，有讓觀眾具有耳目一新的視覺效果，舞臺布景的技術，也常被納入劇團宣傳的廣告用詞，做爲吸引觀眾入劇場消費的手法。如同吾人在歌仔戲、布袋戲的商業劇場廣告用詞，不難發現將舞臺布景技術，納入劇團廣告的宣傳。皮影戲亦是。舞臺布景的技術，也是廣告宣傳的用詞之一。舞臺布景技術的廣告用詞，象徵舞臺布景技術的演變，也透露出劇團在舞臺布景上的變革。舞臺布景的廣告用詞，是搭配舞臺布景的改變產生。皮影戲新式舞臺布景所呈現的特殊性，也是廣告宣傳的用詞。

　　1950 年代的皮影戲廣告看板，已有「舞臺新式電影化」的廣告宣傳用詞，可見當時皮影戲舞臺布景，已出現電影化的舞臺布景。舞臺「電影化」的表演，能使演出更具幻覺化。舞臺的電影化，更加強出皮影戲在表演時的視覺效果。如果 1950 年代布袋戲，競相的追求舞臺布景技術的革新同時，皮影戲的舞臺布景也同布袋戲一樣，同樣的是以舞臺新式電影化的布景做爲呈現。皮影戲的表演特質，本身就具有視覺的幻覺效果，而電影化的新式布景，可讓觀眾了解劇情外，使演出更具有加強視覺的幻象。皮影戲的報紙廣告，分有標題式和內文式。標題大約式略述劇團的歷史、特色、演出日期、主演者等，內文式與標題式相同，但對於劇團會做較詳細的敘述。皮影戲的報紙廣告，對於舞臺布景技術的描述，如：1954 年 6 月 4 日位於臺北市中正東路華山戲院以千變萬化機關變景、1961 年 9 月 16 日臺中市復興路南臺戲院以特色機關變景、1958 年 4 月 19 日位於菲律濱馬尼拉市金光大戲院以活動變景等，做爲渲染皮影戲舞臺布景技術的廣告用詞。由此可見，皮影戲的舞臺技術和布景設計與布袋戲舞臺布景的廣告大同小異。都是一種以新式布景的特殊，做爲吸引觀眾目光的手法。

　　戲單是發送給觀眾做爲宣傳所用，目的是讓觀眾了解劇團的行程與演出劇目。爲了加強觀眾的印象，外觀視覺整體的設計，也是吸引觀眾注目的方法。內容除了紀錄了演出的細目以外，對於戲劇呈藝的呈現，也會印製在戲單的內容。如：1947 年菲律賓的金光大戲院演出，在其戲單上就印製出活動

變景、1966 年 11 月 13 日臺南縣六甲鄉鴻都戲院以特色機關等字樣。說明皮
影戲的表演，也具有活動變景的舞臺裝置。如果布袋戲舞臺技術具有活動變
景或特色機關的技巧，那麼；皮影戲的舞臺技術，同樣地也具有活動變景的
布景裝置。如果綜合出皮影戲的廣告，吾人可以發現皮影戲雖也以舞臺技術
做為宣傳。但廣告詞強調戲偶的五彩藝術、十彩藝術的特色宣傳，多於舞臺
技術。或許皮影戲因表演性質的緣故，所顯現戲偶的色澤的豐富變化，勝於
舞臺技術的布景裝置。或許可說，戲偶色澤的豐富變化與舞臺布景革新，都
能讓觀眾視覺有耳目一新的感覺，但更著重在影偶色彩的鮮豔上。

三、燈光改革與舞臺技術裝置的演出效果

　　十九到二十世紀西方電燈設備的日漸發展，西方的劇場越重強調燈光的
照明設備與光源的變化，所為劇場表演帶來的特殊效果。〔註 42〕燈光的明暗
色彩變化，不僅能為劇場表演帶來特殊的效果，製造出演員情境的表達，不
同的燈光光源，代表出的心境，也能帶領觀眾進入情節的思維。燈光在皮影
戲的演出上，不容或缺。商業劇場的演出，燈光亮度的強弱顯示表達，相當
重要。首要的條件是燈光的亮度夠，才能使遠方的觀眾，能夠清楚的見到皮
影戲偶的清晰演出。燈光特效的使用，不僅對皮影戲十分重要；布袋戲的演
出對燈光特效的運用，也相當重視。商業劇場的演出，是以觀眾消費為主軸，
為了刺激觀眾進場消費，除了劇本故事、演出技巧等外，燈光特效的視覺增
加，更可吸引觀眾的目光。

（一）燈光的改良

　　「燈光」是皮戲演出的重要要素，皮戲的演出，離不開光線的照射。早
期的皮戲是以油燈、番仔油（煤油燈）或蠟燭所演出，由油燈、煤油燈或蠟
燭所演出的皮戲，因燈光光源照射的緣故，較為昏暗。但卻也因為燈光昏暗，
造成影偶演出另一種視覺的美感，而戲偶也因煤油燈燃燒的緣故，影偶長時
間使用下，會有亮黑的古樸美（見圖 18）。爾後，「東華」張叫運用電土燈照
明設備，〔註 43〕補足了蠟燭、煤油燈、在光線照明上的缺失。後再因電燈物

〔註 42〕 金長烈，2004，《舞臺燈光》，中國：機械工業，頁 12～17。
〔註 43〕 電土燈為早期的照明工具之一，也可利用來燻香蕉、龍眼等水果，作為催熱
　　　　 用的工具。使用前將電土放在內部的容器，外部容器上裝水，把內部容器放
　　　　 在外部容器的裡面，當水會流到內部碰到電土後。電土和水產生反應，管口

件的逐漸成熟，轉變成電燈泡的裝置。商業劇場的皮影戲表演，為了使觀眾
更能觀賞到皮戲演出更為清晰的型態，開始加強光線的照明設備。首先，淘
汰了當年外臺酬神戲仍有使用的電土燈，一律使用鎢絲燈泡。當時戲院的設
備，無論城鄉的戲院，多半配有電燈插座，此設備比外臺酬神戲要來得方便，
故而全部使用了鎢絲燈泡。二方面，隨著燈光的進步，對於燈光照明的改變，
開始要比先前更為發展。

圖18：張川雕刻的老旦與武旦的角色。由武旦戲偶，了解到早期的皮偶，手部部
　　　分是由布巾所製成。從圖可以看到影偶被薰黑的跡象，顯示演出皮戲時，
　　　燈光照明設施還是以煤油燈的演出為主。（東華皮戲團提供）

　　燈光除了是做為皮影戲演出的照明外，更可利用燈光的色彩和變化，做
出不同的氛圍特效。〔註44〕皮影戲早期的燈光特效只有以明暗做為演出氛圍

　　　　會出現帶有強光的火焰，發出略呈青色的光線。不過使用必須注意，要依所
　　　　使用的時間點來添加電土，否則容易引起爆炸。
〔註44〕「舞臺上所表現的光色，不僅是巧妙的照佈景、人物，並同佈景、人物的色
　　　　彩配合，而且還須表現出某一劇中的特殊情調。這就是說：色彩在舞臺上的
　　　　表現，是象徵劇中的情緒。」劉露，1951，《舞臺技術基礎》，中國：上海雜
　　　　誌公司，頁146。

效果，隨著燈光設備儀器的改良和演進，開始出現了五彩和七彩的燈光特效。燈光的特效變化被歸納入「七彩場面」的廣告詞，藉由廣告詞彙，吾人了解了由皮影戲的燈光特效所製造出的七彩場面。皮影戲的商業劇場燈光，除了演出的鎢絲燈泡的光源外，燈光特效的運用，也是渲染情節緊張刺激的部分，並可配合機關布景的使用，使機關佈景的呈現更具真實。商業劇場的演出，為了加重演出劇情的真實感，對於燈光特效開始進行改革。燈光特效的運用，除了是加重演出劇情的真實感以外，也增添出前場劇情演出的視覺臨場感。據目前所留存下的燈具設備，分有不同的特效燈具，不同的燈具設備各具有不同的燈光特效。早期燈光設備，尚未有彩色燈泡。為了製造出彩色光源，則開始運用不同的燈光，讓光源照射出所屬的顏色。由商業劇場的彩色燈具，當時商業劇場所使用的光源有五種顏色。這五種顏色的運用，各有不同的用途。若全數使用，則可製造出陣式金光閃耀的視覺。金光閃耀的燈光，主要是由色紙黏貼的光源，直到有彩色的攝影燈（photo lamp）大量生產後，才逐漸被「photo lamp」所取代。另一種則只有燈光照射。商業劇場的皮影戲燈光特效改革，加強了劇本情節的刺激和視覺部分。燈光特效的運用，除了在商業劇場演出使用外，也同時在酬神外臺戲演出上，所共同使用。在退出商業劇場後，酬神外臺戲則保留下商業劇場的燈光特效。至 1980 年後臺灣社會的急速變遷，酬神外臺戲所使用商業劇場的燈光器具和特效，開始簡化。商業劇場所使用較細緻的燈光特效，逐漸淘汰在皮影戲的演出中。然 2000 年後隨現代電子燈光設備進步和輕便 LED 產品的發展，皮影戲酬神外臺戲的燈光特效，也開始採用現代產品，燈光特效的表現更覺過往艷麗。當吾人目前看到酬神外臺戲的燈光特效運用，可說多少是延續商業劇場燈光特效使用的影響。

（二）舞臺技術的發展

為了增加觀眾對於演出的刺激感，開始改革加強舞臺技術。舞臺技術的改革，強化了戲劇的表演效果。皮影戲演出的效果，除了劇團演師本身的表演技術累積和歷代所傳承下的演出法則以外，倚靠舞臺技術內的裝置，更可達到演出效果的呈現。舞臺技術包含了舞臺技術的內部層面，如，電光手、機關變景。透過這些層面，製作出戲劇表演的視覺效果。皮影戲早期的表演，對於劇本內情節刺激緊張的演出效果呈現，多以後場鑼鼓的音樂、燈光照射的明暗光彩變化等，製造出氣氛。但商業劇場的演出，在劇本情節的渲染上，為了加強演出情節的氛圍和視覺效果，不僅在音樂上做改良，視覺上也利用

舞臺技術，做出不同以往的演出特效。商業劇場的舞臺技術發展，出現不同
酬神戲的演出特點。

1、電光手出現

「電光特效」在當時商業劇場，是相當流行的表演模式之一。從歌仔戲、布
袋戲的廣告用中，常可發現劇團廣告以電光特效的運用做為廣告用詞。電光
手在皮影戲內，不太以此稱呼。據紀錄人員名單，稱之為為電音手，顧名思
義電音手有負責電光和掌握聲音特效的意謂，或是直接稱之為「打電光」。「打
電光」是負責配合演出時的視覺特效運用者。所謂的「電光」，是利用電流相
觸時，所發出的瞬間短暫強眼光線的一種特效，光線類似焊接的顏色，光源
特效又分二類；一類是以電流相觸所產生的光線，另一類是將電流觸及鐵線
所發出的光源。因光線閃光強眼，有別於電燈的光線，而電流的相觸會產生
類似──「phiak」的聲音，更會增添演出的真實臨場感和製造出不同的視覺
感。打電光的職務，是皮影表演特效的重要人物。強化表演的視、聽覺效果，
全仰賴打電光者的身上，所以打電光者必要反應靈敏，當人物祭出寶物、人
物刀劍相爭、戰艦火炮時的特殊效果，就必須靠「打電光」來強化。打電光
與前場主演者的配合相當有默契，不能有所閃失，否則會影響演出的品質。
打電光者通常都是位於主演者的左手方，為何會位於左手方？乃因主演者的
右方是鼓佬的位置，鼓佬必須隨時掌握主演者的演出脈絡，鑼手隨鼓佬指令
走，位於右方會遮擋住鼓佬的視線，故需位於左方。比較不同的是皮影戲的
「電光手」除了負責電光是覺的特效以外，也負責聽覺特效的部分。如，人
物祭出飛劍、飛刀的碰撞、戰船火炮的發射、妖仙道人吐火燒人等，會用鐵
鎚敲擊放置於鐵柱下的火藥丸或火藥粉，發出「碰、蹦」聲、火藥燃燒的光
線，來強化聽、視覺的真實感。但由於早期使用火藥演出，必須向有關單位
申請，加上使用火藥配製，趨於麻煩，火藥使用，漸而消失。1975 年後，「電
光」逐漸退出皮影戲演出的特效，改由舞臺的閃光燈所取代。

2、電光手人員組織

打電光的職務，或許一般成員足以處理。但打電光技術配合演出，若要
做的更加完美，就需臨場經驗的訓練與專業技術人員的勝任。當時商業劇場
所聘用的電光手，除了有本身劇團的人員以外，更有聘用專職處理打電光事
務的成員。成員中亦有本身是布袋戲劇團的電光人員。據整理，當時打電光
職務人員亦有如下。

表四：打電光人員表

職　稱	姓　名	居住地
電音手	張明賜	高雄縣大社鄉三奶村 4 號
電音手	劉進德	高雄縣
電音手	梁德顯〔註 45〕	屏東縣
電音手	蘇明開	屏東縣
電音手	倪良和	屏東縣
電音手	楊居隆	高雄縣
電音手	吳景三	高雄縣
電音手	曾大林	臺南縣
電音手	賴恭〔註 46〕	高雄縣燕巢鄉角秀村

　　由打電光人員的組織，除張明賜本身的劇組人員外，其餘的人員皆聘用專職打電光的成員負責。打電光的人員，亦來自不同的地區，如臺南、高雄縣市一帶，打電光的人員，爲何人所介紹？或是自薦而來？或劇團前往聘請？不得而知。但可能經由介紹人的引薦等關係，聘用到打電光的成員組織。

3、機關變景

　　早期的皮影戲演出，並無機關變景等的安裝。人物的過場或者場景，都有皮製的景物做爲背景，機關變景是在商業劇場的演出下，所應運而出的一種裝設。機關變景的作用是人物表演時，可配合人物的場地、情節等做不同場景的變化。〔註 47〕皮影戲的商業劇場演出，舞臺技術與其他劇種一樣，裝設有機關變景和活動變景的設置。皮戲的機關變景特效，也是皮影戲廣告宣傳的用詞之一。『機關』指的是隱藏在舞臺內、外的齒輪滾軸等，牽動布景變化的裝置，變景則是指有不同布景的變換。藉由機關變景營造出不同情節場景的氛圍。機關布景在皮影戲的演出，是一種增添當下演出情境的配置。

〔註 45〕 梁德顯，1963 年 6 月 1 日，位於臺南縣永康鄉西都戲院演出時所聘用。《東華皮戲團各地上演紀錄表》，頁 320。

〔註 46〕 賴恭，高雄縣燕巢鄉角宿村人。1967 年加入商業劇場的行列，負責職務爲「電光手」，詳見張德成 1967 年 7 月 10 日隨身日記本記載。

〔註 47〕 「背景畫的運用雖然在舞臺上有時給予裝置者很多便利。但它的用法卻有一定的限度。他在觀眾面前出現，多半是在那些特殊或困難的裝置中，而不是在任何演出的場合下可以應用。」劉露，1951，《舞臺技術基礎》，中國：上海雜誌，頁 98。

　　商業劇場的演出，相當現實與競爭。劇種演出的技術或表演效果，若無法達到觀眾欣賞的預期，則無法持續演出。進入演出的商業劇場場域，有時是電影的播放戲院、布袋戲劇種和歌仔戲劇種的場域，如：萬華戲院、大橋戲院、大中華戲院、華山戲院、芳明戲院、雙連戲院、淡水戲院、北投戲院等，這些戲院爲歌仔戲或布袋戲的演出場域。當皮影戲進入這些劇種的演出場域，除了必須與這些劇種相互競爭以外，加強演出技巧與表演視覺效果的革新，吸收其他劇種的舞臺技術，才能立足劇場的演出。商業劇場的演出，講究演出的求新求變。演出的劇本的刺激，技巧的特殊、標新立異，是吸引觀眾的不二法門。爲了刺激觀眾入場消費，加強其演出的聲光視覺效果。此時的歌仔戲以立體化、機關化的變景等炫人耳目作爲噱頭。〔註 48〕布袋戲也已「特色機關五色電光」、「全部新式布景，五色電光，活動變景，特別獻技、十彩立體布景，場面偉大堂皇做爲演出的號召。皮影戲面對競爭劇種的舞臺技術改革，勢必對自我的舞臺有所改變。首先是對其舞臺布景視覺外觀的改變。如前述，早期皮影戲的酬神外臺的布景，較爲樸實。當進入商業劇場後，面對不同劇種對舞臺布景外觀上的革新，皮影戲改變舊有舞臺布景，不僅僅只受到不同劇種的影響，舞臺布景的壯觀，能讓觀眾感受到有別酬神外臺戲的觀感。另外，舞臺布景的立體化也是當時的時代潮流。二則當時劇種在商業劇場的演出，流行所謂的機關變景和活動變景等舞臺技術。新式變景具有吸引觀眾的特殊效果，也是當時劇場表演中流行的一種表演方式。在劇場流行的影響下，皮影戲也開始嘗試機關變景和活動變景的舞臺技術，然而活動變景或機關變景，各劇種因表演性質的緣故，各有不同的設置。皮影戲使用機關變景技術的裝置，是裝置在影窗後配合演出情節運用。皮影戲的機關變景和活動變景，必須斟酌到自身的演出特殊性質，因皮影戲的竹桿與戲偶是呈垂直狀，操演者又在戲偶後，所以必須考慮到活動變景時，是否會影響到影偶操作，才能發揮佈景的效果。三則在燈光特效上，如果由布袋戲的商業劇場廣告用詞，五色電光、電光變化美艷奪目等，不難發現到布袋戲對燈光特效的著重。

〔註48〕　「此時內臺歌仔戲承襲一九三〇年代內臺戲的演出方式，包括夜戲演出前會加演一段四十分鐘左右的京劇做爲號召，以及立體化、機關化的變景，除了有各式軟景外，也以種種機關布景，乃至鋼索吊人等噱頭，用以炫人耳目。」楊馥菱，《臺灣歌仔戲史》，頁 100。

　　在商業劇場外在不同劇種的舞臺技術改革影響下，促使了皮影戲對於自身舞臺技術和布景的改良。舞臺技術的增進，添加了演出劇情的刺激感，舞臺布景的鏡框式創作，也改變了舊有的布景形式。在不同的劇種相巡進入商業劇場的影響中，刺激了皮影戲舞臺技術的發展，也發展出商業劇場皮影戲演出的舞臺特色。以下，筆者依東華皮戲團張建國的說明及描繪，繪製出當年商業戲院的舞臺空間平面圖，如下。

表五：商業戲院的舞臺空間平面圖

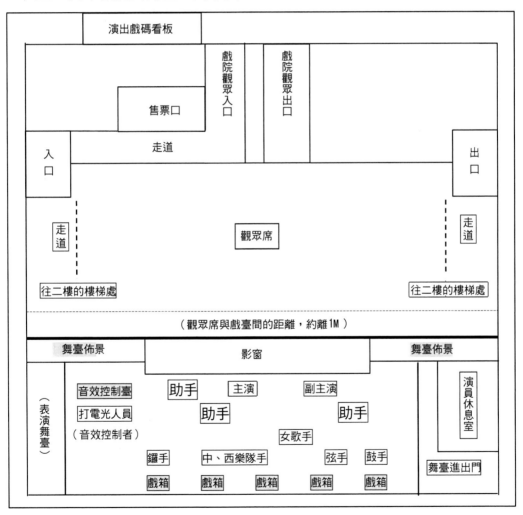

透過該圖的平面繪製，大抵可以看出商戰後商業劇場，皮戲劇團進入後的所擺設的位置與分佈。而每一負責人員各有所屬位置，位置的規定與分配，涉及到劇團演出的習性。此外，由戰後商業劇場平面圖，除約能看出露天、室內、單樓、雙樓的不同外，更了解戰後商業劇場的框間與設施。

（三）東華皮戲團的表演風格與特點

皮戲的商業劇場演出，除了有上述的改革、特效吸引觀眾以外，不容忽視的是劇團演師的表演風格與特點。早期因錄影設備緣故，所能保存下的影像不多。筆者儘可能以文字敘述，描繪出劇團在商業劇場演出的特點。臺灣皮戲的表演，有著傳統演出所需遵循的規則，人物影偶的出將入相，有傳統皮戲的表演法則存在。以東華皮戲團來說，每代演師有不同的演出風格，先從第四代的張叫，張叫年少時學習拳法與棍術，將傳統武術的精髓融入戲偶的表演，開創了臺灣皮戲武戲的新紀元，也讓自己表演技術更加的提升，使演出影偶的動作，貼近臺灣拳術的表演動作與寫實。至張德成，除吸取張叫的演出特點外，更講究出操偶技術的逼真與快速，張德成的操偶技術，更勝父親張叫。戲偶操作活靈活現、符合所有戲偶腳色、情節、動作的上演（見圖 19）。東華皮戲團商業劇場演出，能吸引觀眾。講求操演戲偶的逼真、說學逗唱必須符合所有人物的腳色性格，所戲偶的操演除了人物的出將入相、傳統法則以外，更需在演出之時，絕不讓觀眾看出任何的破綻，而上演時，人與皮戲影偶融為一體。吾人可以在張德成所記載的一段話，找到端倪。東華於 1954 月 6 到 6～10 日，位於臺北市松山區松山戲院演出時，提及：

> 6 月 3 日在華山生出意外不幸事，…，又團什分怕事關係，多太影
> 響成績，覺得精神散亂，不能演真實表情出來。…。〔註49〕

透過張德成紀錄，吾人可明確的了解，是演師與戲偶融合一體，將戲偶的精神完全表現而出。換句話說，就是所有的場次演出絕不冷場，將所有精神灌注入皮戲影偶之中，人偶合一，使觀眾見皮戲影偶時，宛如真人的上演，把戲演活。如圖 19，孫悟空與獨角青牛大戰一百餘合的場面。如何搬演出孫悟空與青牛的大戰場面？而青牛的法力有多高？武力與孫悟空平分秋色否？就在於演師本身的操演。戲偶操演的好不好，或許就在於演師本身的操偶技術與否。

〔註49〕 《東華皮戲團各地上演紀錄表》，頁 47。

圖 19： 1966 年於臺南縣麻豆鎮麻豆戲院演出《西遊記》所實境拍攝，圖爲孫悟
空與獨角青牛的對戰場面。（東華皮戲團提供）

　　商業劇場時期，皮影戲所做的音樂、戲偶、舞臺等變異，反應了皮影戲
在商業劇場演出中，爲吸引觀眾所做的變革。當然；這些變革，是劇團一種
新穎的表演改變，所代表除了具有吸引觀眾的部分以外，由音樂、舞臺布景，
呈現了一種當時劇場的流行文化。因劇場的流行文化，影響到皮影戲或者觀
察到流行的取向，皮影戲因而將演出所呈現的形式做改變。如果吾人將當時
皮影戲商業劇場的文化變遷，以史徒華（Julian H. Steward）的「文化變遷」
理論套入。Steward 以其多線演化論爲其基準點，人類的生存受限於自然環境
的宰制，而在其生存和技術改變，以符合環境的改變。Steward 舉出美洲土著、
大盆地休松尼印地安人、開利爾印地安人、波多黎各等族群，闡述文化變遷
的模式。人類在歷史的演變，有其共時性、歷史性，不同的區域之人類，可
能在生存上，面臨環境上有文化的不同生存樣式。並以文化核心（Cultural Core）
爲基本特徵，具有由地方的生態適應和相似社會文化整合水平而來相似的功
能上的相互關係。〔註50〕Steward 認爲：

> 人的文化行爲之解釋與人的生物演化之解釋乃不同層次的兩個問
> 題。文化模式不是源自基因，因此不能以對待生物特質的方式加以
> 分析。…。人類對於生命之網的反應並非完全憑藉其由基因決定之
> 機體本身條件。解釋人類社會之本質的乃是文化，而不是基因的適

〔註50〕黃淑娉、龔佩華，1996，《文化人類學理論方法研究》，中國：廣東高等教育，
　　　　頁 307。

應、協調、與生存之潛力。⋯。每一項新技術的發現與舊技術的更
新，不論其起源如何，都會改變人與周圍的有機體之關係，並改變
他在生物中的地位。〔註51〕

　　Steward 認爲文化適應生活環境而發展，是以爲化來論定族群的特質。文
化適應則是文化變遷的動力。而文化的改變，會隨著外來的物質與環境適應
而變遷。若以 Steward 的「文化變遷」理論來看，吾人將商業劇場的劇場文化，
比喻成一個 Steward 所說環境，將劇種類比成一個族群，劇團的演出看成一種
文化和技術。商業劇場的環境，是一個相當競爭的環境模式。因劇種的相互
競爭，延伸出劇場的多元文化。然支撐劇種的演出，不外乎是觀眾的消費。
各劇種爲了吸引觀眾的消費，在表演藝術上競相改變，以利吸引觀眾的目光。
然而，從這樣的角度下，商業劇場的環境，不外乎是一種講究新穎、求新求
變的文化環境。劇種和劇團的演出，原本就存有本身的一種舊有和先前的演
出形式，當劇團、劇種進入商業劇場演出，受到外在文化環境的影響，開始
在其演出的技藝上採取變革。這樣的變革符合了 Steward 所說的文化變遷的樣
式。商業劇場的環境，促成皮影戲改變先前的舊有演出，以不同的技術，符
合劇場環境的要求。亦就是劇團爲了生存，或者適應環境的變遷，必須改變
舊有的演出形式，以符合當時的商業劇場演出環境，達到增加觀眾的消費與
一種要求。以皮影戲而言，先以音樂而言；皮影戲音樂原使用潮調的音樂模
式，後來在商業劇場的環境中，存在著以北管音樂、歌仔曲調爲首的劇種，
皮影戲開始改變舊有的音樂形式，吸收這些劇場環境中的音樂，豐沛自我的
音樂體系。從音樂層面上，當年所使用的音樂有北管音樂、歌仔戲、南管、
流行音樂等。透過這些音樂體系的使用，得以看到當時商業劇場的劇種演出
和使用音樂上的多元。

　　不過，透過張德成的記錄，皮影戲的商業劇場音樂變革，有些劇場的演
出，也使用舊有的音樂形式，表達了皮影戲的劇場演出，音樂是受到環境的
不同，而有所改變。皮影戲的音樂變革，是爲內部的音樂演出變異。但就不
同的層面討論，音樂變革，如，現代流行歌曲、北管音樂、歌仔調、都馬調
等，都是一種在當時商業劇場的演出相當流行的文化。直言之，這種音樂變
革是直接將商業劇場所最爲流行的文化，直接融入皮影戲的音樂體系。以現

〔註51〕史徒華著，張恭啓譯，1984，《文化變遷的理論》，臺北：遠流，頁39〜41。

代角度，或許已經具備了創意的觀點。可是吾人所知，商業劇場是以商業交易為性質的一種演出，任何一個層面的失誤，則有可能造成商業利益上的折損。有音樂體系的變革，必須思索如何將這些音樂傳導到觀眾的聽覺，就必須仰賴外在的硬體設備。早期的皮影戲演出，或許只需揚聲器或擴音器，但在商業劇場音樂的豐沛，硬體音樂設備的擴展，帶動了皮影戲演出音樂的活潑度，而音響設施在這樣的音樂變異下，逐漸發展。此外；皮影戲影偶的變革，也是在商業劇場的演出下，所逐漸改變。商業劇場的劇場空間，有別傳統的酬神舞臺，在觀眾的反應下，促進戲偶的尺寸上的變化。商業劇場的布袋戲演出，已有尺寸放大的現象。然而與此同時，皮影戲的演出，為了補足舞臺空間與觀眾視覺的問題，加上演師改革影偶的動力，促成影偶的一種變化。再者，如皮影戲舞臺布景的改變。早期的皮影戲演出，對於舞臺布景的搭設，較於簡便。後來在商業劇場的環境之下，以當年最為新穎的舞臺佈景設計，符合當時的劇場環境。皮影戲商業劇場的舞臺技術、佈景的創作和發展，商業劇場中所運用演出的「電光」、「燈光特效」等，以求適應當時的環境，並以其作為吸引觀眾的目光，達到吸引觀眾的效果。商業劇場的演出，主要是建立在觀眾進入劇場的消費上，劇團的營收、劇場的收入全都倚賴觀眾。為迎合觀眾群的欣賞角度，劇團會創造出不同的演出的形態吸引觀眾。而當觀眾群對劇種的演出形態有所反應，也是促進劇團改革表演型態的契機。再者，依據商業劇場的舞臺設計、燈光特效等變革，反應了近 20 餘年來，皮影戲學者，要求皮影戲劇團對於舞臺燈光特效的變革建議，希望透過這些舞臺的設計和燈光效果，強化演出與吸引觀眾的目光。但吾人從這些舞臺演出效果的變革層面上分析，其實早在 1950 年的商業劇場演出時期，這些改革已經相當具有現代化的觀念，更呈現出在學者提出變革的看法以前，皮影戲已經存在了這些現代化的設施。在再的顯示出一種現代化的觀念。

　　透過上述的幾小節帶入 Steward 的文化變遷理論，皮影戲的音樂、音響、戲偶、舞臺等變革，都是一種受到劇場環境文化因素影響下所做的改變。若將音樂、戲偶等改變，轉換成 Steward 所言的技術發明。技術的發明或更新，是為了適應周遭的環境，改變他在生物中的地位。直言之，皮影戲的音樂、戲偶等改變，除了是適應商業劇場與時萬變的市場（環境）以外，這些改變，也存在改變皮影戲在商業劇場演出的地位（吸引），藉由這樣的改變，達到更多營收的效果。

　　商業劇場的演出前提，是以觀眾的消費爲主，但在觀眾的消費主體之下，衍伸出一種劇場的文化機制，皮影戲進入商業劇場的演出環境後，必須配合著劇場文化的變遷，對於自身先前的舊有表演形式做改變，所有的演出形式改變，都是配合劇場環境的變遷而做改變。直言之，皮影戲在商業劇場的演出文化變異，無論是音樂、戲偶、舞臺布景等，都是受到劇場文化環境因素，爲了配合劇場環境的不同，在其演出技術上做變革。而這種變革，也成爲了皮影戲商業劇場演出下，所相當特殊的一種文化形式。

第四章　劍俠戲

　　劍俠戲，大抵是江湖上的忠義俠士，因路見不平為民除害，或者魚肉鄉民的土豪惡霸，俠士替百姓剷除惡霸的故事。劍俠人物所展現的，不外乎是家傳淵源的高深武功，或是受到名山仙洞的得道高僧的指導，傳授高強的絕世武藝，具有武藝高強的本領特質。

　　皮影戲的劇本來源，除了有演師的自我編寫外，不乏有章回小說的取材。中國武俠或劍俠小說，描寫一直存在著寫實和虛構兩種類型，這兩種類型也成為戲劇在撰寫武俠與劍俠戲時，所汲取題材。無論是劍俠或是武俠小說，特點都是武林的俠客、由走江湖的劍士；更甚者是受到逼迫而遊走三山五嶽，找尋室外高人傳授武藝，進而達到復仇。情節內容也多半描寫武林中人的恩怨情仇，藉由比武或習武而發展線索。正義與邪惡，在小說中的主旨相當十分明確。

　　劍俠戲所要表現的是一種正義／邪惡雙方的鬥智、鬥爭和人物展現絕加的武功特點。戲偶，所要呈現的是飛簷走壁、輕功、水上漂等的絕技，或進入機關樓破機關的情節，其講究的是影偶呈現的快速動作，已呈現出不同於中國戲偶裝置的形式。皮影劍俠戲約在 1900～1920 年左右已開始出現。如《元代劍俠》、《大鬧杏花村》、《大破招雄樓》、《五劍怪俠》、《乾隆君遊江南》、《五劍大破蓮花觀》、《穿金寶扇》、《荒江女俠》、《江湖劍俠傳》、《朱家樓》、《火燒紅蓮寺》、《張勇打擂》、《義俠乾坤印》、《小五義——銅網陣》、《符俠奇案》等。

　　以東華皮戲團的劍俠戲而言，最晚在 1930 年代左右，即以完整出現，而發展出連本的形式，不再只有單篇形式的劇本。皮影戲的劍俠戲出現，其反

應皮影戲劇本內容形式的轉變，不在只是侷限在傳統的老爺冊，或者由中國潮州皮戲系統所傳來的舊有劇本。其二就是皮影戲的表演層次，開始走向劍俠風。若有劍俠戲的誕生，代表觀眾欣賞皮影戲傳統劇本品味的改變。張德成 1947 年的《演戲紀錄寫帳》，在 1947 年 2 月 9 日，於橋頭鄉六班長演出《乾隆君遊江南》，1948 年 1 月 2 日，位於屏東縣林子邊演出《八竅珠》等。若具有觀眾的喜好程度，所呈現的就是劍俠戲有一定的劍俠迷。在劍俠戲觀眾的喜好下，進而繼續延伸到戰後的皮影戲劇本編寫。如，1962 年 7 月 13 日，東華位於高雄縣茄萣鄉茄萣戲院演出，提到：

> 又第一天有白沙崙人來 4 名流氓在戲院收票口起事打茄萣人，實在
> 很杲頭採（彩），又隔日，本人出去路面聽觀眾説要七子十三生，又
> 有很多人嫌口白呆。假使入演要準備武俠戲衣。〔註 1〕

《七子十三生》在東華的劇本爲《打南昌非非陣（又名：七劍十三俠）》，共有兩種不同的版本。

「東華」的《七劍十三俠》與小說相同，內容大概是以講述明武宗年間，寧王朱宸濠叛亂一事爲背景架構，七劍十三俠如何鏟奸除惡，助明武宗平定宸濠之亂的歷史俠義小說。其中七劍十三生與妖道鬥法，場面刺激、變化萬千、描述生動。此表達茄萣地區的觀眾，喜愛觀看皮影戲的《七劍十三俠》劍俠劇情。就另一面，表示東華早期可能於茄萣地區演出過《七劍十三俠》的劇目，劇場觀眾才會要求劇團是否能演出有關《七劍十三俠》的劇情。〔註 2〕

〔註 1〕《東華皮戲團各地上演紀錄表》，頁 283。

〔註 2〕石光生在〈論張德成皮影戲「內臺演戲記錄」（1952～1967）反映的臺灣內臺戲劇場文化〉一文中，提到：「《七子十三生》是布袋戲著名的劇本，茄萣觀眾顯然較喜歡看布袋戲的劇目。…」但石光生的説法，可能存有疑義。張德成所記載茄萣觀眾喜愛看《七子十三生》應當是指本身皮戲的劇本而言。若劇團本身沒有該劇本的編寫，又爲何要準備武俠戲衣入演？顯然「東華」已有該劇本的產生。茄萣觀眾喜愛看《七子十三生》，雖然是以布袋戲對劇本的稱呼，但並不一定是指「布袋戲」的劇本而論。以《七子十三生》的劇名，或許是觀眾受到布袋戲的影響，但「東華」張德成外出調查演出的動態，是立於本身皮影戲劇團表演動向，是用類似「民調」和自我觀察的方式，當然是以本身劇種和本身劇團調查出的結果。再者，日治時期，皮影戲的「劍俠戲」早已產生，且已有演出的事實。所以本紀錄茄萣地區的觀眾，喜愛看《七子十三生》，應當指的是皮影戲劇本《七劍十三俠》，而非是布袋戲的《七子十三生》。不過就另一方面，布袋戲的《七子十三生》劇本，可能影響到讓茄萣觀眾對於劇名的説法。

紀錄劇中所要準備的武俠戲衣，更表示皮影戲的戲偶，已具有一定能夠表演武俠劇情動作的戲偶。透過該段張德成的紀載，明白 1962 年的茄萣地區，一般民間的酬神戲觀眾，喜愛觀看具有劍俠劇情的劇本內容，進而影響到商業劇場的演出。呈現當時劍俠戲具有一定的觀眾，這股「劍俠戲」在 1960 年代，仍有「劍俠戲」的流行，如張德成在酬神戲時，仍有受指定演出《義俠乾坤印》、《武林劍俠》的「劍俠劇」。再者，由稍早前 1948 年農曆二月初三日，張叫在大樹鄉龍目井蔡家公戲，演出劍俠戲《非非陣（七劍十三俠）》，而 1952 年張叫的《日戲》演出記錄摘要，書寫《崑崙七俠》、《朱鳳武》等「劍俠戲」劇本的「去冊（小說、劇本的出借）」，其表達了與民間說書人等的交流、取材的狀態，另一方面亦可知，戰後酬神戲演出的皮影戲觀眾；或者說書的藝術等，依然盛行或流行著「劍俠」形式的戲齣與內容。而這股流「劍俠戲」的表演文化，影響到戰後的商業劇場劇本的選擇與演出。

東華進入商業劇場演出，是選擇「劍俠戲」為主。據文獻資料顯示，東華進入商業劇場共有以三齣「劍俠戲」，為商業劇場的演出題材，即為：《八寶樓》、《荒江劍俠》、《荒山女俠》。1952 年後，東華開始在嘉義市文化路文化戲院、嘉義縣朴子榮昌戲院、臺北市眾樂園戲院等處，演出劍俠戲的《八寶樓》。以其張德成《東華皮戲團各地上演紀錄表》的紀錄，內中的紀載演出成績為超、中。顯示劍俠戲的演出，在演出成績上並不差。

東華進入商業劇場初期，亦開始以劍俠戲，做為演出的號召。當年所留下的文獻資料顯示，進入商業劇場共有《八寶樓》、《荒山劍俠》、《荒山女俠》這三齣。商業劇場皮影戲的劍俠戲，是以一種延伸先前的民間劍俠劇文化與布袋戲的相互影響下，進而開始以劍俠系列的劇本，作為商業劇場的演出本。不過，由於《荒山劍俠》、《荒山女俠》這二齣戲，相較《八寶樓》而言演出偏少，故本章節以《八寶樓》為分析對象，以下，將透過《八寶樓》劇本的內容編寫，分析其「劍俠」劇本的特性。

演出的天數而言，皮影戲商業劇場多為 5～10 日的天數。劇本的的編排上，也僅可能已連本的形式，作為演出本。可是若以天數而定，如：《張勇打擂》、《穿金寶扇》、《朱家樓》等，這些劇本都具有連本的形式。為何會選以這三本，做為演出？所選擇的劇本有何不同其他「劍俠類」的劇本？這三本劇本有何能引起消費大眾的興趣？則為本章節所探討的對象，透過這三種戲齣的分析與比較，論述商業劇場「劍俠戲」劇本的特質，及其所要呈現給消費大眾的特色。

第一節　八寶樓

　　《八寶樓》的劇本，是為東華皮戲團戰後商業劇場演出初期（1952～1958）的「劍俠戲」劇本之一。編寫者為東華張叫。劇本的共分兩大戲齣，第一齣為《八寶樓》；第二齣為《鐵頭僧》，《鐵頭僧》則是張叫，根據民國三年（1914）民間的通俗小說畫本所編寫而來。第二齣雖和第一齣不同，但仍屬於「劍俠戲」的一環。《鐵頭僧》和《八寶樓》兩齣戲所敘述情節各不相同，但共合寫於同一劇本，屬於皮影戲劇本的「劍俠戲」劇本之一。東華皮戲團的劇本有一個異於其他皮影戲團，所寫作完成的劇本。就是劇本封面的特殊的製作，其就是會以牛皮製作成封面，《八寶樓》的封面編撰未署年代。但據內容寫作紙張，亦有張叫於大正四年設計三奶壇民宅冊頁匾的繪製草稿圖。〔註3〕據約略推算，《八寶樓》、《鐵頭僧》劇本的編撰，約是完成於大正四年（1915）後至大正九（1920）年前後之間。然在透過劇本內頁張叫以紅、藍色蠟筆並手繪印章落款記載：

　　　　「順手發達，昭和十九年四月一日起墾丁開演〔註4〕」

　　由該劇本的內頁紀錄來看，該劇最遲於日治昭和十九年（1944）之前，已編寫完成，而且已經開始對外演出。由該寫文字敘述，吾人可以發現幾項事實，其一；該劇本有經過日人的審核通過，方可演出。代表日人並無禁止該劇「劍俠戲」的劇本情節。而1944年為二戰的末期，也是日本實行皇民化尤甚的時期，東華雖能公開上演，但在戰時體制下，東華的演出仍有受到影響，所以才會有開演二字的書寫。在日治時，雖經過日人評審合格，能公開演出。但在戰時體制，戲劇演出因戰爭有所限制。表示先前在戰時體制之下，所受到的影響，才會寫道「順手發達、墾丁開演」等字句；另外，也顯示日治末期，昭和十九年時，以此劇本曾於屏東墾丁地方演出。依劇本內容的臺數記錄，演出長度可為十臺，表示可以演出長達10日左右，也代表因有演出過長達十日以上，才有臺數的紀載。劇本除表紙136張共272頁。故事發生背景為大明嘉靖年間，奸相張麗華建有八寶樓一座，內含藏機關陷阱。後來朝中奸臣張麗華有意謀反，篡奪大明江山。並以八寶樓為根據點，集結眾妖

〔註3〕　由於早期的臺灣民生物資困乏，時常可見書寫過紙張的再利用。如用報紙、廣告宣傳單等，黏貼修補劇本、或已紙張背部空白處再次書寫。雖經過不同紙張的拼貼，在年代久遠下，亦顯劇本的質樸之美。

〔註4〕　詳見《八寶樓：鐵頭僧》劇本，筆者自分頁數，頁224。

邪魔於其中。奸臣張麗華的道友，爲助張麗華登基大業，在設置出「八卦山機關樓」、「九尾火龍陣」，助其篡奪江山。後曾非明受到師尊徐陳甲之命，下山破八寶樓。並須替天行道、保衛大明江山，需集結十三名義俠之士，一齊攻破八寶樓，爲民除害並前往安南國。劇本的內容書寫，大致爲提綱式的書寫。只寫明劇中人物的出場，遭遇事件、以及簡短的說明文詞。提綱式的書寫，主要是紀錄劇情的走向，讓演師依照此劇情演出。而提綱式書寫的簡短，除有劇作者本身的習慣以外，演師亦可臨場發揮劇中人物的自由對話。只要人物對話合乎劇情概要和走向，演師則可臨場發揮人物間的對白與動作。該劇主要的訴求，是講求過去俠義、列客的精神，並在劇中展現多種俠客所具有的各種武功。《八寶樓》劇本的情節內容編寫，具有刀劍的鬥法、俠客的飛簷走壁的功夫，還有存在一種禮教之外的忠義精神。講求的是江湖中人的義氣相挺、傳統中國的俠的精神，具一展現在劇本內。而劇本的演出訴求，講求一種劍俠的建功，還有滿臺眞火的視覺刺激的緊張場面。

圖 20：1958 年印製於戲單中《八寶連環樓》戲齣的劇情插圖。以十三俠義之士，做爲吸引觀眾的圖樣。由右邊人物，爲主角曾非明。（東華皮戲團提供）

　　本劇的開頭爲曾非明學藝下山，因其父親曾山望先前帶丁攻打韃靼國，被奸相陷害死在八寶樓，曾非明受到師尊的交代，下山尋找十二名的俠義之士，一起聯手攻打「八寶樓」，爲民除害並且幫助大明平定安南國（見圖 20）。《八寶樓》主要情節是圍繞著奸臣張麗華排設的八寶樓，所衍伸出一連串的情節。以「八寶樓」做爲整本劇本主旨的主線，第二條主線爲八卦山的機關樓。因眾英雄協議攻打「八寶樓」，由此再延伸出旁線，但旁線都與八寶樓有

關，最後的目標都以攻破八寶樓為主。八寶樓是朝中大臣張麗華用來招募兵馬、謀反、陷人致命的一座機關甚多的樓房。劇首開始先開門見山的以曾非明受師父之命下山，向觀眾交代整齣劇的主軸。從曾非明找尋十二名俠義之士開始，在這十三名俠士之中，各安排出每個俠士所遭遇到的困難，在這些困難的遭遇同時，串起每個俠士的際遇、職責和如何的被曾非明所尋找到的過程。借重這些際遇與過程，讓每個俠士明白自我安有替天行道的使命，必須共同齊心的剿滅「八寶樓」，維護朝中的綱紀。當然惡方在眾英雄的攻擊下，越請法力越高的妖魔出現，以抵禦曾非明的攻打。既是以「八寶樓」為主軸，為了渲染出八寶樓的機關陷阱、神秘高深，必須構置出八寶樓的獨特之處。

　　八寶樓的劇本內容，主要還是以「八寶樓」為一個主體，從為破「八寶樓」的機關，衍伸出俠義之士，如何共同用計，想方設法的破除八寶樓內的機關要件，再從這些俠義之士，為找尋破除「八寶樓」的機關圖，再添加諸多劇情，例如八卦山九龍陣，必須以陣破陣。但其都圍繞著如何攻破「八寶樓」為主。如吾人從《八寶樓》劇本，仔細區分，其可發現《八寶樓》劇本內容的編寫，可以細分出幾方向情節的融入。

第二節　兒女私情的特點

　　中國古典小說的書寫內容劃分，可分有不同的類別。如言情小說以男歡女愛的「愛情」為主、歷史小說以歷史時代的歷史為主、公案小說，則是以清官斷案、為民伸冤為主軸。言情小說大體是敘述以愛情為主體故事的小說，通過男女的愛情故事，表達男女情愛的愛情觀。言情容易牽動人的情緒，言情部分的書寫，有助描述出劇中人物的兒女情長，和身處在大時代下，不得不的男女別離的無奈與無助感。在《八寶樓》的劇本內容，不乏出現男女情愛的書寫。如，曾非明解救白玉蘭，打死縣官之子戴吉，縣官戴明時與曾非明相談甚歡，深明大義不責怪曾非明打死兒子戴吉之事，曾非明拜戴明時為義父。戴明時並作媒將白玉蘭許配給曾非明為妻子。可是曾非明因有重責大任在身，只得與妻子白玉蘭別離，等日後掃除八寶樓和評定安南國，才能與妻子團圓。

　　金飛雲、艮祭殿二女下山打劫，陳進忠、李子丕遇到女山賊，二人大戰金飛雲、艮祭殿，被金飛雲、艮祭殿所抓，陳進忠、李子丕二人被擒入飛風

山，金飛雲、艮祭殿得知陳進忠、李子丕家中亦是被奸相所害，與自己遭遇
相同，燃起同情之心，便與陳進忠、李子丕雙方互許終身，拜堂成親，結爲
連理。後來李子丕、陳進忠二人與妻子，共同幫助曾非明找尋八寶圖與攻打
八寶樓。而這李子丕與金飛雲等結成連理，又雷同「樊梨花與薛丁山」的劇
情，演師將其寫進「八寶樓」的劇目中。言情的書寫，在劇中佔據出現的不
多。最主要是緩和劇情之所需，與銜接劇情的需要所編寫。如同金飛雲姊妹
落草爲寇，並與陳進忠二人，打鬥中結識，進而成爲夫妻。之後夫唱婦隨共
同幫助曾非明攻打八寶樓男女愛情的編寫，有助描繪出一種劇中人物，身負
責任的趨向。

第三節　公案與神怪情節的特點

公案小說是中國古代小說的一種，主要描寫清官斷案的故事。公案小說
相當多，依目前較廣爲人知的有《包公案》、《彭公案》、《劉公案》、《施公案》
等。而四種公案小說，在皮影戲的劇本上，皆有以這四種小說所編寫而出的
劇本。而且時代相當早，可見「公案」劇對於庶民的吸引度。公案因其是描
寫官員斷案、判案的過程，所以只要是以斷案爲主軸，都可算是公案小說的
類別。在古時政治皇權官場的體制下，公案小說清官斷案、爲民伸冤的內容，
可以緩解庶民大眾所遭受法令不彰的黑暗面。《八寶樓》的劇本，雖是以俠士
攻打八寶樓爲主，其中仍不免編排縣官斷案的場面和情節，藉由縣官的斷案，
破出與八寶樓相關的事件。如先前提到的楊瓔利用陰堂，審問潘明全，威逼
潘明全交出八寶圖。後則亦有編出奸縣官王人分升堂，審問李方要查出曾非
明下落、王炳忠將軍斷案審查安南國的奸細、澤雲寺採花淫僧監同，外號烏
（蝴）蝶。前日經過劉家鎮看見劉國方之女劉月英，長得十分標緻。心起淫
心強迫劉國方女兒下嫁，劉月英不肯，被淫僧監同所殺死，並在劉月英身上
插上一支烏蝶鏢，寫上監同烏蝶後離開。劉國方看見大哭，前到楊瓔按君的
行臺控告。楊瓔升堂，得知劉國方控告因由，命令樂天飛、曾非明二人暗訪
飛賊的行蹤。曾、樂二人暗訪到杏花庵，入庵禮佛打聽消息等。

公案的編寫，雖是有劇情上的連結需要，公案審問的情節，有助釐清和
交代後續劇情的一種發展。不過，公案情節的帶入，與皮影戲的公案劇本傳
承，有密切關聯。單以公案情節的劇本，在皮影戲中相當常見，如清光緒七
年的《包公案——五鼠鬧東京》、大正四年的《施桂芳》等，公案劇都是以破

案和斷案為主線，有公案劇本情節的存在，藝師自然對公案劇的內容，就會有一定的熟悉度，將其公案的劇情融入八寶樓，添增劇情的懸疑性，也就成為藝師編寫情節同時的一種取材的對象。

神怪情節大致上是圍繞在神、鬼、妖魔等為主題。透過神怪的鬥法或者顯靈解圍，渲染劇情的緊張和神秘性，並交代情節的後續發展。中國戲劇的表現，不乏常有神怪鬥法或神仙下凡解救劇中主人翁的事件產生，如元雜劇的《竇娥冤》的竇娥顯靈、京劇《托兆碰碑》中的「七郎顯魂」、《奇冤報》的劉世昌顯靈等，皆有神怪的情節。傳統戲劇有不少糟粕窠臼在內，如迷信玄學、因果報應等思想，把主人翁的命運糾結歸納到命中注定的範疇，或神仙妖魔鬥爭，各顯神通的場面，皮影戲亦是。皮影戲的劇本，「神怪」劇本相當多，如《封神榜》、《西遊記》、《東遊記》、《南遊記》、《下南唐》、《鄭三寶下西洋》、《濟公傳》等，都是具有神怪思想的劇本。將神怪玄學的思想，安排進劇中的情節，也就不難見到。如，徐丹甲到人下山助曾非明，化一道清風將陳進忠之子，陳八高渡上靈山修行，留下紙條書言：「從風化吉、日後團圓」。徐陳甲的解危，為之後陳進忠之子學藝下山，解救父親留下伏筆。

《八寶樓》雖然是以「劍俠」戲劇藝術的表現為出發點，內容仍不乏具有諸多演師的創作於內，除劇本的「主腦」外，需有不同的情節連接，這些不同情節的聯繫，就是演師的自我「創作」，透過演師本身的學識涵養和閱讀不同種類的章回小說知識，做一種相互的連結，而構成互有關連的劇情。

第四節　演出特點

《八寶樓》是為一座機關樓，為了營造八寶樓的機關玄妙之處，演師在編寫時，花了相當的篇幅，在具體呈現八寶樓機關的奇特上。除有八寶樓以外，毛太虎排設的八卦山三關二十四要塞機關。在再的就是要突顯劍俠，破機關的奇特場面。機關內有虎頭關、千斤樑、鐵板關、刀劍山、五行關等。這些關卡機關的描述，是在呈現機關樓的機關厲害之處。透過機關的具體呈現，表演劇中人物飛簷走壁的武功和計謀。既為「劍俠戲」，然就少不了劍俠戲劇演出，所應具有的打鬥場面。戲劇的表演是一種畫面的呈現。如何將這些對於機關、劍光刀影、飛山走石的文字和創作，以具體呈現成為視覺表演？則為劇團對搬演劍俠劇情的獨特手法。每一觀眾對於「劍俠」戲劇的內容概

念，或多由傳統書籍所賦予節義觀念、或從口耳的相傳中，了解「劍俠」戲劇的表演文化，存有對「劍俠」戲劇的一種文化想像空間。當演師在將「劍俠」的內容，轉換視覺畫面，如：八寶樓內的萬刀臺、十二生肖鐵動物的口銜萬刀、千斤樑、虎頭關、萬箭臺等，構成一幅機關甚多的景象，符合觀眾對於劍俠劇中機關的想像。演師如何將這些機關甚多、寶刀飛劍、劍光的厲害，在視覺畫面的表演中，呈現出這些劍光刀影的氛圍，或許就是在於演師獨特的表現手法。再者，劍俠劇中，不乏有人物武功、武術的展現，演師在操作這些影偶技術上，如何模仿練拳的維妙維肖、飛簷走壁騰空的動作，就為演師自我的藝術經驗與操偶技巧。而從這些動作、場景的逼真，也就為吸引觀眾目光的所在。

　　「劍俠」〔註5〕受到唐宋小說、話本的影響與明清之後，開始銳變成文學的寫作。而劍俠小說的說寫，不乏出現相當多的虛幻成分，而這些虛幻程度，往往反應在讀者或者庶民，對於劍俠文化的想像。上述的三本「劍俠戲」劇本，多半是劍光、飛劍、飛刀充斥、劍俠武功的高強、陣勢機關樓的神祕等，這些多具有虛幻和編撰者自我的創作想法。《八寶連環樓》圍繞在邪惡勢力巢穴，透過總總的機關陷阱，讓劍俠義士喪命於其中。借重機關重重的陷阱，製造視覺場面的神祕效果、劍俠如何去攻破機關樓的懸疑性。訴諸奸臣當道，素有謀反之心，在朝中忠臣的陳奏之下，引發奸臣陷害忠良，這些忠良朝臣的後代，為了替父報仇、為國社稷、百姓的安寧，挺身而出和替國家平定叛亂。最後；仍是正方剷除惡方，回山休息武藝。這三本商業劇場演出的劍俠戲，雖劇情走向和主軸，略有不同，但劇中不乏有機關、劍俠武藝、陣圖的展現，這些視覺劍光的目眩神移，也成為「劍俠戲」表演的一種特殊呈現方式。

　　戰後初期皮戲的商業劇場劍俠戲演出，一方面是延伸先前外臺酬神戲文化，另一面反應了在戰後的商業劇場，劍俠戲的演出，仍然具有一定的市場。初期以劍俠戲的劇情演出，仍有吸引觀眾的目光。《穿金寶扇》、《張勇打擂》、《朱家樓》等，都具有連本特徵，劇中的機關樓、劍光、人物的武藝等，勾勒出觀眾對於劍俠戲表演的文化想像。

　　劍俠戲劍光展現視覺的刺激，從如何功破機關樓、陣勢，將觀眾帶入劇情的懸疑和緊張性。而這些劍俠武藝的高超、肖真的武藝、武功表現、機關

〔註5〕蔡翔，1993，《俠與義：武俠小說與中國文化》，中國：北京十月文藝，頁21〜39。

樓的神秘色彩，考驗著劇團演師，如何去詮釋出劍俠劇本演出的特性。不過，若以商業劇場布袋戲的劍俠戲與皮影戲的劍俠劇本相互比較，布袋戲在走入商業劇場後，在傳統劍俠的核心上衍伸出更多的戲齣。並在劍俠戲的基礎上，逐步發展出金剛戲，由劍俠戲到金剛戲更象徵著一個時期的變化。可是皮影戲的劍俠戲，無如布袋戲一樣，有發展出金剛戲的階段。皮影戲的劍俠戲演出或編寫，還是以劍俠、武俠小說為主。從 1961 年、1966 年東華張德成演出的酬神外臺戲時，所寫作的劍俠戲《四鵬嶺烏龍崖》、《西河連環塔》、《武林劍俠》，可以看出皮影戲依然是以自行創作或劍俠小說為基礎，或許皮影戲劍俠戲發展與布袋戲的劍俠戲，開始產生不同的形式，皮影戲仍保留下取材劍俠小說的傳統，或者再從劍俠小說、劍俠劇特質，汲取劍俠戲的一種表演特點。

　　劍俠戲雖然有其表現的特色，但藉由《東華皮戲團各地上演紀錄表》，「劍俠戲」的比例反而偏少。只有 1952 年 9 月～11 月、1958 年 5 月這二年演出。比起其他的劇本，如，《濟公傳》、《北交趾》、《西遊記》等，劍俠戲的演出場次卻不多。為何一個能夠展現場面緊張、情節刺激、視覺效果豐富的劍俠劇情，皮影戲反而不常以此，在商業劇場內演出？再者，如果從張德成所記載演出成績，初期以「劍俠戲」演出，亦能吸引消費觀眾的欣賞，可為何之後不再以「劍俠戲」內容做為繼續的演出本？反而開始轉向以章回小說或自我改編創作的劇本為主？這相當有趣。筆者認為，若藉由戰後初期，臺灣布袋戲商業劇場的演出劇目來看，當時布袋戲的演出多是劍俠的劇本為主，東華的商業劇場演出，或許一開始仍和布袋戲一樣，帶入劍俠的劇情，可是之後卻逐漸轉向與布袋戲劇碼表演的不同趨勢。轉而以章回小說、自行創作的劇本為主要的演出核心。

　　以另一個角度而言，當商業劇場布袋戲的劍俠戲，逐步轉向以金剛戲為主軸的創作同時，皮影戲則將劇本型態，發展轉往自章回小說所建構出的劇情，發展以章回小說為題材的不同創作空間。而商業劇場皮影戲的劍俠戲表演，在發展面不同之下，又再次轉回歸到傳統的外臺酬神表演，商業劇場的皮戲戲逐以章回小說、自行創作的劇本為主要的演出。可是相當有趣的是，皮戲的劍俠戲演出，在被章回小說的劇本取代後，當同時期商業劇場的布袋戲，在以劍俠戲的基礎，逐漸發展出金剛戲後，東華也開始嘗試轉往金剛戲的發展。劍俠戲又開始回歸到商業劇場的演出，也嗅到了劇本的流行文化。

但相當可惜的是，當布袋戲的排戲大師吳天來，與張德成討論好編排的金剛戲後，東華欲開始轉往發展金剛戲之時，已經是商業劇場的末期了，未等至發展成皮影戲的金剛戲時，「東華」已經退出商業劇場了。1968 年後，「東華」的戲院場次，幾乎都被戲院單方給臨時終止，而張德成 1966 年記錄與布袋戲的排戲大師吳天來，所編排討論而出的皮影戲金剛戲劇本，也無緣再進商業劇場演出。

第五章　神魔劇

　　臺灣的皮影戲傳承來自中國的潮州影戲，題材不乏有取材自中國的「明清傳奇」劇本，如：《蔡伯皆》（劇本封面爲《蔡伯皆》，但書側面則爲《上表辭官》）、《高顏眞》、《高良德》、《高文峰》、《白鸞歌》、《董榮卑》、《李盛祖》等。這些傳奇的劇本，口語上亦爲老爺冊。但在章回小說文學面向的影響之下，皮影戲的劇本題材書寫，亦開始延伸進入古典的章回小說，藝人亦會根據小說內容，加以改變及劇種本身的表演特性加以挑選。

　　1945 年戰後，東華開始著手進入商業劇場的體系。以 1952 年 9 月《東華皮戲團各地上演紀錄表》的紀載，進入戲院後，先以日戲《八寶樓》、夜戲《西遊記》這二齣劇目演出，隨後於同年 10 月，改換日戲《郭子儀》，夜戲則同《西遊記》戲碼，同年 11 月，日戲再以《八寶樓》、《封神榜》演出，夜戲則同爲《西遊記》。同年 12 月，到 1952 年 6 月間，以《八寶樓》、《郭子儀》、《西遊記》、《封神榜》四劇目互相於不同商業劇場演出。依照張德成所記載，最先進入商業劇場演出的劇本爲《西遊記》和《封神榜》。而 1952 年後，出現了以「劍俠」爲主軸的《八寶樓》、《荒江劍俠》、《荒江女俠》等劇，隨後則開始以《西遊記》、《郭子儀》、《封神榜》、《薛仁貴征西》、《金水橋》等劇本，做爲演出。後來在 1954 年後，《濟公傳》、《西遊記》變成固定的劇碼。直到 1956 年《北交趾》、《世外奇聞》編寫成書後，《西遊記》則被《北交趾》和《世外奇聞》取代。那麼；這段時間的劇場演出，又有《郭子儀》、《封神榜》、《薛仁貴征西》、《金水橋》、《石平貴》這幾劇本，但若由演出的次數相比，這幾齣戲的演出次數，明顯偏少，與《西遊記》、《濟公傳》、《世外奇聞》等，差距甚多。可知當時的皮戲商業劇場演出的觀眾喜好文化。本章節僅以

《西遊記》、《濟公傳》二齣，做為皮戲戲院的劇本分析。這兩齣戲透露出何種呈藝文化？這二本劇本，又有何種劇本特質？以下將根據這二的劇本內容，分析其劇本的特色。

第一節　西遊記

《西遊記》中國著名的古典章回小說，與《三國演義》、《水滸傳》、《紅樓夢》，合稱為中國的四大名著之一。《西遊記》的故事，取自唐代玄奘，前往取經回國後，其門人所撰寫的《大唐西域記》一書。在明代文人筆下，編寫成《西遊記》，其章回小說中，蘊含了士大夫筆下的豐沛文學性，以及一種奇幻的文學想像，[註1] 為中國的一部神魔小說。

《西遊記》內中講述唐三藏師徒四人西天取經的故事，以其孫悟空、唐僧、豬八戒、沙僧等四人為主，如何師徒四人如何刻苦耐勞、不畏艱難的跋涉崎嶇，歷經九九八十一的劫難，前到西方天竺國取經而回（見圖 21）。《西遊記》之所以歷久不衰，在於它的文學性和其中的故事、場景編寫、人物性格細緻刻畫，以及所蘊含的思想，深受後世所推崇。另一方面，《西遊記》小說的通俗性，逐漸成為家喻戶曉的神話故事。《西遊記》小說問世後，在民間說書等的流傳、散播下，《西遊記》開始廣被傳統戲曲所吸收，都可以看到以《西遊記》為主題的戲劇演出。由此，可見《西遊記》章回小說的出現，它的文學性、通俗、人物性格的刻劃、情節的綿密，所帶給戲曲的影響。

為何《西遊記》能由 1949 年到 1959 年《萬劫北交趾》劇本演出前，近十年的時間，在商業劇場演出長達 136 次？臺灣皮影戲的《西遊記》劇本相當多，現今臺灣每個皮影戲劇團，無論是全本連臺的劇本，或者是單一的折子戲，都有《西遊記》劇本的抄寫。臺灣皮戲，有明治三十六年（1903 年）《西遊記》的《陳光蕊》劇本書寫，大正十年，《陳光蕊》等。不過，在時代的演變之下，發展了皮影戲《西遊記》的全面抄寫。而後，民間藝師開始將劇本寫作的發展面下，做不同的延展。《西遊記》小說在皮影戲長時間於民間演出的演變下，逐漸撰寫出全本的劇本形式。而以劇本的表演面，《西遊記》劇本的表演，雖然故事只是單以說明三藏取經前往天竺國取經的過程，可劇中的操偶、曲牌、後場音樂等的運用，都含括於內。

〔註 1〕劉宜達，2013，《《西遊記》奇幻敘事研究》，靜宜大學中國文學系碩士論文，頁 17～55。

圖 21：1966 年，雕製改良的《西遊記》三藏取經影偶人物照片。（東華皮戲團提供）

一、商業劇場的西遊記

　　在外臺酬神戲的演出觀察，演師開始嘗試將《西遊記》的劇本，帶入商業劇場的體系。如 1949 年 8 月 25 日，張德成前往宜蘭蘇澳的戲院演出，安排的劇目即是《封神榜》和《西遊記》。由此，可見初期商業劇場，演師將外臺酬神戲的劇本，帶往劇場演出的現象。當然若以此觀點而論，或許立論點稍嫌不足。因為如果以《西遊記》劇本的發展面而論，與《西遊記》同時發展的劇本，如《施公案》、《彭公案》等公案小說的劇本，前後時間差不多，都是同時間的發展，為何演師沒有選擇其他的劇本？而選擇《西遊記》？筆者以為，或許就在於《西遊記》的它的通俗性，以及劇場的演出性質有密切關聯。在通俗與性質上的關係，劇團選以《西遊記》做為戲院演出的試金石，在戲院觀眾的迴響下，持續演出。《西遊記》也成為商業劇場 1949～1959 年之間，以章回小說為底本編寫，演出最為頻繁的劇本之一。皮影戲的商業劇場，若以演出的年代先後，是先有外臺的酬神戲之後，在日人引進了新興的劇場設施和劇場體系，傳統戲曲才進入劇場演出。

　　皮影戲在中國傳入臺灣後，亦是先於民間的酬神演出，後來在日人新興的劇場設施建築後，在環境、文化等因素之下，才轉往入商業劇場。而入戲

院的劇本，往往是延續先前舊有的酬神戲演出劇本，或在演出的環境文化因素下，固定劇本或者改變舊有的劇本，以新編或重編的方式，再延伸出不同的劇本類型。商業劇場《西遊記》劇本的演出相當早，若由文獻紀錄，1949年就有演出，表示已外臺酬神的演出劇碼，做為商業劇場的演出劇本。戲偶依舊使用先前的家傳影偶，但隨著商業劇場演出文化的改變，《西遊記》的演出，也被略為調整。例如，1959年5月10日，東華位於臺東縣埤南鄉知本戲院演出完後，《西遊記》則鮮少演出。為何會減少演出？其因乃是1956年後，東華的《萬劫北交趾》劇本，已經編寫成書，雖未完全編寫完畢，但已能夠上演，與《萬劫北交趾》差不多時間完成的《世外奇聞》，也已成書，所以1958年後，《西遊記》劇本已減少演出的次數。另一點則是 1956 年的商業劇場，可能在演出的文化上，開始改變，演師嘗試以不同的創作劇本為演出。但有時演師仍會觀察劇場的演出環境，做劇本的更動。

一般而言，若是檔期充足，有 5 日以上的檔期，則劇團會開始由孫悟空〈大鬧天宮〉（見圖 22）開始，〈大鬧天宮〉的劇情，相信目前的大眾都耳熟能詳，由「靈石」收集天地靈氣變化成猴，菩提祖師仙人點化，受七十二變之術。於水濂洞花果山為王。後來孫悟空自立齊天大聖，受天庭冊封弼馬溫之職，因為官職卑微，孫大聖盛怒，大鬧天宮引起紛爭，被佛祖壓在五指行山等玄奘前來。再接續〈陳光蕊〉、〈三藏出世〉、〈白龍馬〉、〈收悟空〉、〈收八戒〉、〈收沙僧〉等，在三藏收服了三位徒弟後，則開始《西遊記》劇中收妖怪的情節。若檔期只有 5 日，在此情形下，則會直接從三藏師徒四人收妖怪開始，劇情約有〈金角銀角〉、〈獨角青牛〉、〈盤絲洞〉、〈六耳猴〉等。劇本單元的多寡，依照演出場次時間而定。因劇場演出的性質，是以觀眾消費為主。為吸引觀眾目光，通常劇團會選擇《西遊記》中較為緊張刺激的部分，做為演出的單元，正因如此；有時劇場中的單元，並不會照小說的劇情編寫順序，而是有跳躍式的銜接。

東華的《西遊記》劇本，以檔期天數和 150 分鐘的時間而定，2 個半小時之間，單元數量的多寡是依照劇情而定，可以演出一個完整的單元和一個半的單元，且可以連續演出長達十日以上，但在商業劇場演出的檔期、觀眾喜好等，緣故之下，《西遊記》單元，並不會與小說的順序一樣，而是會跳躍式的演出，一個單元接一個單元的演出。而演師也會斟酌演出狀況，裁刪單元。《西遊記》的演出，講究的是一種目眩神移的演出「變化」為主要特色。而

這種視覺變化的呈現手法，如何去變出讓觀眾目眩的視覺震撼感？或許是劇團的風格。

圖 22：1948 年張德成自繪《西遊記》——〈悟空打倒八卦爐〉的戲院廣告看板草圖。（東華皮戲團提供）

二、演出分析

　　商業劇場的演出，《西遊記》有多少劇情單元？由於缺少劇情單元演出的記載，只有一段 1966 年 11 月 9 日，東華位於臺南縣麻豆鎮麻豆戲院演出，有寫錄劇情的演出。但其他劇情的紀錄，則較為缺乏。但透過東華當時所留下的廣告戲單和相關的文獻資料，仍然可以解讀出，當時《西遊記》劇本的劇目演出。《西遊記》演出，依照目前的戲單資料顯示，共有二十本戲。但每個劇場演出的實際情況不同，則會有不同的劇情單元出現。單元多寡，則是依照商業劇場檔期而定，檔期多則《西遊記》的單元相對演出就多；反之，則演出單元較少。然依照現存的戲院廣告戲單資料，相互拼湊之下，「戲單」的

紀錄，可知劇場約略有這二十個單元的演出。戲單中所書寫的「本」，並不是一個完整劇本之意思，指的是一個單元、段。《西遊記》二十個單元，並沒有寫出齣題，不過由戲單中的內容書寫，大致上可以看出所演出的內容。其首本由〈大鬧天宮〉開始，續接三藏〈收白龍馬〉，〈五指山救出孫悟空〉，再來為〈雲棧洞收八戒〉，後是〈黃風嶺收黃風怪〉、〈流沙河伏沙僧〉、〈孫悟空收伏白骨夫人〉、〈血戰黃袍郎〉、〈收金角銀角妖怪〉、〈火雲洞收紅孩兒〉、〈獨角青牛〉、〈六耳猴〉、〈三借芭蕉扇〉、〈金光寺九頭蟲〉、〈荊棘嶺〉、〈小西天雷音寺〉、〈稀柿洞收大蟒〉、〈朱紫國〉、〈伏毛犼〉、〈百眼魔〉、〈盤絲洞〉、〈比丘國〉等諸多單元。若以這些單元和《西遊記》小說相互比較，可以明顯發現到演出刪除了相當多的情節，因演出性質和檔期等因素，《西遊記》不可能全本演出，那麼；就必須遴選重要的單元，做為劇場演出本。為何會選這些劇情的演出，其有何能吸引觀眾？值得解析。或許由「戲單」的解析，能看到演師選擇演出的劇情的特性。如同第七到九本《西遊記》（收金角銀角）：

> 孫悟空被銀角施法壓在三座連山內，金角命精細鬼，伶俐蟲二妖帶紫金紅葫蘆（蘆）並羊指玉淨瓶往收孫悟空，又命小妖將三藏，八戒沙僧三人吊上兩廊，悟空被山壓住，叫苦連天，山神土地，五方神將十分驚惶，同心協力把山打開讓悟空逃走，兩妖帶二件法寶而來，本欲攝收悟空，但被悟空發覺，變老真人將二法寶奪去，金角，銀角聞報大怒，即命爬山虎，…，金角，銀角將母接入，發覺係悟空所變，一場大戰各放神寶，空中金光鬥法，悟空金角，銀角後，李老君下凡帶金童銀童回山治罪，唐僧師徒繼續前行，又遇紅孩兒阻道，欲知詳情，請看續集八本。

《西遊記》（紅孩兒）第八本：

> 三藏悟空八戒沙僧師徒四人趕往西方，忽見前面山界四周籠罩紅光，三藏逐命悟空前去查問，唐僧師徒近前見樹頂吊著一個七歲小孩，不穿衣服，大聲呼救，三藏聞聲問徒弟三人道，因何樹頂有人呼救，悟空回說不管他甚麼因故，必是妖精變的，三藏大罵道，你這個潑猴，我明明見到一個小孩，那裡是妖精，三藏即命悟空將小孩馱回，悟空大笑，…，悟空三人不見師父，即召土地山神來問，土地說此妖係火雲洞牛魔王之子紅孩兒，…，紅孩兒手帶寶劍殺出洞外，口吐火焰燒得悟空上天無路，入地無門，…，詳情如何，請看九本。

《西遊記》（收獨角青牛）第九本：

> 金兜洞獨角大王擒三藏，八戒沙僧後，悟空回來不見師父等，速召
> 土地查問，土地報稱你師父已被獨角大王擒去了，悟空聽罷逐手執
> 金棒，打到金兜洞來，…，一言不合雙方激戰二十四回合，不分勝
> 負，獨角大王即放金光琢向悟空劈面就打，悟空金箍棒被收，轉身
> 逃走，…，帝即令李靖掛帥，哪吒，五雷下凡，大戰獨角妖王，…，
> 至李老下凡始收獨角歸位，欲知後事，且待十本分解（見圖 23）。

圖23：1966 年東華於臺南縣麻豆鎮麻豆戲院演出《西遊記》所實境拍攝，圖爲獨角青
牛出場。（東華皮戲團提供）

　　從這些故事內容記載，可以了解商業劇場每日的場次演出，《西遊記》劇
本約有一個半單元左右，而且是接連演出。在戲單中的劇情，多是選擇比較
熱鬧的場面或寶物、人物變化相當繁多的劇情。如，金角銀角單元，金角銀
角原是太上老君的金童、銀童二位童子，所祭出的寶物使孫悟空無法應付，
劇中的寶物和人物相互變化，就爲吸引觀眾的地方。從戲單所記載的單元分

析，大多內中多選擇的是以變、懸疑、寶物、鬥爭對打的刺激緊張的劇情單元為主要的選擇。因為劇場演出性質的緣故，劇情單元的選擇，會擇場面變化較為刺激的單元。而如劇本的〈試禪心〉、〈套袈裟〉、〈陳光蕊〉等單元，就幾乎刪除不演。如獨角青牛一劇，其劇中的情節相當簡單，因青牛私自下凡，抓拿三藏。隨身的寶物「金剛琢」，此原是太上老君的座騎青牛的牛鼻環，變化多端。與孫悟空和天兵神將的寶物的相互鬥法，各顯神通，而天兵神將的激鬥，更有著場面的熱鬧性，這種鬥法的場面，如與皮影戲的燈光效果配合，有不同其他劇種的視覺觀感。再如《紅孩兒》一劇，紅孩兒自幼鍛鍊三昧真火，可以燒得天羅大仙毫無招架之力，以火燒眾仙的場景為最，如何利用燈光製造出火，而燒得眾人退敗，就是演出此單元的重要「戲眼」。

　　六耳猴亦是佛祖座下的靈猴，劇情則是因天庭六耳猴因與孫悟空都為同類，孫悟空為何能往西天取經降伏妖怪，自己去為何不能？為了展現自己的武功變化，不亞於孫悟空。展開孫悟空和天宮眾神將的變化，且與孫大聖一樣，大鬧天宮和翻覆地府。劇中主要是描述講求了六耳猴與孫悟空之間的鬥智和鬥法，不乏有六耳猴顯神通，鬧天宮（見圖24）、翻地府的景象，這更是劇中所著重場景。由變化、鬥智、對打的場面，呈現皮影表現的一種特質。戲單的劇情篩選，一定有演師認為能夠在演出時，展現出劇種的呈現特質。當然戲劇的演出，必須要考慮呈現的問題，先以大鬧天宮一劇，孫悟空在偷摘仙桃後，玉帝大怒派遣楊戩，領天兵天將抓拿孫悟空歸案，孫悟空則叫喚出花果山水濂洞的小猴，領兵器與天兵神將相互對打。孫悟空與二郎神各顯飛禽走獸、奇珍異獸的相互變化，在戲劇的表現畫面上，是一種虛幻的想像。小說中描寫唐僧、孫悟空路過火焰山，因火焰山炙熱無法通行，孫悟空多方詢問下，得知必須向結拜的兄嫂芭蕉公主借取芭蕉扇，才能得將火熗滅。小說以三回的方式，敘述孫悟空前往芭蕉洞借得的芭蕉扇的過程。劇本依然是以三借芭蕉扇為主軸與小說相同，不過，孫悟空對芭蕉公主借扇過程，不重文字敘述而重演出，在描述方面就略有不同。前二次只用八頁就將借扇的過程，演出完畢。強調在第三次借扇後的過程，第三次的借扇過程，劇本則寫了長達 20 頁，敘述孫悟空與義兄牛魔王之間的對打變化。透過這些皮影戲遴選演出劇本的分析，吾人可以看到《西遊記》的單元，多半是選擇一種場面較於緊張，充滿武鬥場景、變化的場面。單元較於平順無衝突的劇情，演師則會依照檔期和演出環境等，諸多因素，進行再者能夠呈現出孫悟空七十二

變、武功高強和邪魔妖怪法力高超的橋段，從這些法力的相互鬥爭，呈現劇情的可看性。

圖24：1951年商業劇場《西遊記》〈孫悟空鬧天宮〉的廣告照片。（東華皮戲團提供）

三、視覺特色

　　《西遊記》的情節架構，簡而言之，就是唐僧一行人途中遭遇「危機」、孫悟空或神仙解圍的「轉機」、到妖怪收伏的「結局」。如何在這些情節架構下，劇本所依據小說中的「懸疑」，展現演出的特殊手法，就是劇團演出所著重的要項。由於早期的影音設備不發達，加上藝人演出又無錄影習慣，「劇本」所紀錄的內容描繪與文字敘述，就為解析劇情相當重要來源。以《西遊記》劇中的幾個單元為例。如，在〈大鬧天宮〉一劇，孫悟空前到水晶宮，東海龍王提出先天戟等寶器，皆無法讓孫悟空滿意。後來在水晶宮內看到東海龍王撐天的「定海神針鐵」，有十萬八千斤，即是金箍棒。大可以變成天柱，小可化成繡花針藏在耳內，如何大、小變化自如？或許要帶給觀眾的就是一種寶貝「奇特、奇幻」之感。而〈琵琶洞〉一單元裡，前面的故事鋪陳，都是講述和鋪陳唐僧路經途中，所遭到女人國的擒拿，蠍子精如何抓到唐僧，要與唐僧共結連理。後來孫悟空在孫悟空四處詢問探訪之下，前到天庭仙山請

出昂日星君下凡，收服蠍子精。劇情看似簡單，若深入發掘，講究的孫悟空
如何四處找尋收伏妖精的過程，過程之中因孫悟空無法得知妖精的「原相」，
「原相」製造了「懸疑」的部分，讓觀眾跟演師的劇情進入，重點則是放置
於後人物的變化。昂日星君下凡後，與孫悟空、豬八戒、沙僧等四人入洞解
救唐僧，蠍子精變出本相「毒蠍子」，昂日星君則變出公雞啼叫，將毒蠍啄死，
也是該劇演出的高潮，訴諸的是一種「變化」。再如〈百眼魔〉一劇，百眼魔
的百眼吐出金光。百眼魔如何眼睛吐出萬丈光芒的的金光場面？從張叫劇本
所繪製的百眼魔眼睛吐金光的圖畫，可以想見當年演出百眼魔，是雕製出百
隻眼睛的影偶，再配合皮影戲的燈光，展現百眼魔的百眼金光厲害之處，是
吸引觀眾目光的所在。而後，孫悟空變成穿山甲鑽入地底，這種人物變化的
過程，可以滿足劇場觀眾對劇情演出的想像空間。而這種如何「變」？又怎
樣「變」？「變」的過程中，又如何展現劇團的風格，或許就是劇團的手法。
當然除了劇本的呈現手法以外，演師如何鋪陳劇情，也是值得了解的部分。
如何鋪陳出劇情走向的內容，也是相當重要。《西遊記》的演出，除了是變、
寶物鬥法的場面以外，如何演出劇情單元的趣味性和緊張，也為演師所注重。
如〈盤絲洞〉一單元裡，七位蜘蛛精，抓走唐僧後，褪衣服入河水嬉戲。孫
悟空見狀，變成老鷹將七位蜘蛛精的衣服叼走，使得蜘蛛精因無衣服而無法
上岸。這種蜘蛛精入河洗身的場景，可以將劇情描繪的較於歡愉，而百眼魔
百眼金光的照射，讓孫悟空無法近身，劇情的緊張，亦為《西遊記》劇本演
出的一種特色。

　　《西遊記》劇本的故事演出，先不論其故事所說明的單元，或是情節演
師的潤飾是如何。吾人必須去思索，《西遊記》劇情的演出，多數的觀眾大都
能了解到故事本身的情節走向，就是三藏前往西方天竺國取經，途中遭遇相
當多的妖魔鬼怪，孫悟空一路收妖的過程。既然是在觀眾都熟知劇情的情況
下，劇團所編寫的劇本，劇情內容的添加和趣味性，雖也是吸引觀眾的目光，
但吾人以為更重要的是；在於演師搬演劇情之間對於情節、人物的詮釋手法。
言換之，一個劇本的故事內容，在觀眾都相當了解劇情的走向之下，能要演
出長達 130 餘次，就真的在於演師的對於劇本內容的表演手法。如《西遊記》
孫悟空前往「兜率宮」偷吃仙丹，被太上老君關入煉丹爐中。孫悟空因此練
成「火眼金睛」，如何由爐中逃脫出來？如何撞破煉丹爐？看似相當簡單的描
述，可是要藉由戲劇演出，讓觀眾的視覺有身如其境的感覺，或許就必須倚

賴演師本身的演出手段。再者，當三藏就出孫悟空後，孫悟空搖身將五指山震破，場面要如何引用燈光、音樂製造出石破天驚之感，讓觀眾了解視覺場面的震撼，或許劇團本身之間要如何展現，製造給消費大眾一種視覺饗宴，就是《西遊記》演出相當重要的關鍵因素。

中國章回小說的發展，在歷經宋、元兩代的長期孕育之下，元末明初開始出現了章回體小說書目。在民間的長期流傳和講史藝人的建構，逐漸發展而成。在戲曲的演出劇目上，不難發現有取材自章回小說的劇本，可見章回小說對於戲曲的影響。透過商業劇場的演出本分析，不難有取自章回小說的演出劇本。吾人可以發現，皮影戲初期的商業劇場演出，除了有臺灣民間較為熟知的故事以外，大多是沿用先前的外臺酬神戲的劇本，這些劇本的寫作，情節內容多是依照章回小說為主體，演出的情節特色，多是場面緊張、神怪的因果思想、通俗的劇情為主。後隨著演出的情況，逐一汰選出較為適合商業劇場文化的劇本。從演出《西遊記》136 次的次數來看，跟《郭子儀》、《南遊記》等的劇本演出次數相比，懸殊相當多。或許在 1949～1958 年間，皮影戲的商業劇場演出，是以「通俗」為主，但並非說其他的劇本較不通俗的問題，而是在一般的觀眾印象裡，《西遊記》的故事情節，要遠比其他劇本更要叫人廣為了解。但此後隨著劇場文化的變遷，這種以章回小說為主體的劇本，不再是為皮影戲商劇場表演的文化主軸，開始轉向以拼湊式的編寫劇本為主。由 1956 年後所編寫的《萬劫北交趾》和《世外奇聞》皆可以看到以章回小說故事內容為拼湊的現象。若再以劇本的演出年代，吾人可以看到皮影戲進入商業劇場初期 1949～1958 年之間，是以《郭子儀》、《封神榜》、《南遊記》、《薛仁貴征西》、《石平貴》、《金水橋》、《西遊記》等劇本的演出，又以《西遊記》為主。若根據劇本的本質而言，大抵都是以章回小說為底本所編寫而來。也顯示 50 年代初期進入商業劇場演出，這些以章回小說所編寫的劇本，仍具有一定吸引觀眾的內容，劇情內容搭配演師的詮釋手法，達到吸引觀眾的目光。更表示這些劇本，在皮影戲的獨特表演藝術，有其吸引大眾的魅力，足以能與其他的傳統戲曲相互抗衡，受到大眾的歡迎。可是若吾人再從演出劇碼來看，東華走入戲院所演出的戲碼，以演出的次數比例上來看，以《西遊記》為多，其次為《南遊記》和《郭子儀》等劇。表示以大眾所熟知的通俗劇情，戲院的觀眾較可容易接受。也正因通俗，《西遊記》的劇本，成為商業劇場 1949～1958 年之間，演出最為固定的劇本。爾後，在新編出《萬劫北

交趾》與《世外奇聞》兩劇後，《西遊記》才逐漸淡出商業劇場的演出。不過；相當有趣的是，上述的這些劇本，除了《石平貴》以外，其他的劇本，如《南遊記》、《郭子儀》、《薛仁貴征西》、《金水橋》、《西遊記》這五本，在皮影戲商業劇場1945～1970年時，亦都曾爲外臺酬神戲的演出劇本。可是商業劇場常演出的《西遊記》，反而較少出現在當時期的外臺酬神戲中，而劇場中少演的《郭子儀》、《封神榜》、《薛仁貴征西》等劇本，又以《封神榜》和《郭子儀》、《樊梨花》等演出較多，這些劇本在外臺酬神戲的演出次數，反而多過《西遊記》。但在1970年後，東華退出商業劇場後，《西遊記》卻又再次成爲外臺酬神戲常演的劇碼。日治時代已經成形的《西遊記》劇本和演出，爲何在戰後1945年之後，反而會比較少於外臺酬神戲演出？是商業劇場的演出，影響到外臺酬神戲的文化？還是外臺酬神戲的文化，先影響了商業劇場的演出，後來再被商業劇場所影響？或許這一個議題，有待往後的持續研究！

總體而言，1945年後到1956年這11年之間，皮影戲商業劇場的演出，是以中國的章回小說爲主，突顯這時期的觀眾取向或劇場流行文化，偏向傳統的章回小說類別。在1956年後，則開始轉向由演師所自行編寫創作的劇本。

第二節　濟公傳

《濟公傳》，是爲廣大觀眾所熟知的通俗小說之一。濟公形象之所能能夠深入民心，除受明、清兩際的章回小說《濟公傳》故事的影響以外，其小說中所形塑的濟公人物性格，也是其重要的關鍵因素之一。在臺灣的皮影戲演出劇碼中，多少受到中國章回小說的影響，將演出題材的觸角延伸自小說中，從目前皮影戲所留下的劇本，可以看出皮影戲劇本與中國章回小說的關係。

《濟公傳》，是爲東華商業劇場演出最爲主要的劇本，人物取材來自章回小說中的濟公，內容完全迥異於章回小說的《濟公傳》。換言之，章回小說的《濟公傳》只是一個演師所參考的底本，其就是一種演師的自我新編，有新編顯示劇中具有編寫情節的特殊性。《濟公傳》的演出，自1952年12月21日，位於臺北縣淡水鎮淡水戲院演出後，即開始成爲東華商業劇場的主要劇本。其演出根據筆者統計，長達385次，幾乎橫貫了整個商業劇場的演出。而《濟公傳》的演出劇本戲齣，只有一劇？目前石光生的《重要民族藝術藝師生命史（I）——皮影戲張德成藝師》一書和〈論張德成皮影戲「內臺演戲

記錄」（1952～1967）反映的臺灣內臺戲劇場文化〉一文，約莫可以了解商業劇場有《濟公過臺灣–群妖五雲陣》劇本的上演。但若由張德所留下的《東華皮戲團各地上演紀錄表》一書的「戲文」紀錄與戲單、廣告看板等文獻資料，可以了解商業劇場的《濟公傳》，並不只有《濟公過臺灣》這個劇本的演出，共有不同《濟公傳》劇本單元的出現。由東華的《濟公傳》戲本，以劇本數而言，《濟公傳》並不是單一的劇本，而是分散在不同的劇本，而且單獨成劇。以單元數元論，這些《濟公傳》的單元一共有 10 餘齣，依計有：《芙蓉女》、《遊地府（高婦娶親）》、《張員公子（金光寺收蝙蝠精）》、《李賢明掛帥攻打大狼山》、《陰陽八卦陣》、《濟公過臺灣》、《收白齊魚》、《濟公戰八魔——魔火金光陣》、《卞章子掛帥——攻打四門斗底陣》、《鍾員公子娶親》等單元。每本皆是單獨一劇，但全都統稱為《濟公傳》。所以皮影戲戲院的《濟公傳》，實則包含了不同的濟公單元為演出。這 10 齣的《濟公傳》單元，有何種魅力，能夠襲捲近 20 年的商業劇場文化？如前述，商業劇場初期演出的劇本，多半都由外臺酬神戲的演出劇本所延伸，《濟公傳》是否也是外臺酬神戲劇本的延伸？但進入商業劇場體系後，是否有受到劇場文化的影響，而變更或再次編寫出不同的劇本？《濟公傳》的劇本，是否也有時期點的問題？有何種演出的特殊性，能夠讓劇場觀眾目不暇給？或許由劇本的分析，看出東華《濟公傳》的寫作特質。依據張德成的紀錄，最先進入戲院演出的劇本，並非是《濟公傳》，但為何最後《濟公傳》的演出，卻能成為整個商業劇場的演出最為頻繁的劇本？《濟公傳》究竟有何呈藝特色？能夠成為商業劇場演出的重要劇本？由《濟公傳》的劇本內容，能夠看出其吸引觀眾的何種所在。而《濟公傳》劇本在進入商業劇場後，是否也有在劇場中延伸出不同的劇本寫作構想？而這些寫作構想，是否有呈現出劇場的表演文化？或者是在外臺酬神戲演出，外臺的劇本文化延伸到商業劇場？在此之前，欲先透過《濟公傳》在劇本寫作在民間的情況，了解皮影戲《濟公傳》在民間發展，與進入劇場演出時的演變。

一、劇本的發展與創作

　　臺灣皮影戲引用中國古典章回小說為素材的劇本，時期點相當早。舉東華光緒七年所留下《大鵬鳥鬧宋朝》一劇，可以看到引用中國章回小說的影子。隨著更多中國章回小說的引用，反映臺灣皮影戲劇本編寫來源的一種變

化。東華的《濟公傳》劇本來源，與上述《西遊記》、《南遊記》一樣，都是取材自章回小說的《濟公傳》。章回小說與戲曲的發展，有密切的關係。由目前的戲曲演出劇本，依然能夠看到戲曲和章回小說之間的關係。皮影戲取材章回小說的劇本，相當廣泛。直到目前為止，這些取材來自章回小說的劇本，依然還在民間上演，例如《封神榜》或《西遊記》等。除了上述以外，《濟公傳》劇本亦是。不過，比較特別的是；《濟公傳》雖然取材或吸收的來源是中國古典「章回小說」的《濟公傳》，但劇本卻與小說所編寫，卻有截然不同的面向。

臺灣皮影戲的寫作劇本，以其劇本的發展情形，除了歷代相承襲而下的舊有傳統劇本之外，不乏有將書寫題材延伸到不同文學文類。文學的文類，有章回小說或者民間稗官野史等，都是皮影戲的取材對象。取材對象的豐富，表達臺灣皮影戲劇本書寫內容的增添，皮影戲《濟公傳》的寫作來源為何？依目前所掌握到的《濟公傳》「章回小說」資料，東華的《濟公傳》的創作靈感來源，所依據的小說版本為東華張叫的宣統三年上海校經山房石印《繡像十五續濟公傳》。那麼；章回小說的出版是在清宣統三年（1911 年），而東華的《濟公傳》最早起於何時？根據東華張川於 1900～1910 年之間，所書寫《李承業回長安（即隋唐演義）》後接《濟公雲遊（即高富娶親）》一劇本，可知1900～1910 年之間，在臺灣的皮影戲，就已有《濟公傳》劇本的寫作出現。可能在臺灣民間的皮影戲演出，已經出現了關於《濟公傳》情節的演出。再由劇本的創作抄寫，反應中國潮州皮戲傳來臺灣後，在劇本內容寫作上，一種取材的變異。

《濟公傳》的創作，是在情節部分一種演師的自我創作。而劇本的創作編寫，反應了臺灣皮影戲演師，劇本創作生命力的展現，更是一種皮影戲在地化的印證。如果有《濟公傳》劇本的演出創作，代表以《濟公傳》為劇情主軸的演出，在臺灣民間的演出，民間觀眾是可以接受，有一定的觀眾群，促使演師開始對於《濟公傳》劇本的編寫創作。雖然創作的題材來源，是以中國古典的章回小說《濟公傳》為創作動機，可是就整個東華的《濟公傳》，情節內容是為演師本身的劇本寫作，只是人物為濟公而已。然而以《濟公傳》劇本的出現，也象徵《濟公傳》的演出，在民間演出的跡象。清末 1900～1911年左右，皮影戲的民間演出，或許就已經出現《濟公傳》的劇情上演。在民間酬神戲的演出之下，直到戰後，演師開始嘗試將《濟公傳》的劇本，帶入

商業劇場演出。在商業劇場演出觀眾的迴響下，演師再持續地將《濟公傳》的劇本，依照演出的性質，做不同情節上的增添。當時臺灣的民間外臺酬神戲，若以有《濟公傳》的演出，而《濟公傳》的情節與內容，又較一般大眾所了解，劇團則開始嘗試著將《濟公傳》的單元，帶往商業劇場演出，在嘗試演出之下，有吸引觀眾的目光與迴響，逐漸成為商業劇場的演出主要劇碼。然成為主要演出戲碼的《濟公傳》，在進入商業劇場後，是否有因表演性質上的不同，而有所創作？或是有不同時期上的改變？或者受到商業劇場文化的影響，再編寫出不同以往的劇情？東華的《濟公傳》有多少劇本？這些劇本是否全都進入過商業劇場的演出？據東華所留下的《濟公傳》，不含臨時添加進「濟公」橋段，單純以濟公伏妖或者濟公為解結對象的劇本，共有 10 本，而這 10 本，透過「戲單」和張德成所繪製的廣告看板初稿、廣告印模，即能了解商業劇場的《濟公傳》劇本，有何種劇本的帶入？有何種特色？劇本是否存有不同的時期特色？或特質？以下，將透過東華的《濟公傳》劇本，由劇本的時期與劇情，分析劇本的內容。由不同的時期點，論述《濟公傳》劇本的編寫。

二、1953～1970 年的濟公傳

在分類劇場初期的《濟公傳》劇本前，需先對時期點的分類稍作論述。為何會以 1952 年到 1957 年之間為一個時期點？東華進入商業劇場初期為 1945～1957 年之間，有哪些《濟公傳》劇本的演出？直至目前為止，依據現階段的所記載的資料，共有《芙蓉女》、《高富娶親》、《收白齊魚》、《陰八卦》、《卞宗子掛帥》、《李賢明攻打大狼山》、《濟公戰八魔》、《鍾員公子娶親》。不過，筆者時期點的分類或許不夠完善，因《濟公過臺灣》劇本，皆是在此時期所編寫完成。乃是根據劇本的寫作年代而論。《濟公過臺灣》劇本，約完成於 1954 年到 1957 年之間外，其他的劇本皆是寫作於日治到戰後 1949 年之間，所以大抵是依照劇本的寫作年代，作為時期的依據。這些劇本皆是完成於 1949 年之前，故以 1945～1957 年為一個時期點。另一方面也表示初期進入商業劇場演出的《濟公傳》，大致上是沿用了先前的外臺酬神戲的劇本。依照演出的環境，依序選擇適合的演出本。不過，從時期點，仍可看出《濟公傳》劇本的變異。而這些《濟公傳》所呈現的演出特質為何？或許透過劇本的分析，了解劇本的演出特性。上述的這 8 本的劇本，有時因檔期或者時間點的緣故，

並不會有所上演，演師會根據演出情況，挑選適合該戲院演出的《濟公傳》單元。從目前東華所記載下的資料，一天的檔期，一場《濟公傳》的演出，假設以 150 分鐘為例，會有一到一個半單元的上演。也就是說會在一個場次裡面，將一個《濟公傳》單元做收煞，或者預留劇情，明天再接續演出。《濟公傳》帶入的時期點，為何時開始進入商業體系？依張德成《東華皮戲團各地上演紀錄表》一書中，如 1954 年 2 月 21 日，東華位於宜蘭縣頭城鎮農漁之家戲院演出，提到：

> 戲文濟公傳，日戲南遊記，5 天後再換封神榜，贌主得利 2,000 外元。
> 〔註 2〕

透過張德成的紀載，吾人可以了解 1954 年 2 月 21 日，宜蘭縣頭城鎮農漁之家戲院演出，即是以《濟公傳》做為演出。這是有關《濟公傳》在商業劇場演出，較早的紀錄。然而若吾人以《東華皮戲團各地上演紀錄表》中的演出劇本紀錄，1952 年 12 月 21 日，位在臺北縣淡水鎮淡水戲院演出時，東華的日戲，即是以《濟公傳》做為演出戲碼。此後，除了部分的戲院場域以外，皆開始以《濟公傳》做為演出的主軸，而商業劇場的《濟公傳》劇本，有何種魅力？能夠除與《西遊記》之外的劇本，有著吸引觀眾的目光？《濟公傳》的劇情有何曲折離奇？演出有何種特色？或許從戲院的廣告單，約能了解到他的特殊性。根據 1958 年的廣告戲單，在頁面書寫了：

> 特排家喻戶曉神話奇情名劇、滿臺法寶‧越演越奇‧離奇情節‧愈看愈熱、全部幻術變化。

從商業劇場的廣告戲單說明，《濟公傳》的演出，除了是家喻戶曉的通俗故事以外，劇情的表演，是滿臺的法寶爭鬥、人物變化的幻術，有場面熱鬧和魔術的特徵；在情節方面，則是以離奇懸疑的故事取勝，讓觀眾有不同的觀賞視覺感受。而劇本的內容分析，有助了解《濟公傳》演出的特質。那麼；東華在商業劇場演出的《濟公傳》，有多少單元？透過戲單、廣告看板畫稿和《東華皮戲團各地上演紀錄表》的交互比對，共有 11 齣的《濟公傳》單元，這些《濟公傳》的劇本演出，如《西遊記》劇本的演出，劇本單元的順序，是以演師的評斷為主。以下將由這些單元的內容，了解商業劇場《濟公傳》的劇本及演齣特色。

〔註 2〕《東華皮戲團各地上演紀錄表》，頁 37。

（一）芙蓉女

東華的《芙蓉女》劇本，為張叫所編寫，編寫年代一劇本的牛皮封面與內容判斷，約是在大正 10 年到昭和 5 年之間。與《草木春秋》、《五行陣》、《雌雄怪》、《仙子陣》、《陰八卦》、《萬里娘》、《審尿湖（壺）》、《何春輝》等劇本，合訂為一本，為張叫早期所創作的劇本之一。張叫與張德成父子，對於《芙蓉女》劇名的稱呼各有不同。張叫稱為《芙蓉女》，而張德成則稱為《濟公大破芙蓉陣》或《芙蓉陣》。劇名稱呼的差異，最主要乃是牽涉到演師本師之間，對於劇本的稱呼習慣。另一方面，也牽涉到演師對於劇本情節的看法不同。《芙蓉女》劇本，亦曾與反共抗俄劇《李賢明攻打大狼山》合為一本，前者為為李賢明攻打大狼山的過程，後者即為《濟公傳——芙蓉陣》，即和劇本相同，為濟公伏妖的故事。如，〈新濟公傳——李賢明攻打大狼山（反共剿匪記）〉上呈大綱，上呈大綱的書寫，約略的看出《芙蓉女》劇本，有與〈李賢明攻打大狼山（反共剿匪記）〉，做為反共抗俄劇的比賽與演出。可見該劇後的《芙蓉陣》在演師的編寫和演出下，能有吸引觀眾的目光。張叫的《芙蓉女》劇，是針對因芙蓉夫妻下山吞食百姓，因濟公的出現和阻止，而衍伸出大排芙蓉陣，故而以此稱之。而張德成則是直接以劇本最主要情節和精彩的場面，也就是《芙蓉陣》，為主要稱呼。雖然稱呼不同，但是演出情節內容皆一樣。《芙蓉女》為商業劇場中，較為常演出劇本。

1、《芙蓉女》情節大綱

芙蓉教主、芙蓉女夫妻二人臺灣島芙蓉城外山上修行。夫妻二人在此言明食人不易，芙蓉女觀察芙蓉城內人聲鼎沸，必有數萬人居住，提議入芙蓉城池吃人。夫妻入城後，二人十日食十萬人，十萬人盡被妖怪所吃，池中妖氣沖天。一日，濟公雲遊眼見城中妖氣沖天，便下凡，見芙蓉城鬼魂散動，便入芙蓉城池。芙蓉夫妻遇濟公，見濟公有法力，展開一場大戰，芙蓉妖怪說明天下物件其夫妻二人食不飽，濟公作法化物件不盡。濟公運物件入城池供芙蓉二妖食用。芙蓉女再言，既是濟公放海水也能將海水飲盡。而後濟公與芙蓉二妖放盡法寶大戰，濟公被芙蓉妖擒抓，濟公借土盾走。芙蓉教主排陣，令青龍、白虎、玄武、朱雀守顧四陣頭四方，再調十六個老獲精、喚龍鳥守顧中央，芙蓉丁調陰兵把守陣頭四方位，四方並有法寶芙蓉槌、鏡、五音琴，排成芙蓉陣。

　　濟公探陣見芙蓉陣厲害，回白蓮寺叫徒弟，日空、日紅、日清、月日四位前來援助。濟公、日空、日紅、日清、月日陷入芙蓉陣，芙蓉教主放出芙蓉槌打死濟公。飛天魔王奉玉帝命令，前來解救濟公。飛天魔王入陣救出濟公回陽，天將排出香案請出天庭眾仙前來援助。紅孩兒出武破陣，被芙蓉教主用乾坤袋收入陣中，紅孩兒在陣中大罵，芙蓉教主將乾坤袋丟入東海。東海水族兵將乾坤袋撿起，見報東海龍王敖廣，敖廣救回紅孩兒。濟公趕到東海討回乾坤袋，紅孩兒再次出武破陣。芙蓉教主放出乾坤槌打死紅孩兒，紅孩兒化成蓮花護身。太上老君與飛鼠回崑崙山，見眾仙得知芙蓉教主排陣之事情，前往破陣。老君見陣法厲害，無法將芙蓉陣攻破。如來佛祖下凡先探陣，喚龍鳥出現啼叫，如來佛祖陷入陣中。芙蓉陣中毒氣甚多，如來化出蓮花，又用戒刀剖開化消陣中金光。芙蓉夫妻、老獲精見金光陣，一齊入金光陣門內，濟公見十四、五個獲精，稟告如來。如來得知後，商討破陣。喚龍鳥祭出鳥籠收入，再祭出十六支金鉤收芙蓉夫妻，芙蓉夫妻祭出五音琴，再被如來所收，芙蓉夫妻寶物盡失，化出二欉芙蓉花，如來救回陷陣眾仙，破出芙蓉陣，芙蓉陣破。如來再令濟公前往臨安城收妖。

　2、演出分析

　　《芙蓉女》劇本的故事，情節結構相當並不複雜。主要圍繞在濟公與芙蓉妖怪鬥法後，芙蓉妖怪所排設的芙蓉陣。芙蓉陣牽涉出之後天庭眾仙下凡，都以攻破「芙蓉陣」為主。該劇編寫甚早，濟公戲偶仍以家傳的為主。劇中開頭以臺灣島芙蓉城為背景。敘述因為隱身在島內的芙蓉教主夫妻，因苦無人可以食用，便前往芙蓉城，食用城中的老百姓。而後濟公下凡雲遊四海，來到芙蓉城，看到芙蓉妖怪夫妻，在城內食人，路見不平收除妖怪所引起的紛爭。重點則是側重在芙蓉教主與濟公爭鬥後，所排設的芙蓉陣。等到陣法排設而出後，濟公苦無對策能夠破陣，最後；濟公只好再次四處請求天庭諸神佛下凡前來破陣。芙蓉陣的陣勢，則是本劇單元中，最為重要的部分。

　　本劇所要帶給觀眾的目的，單純的只是呈現濟公如何在雲遊三山五嶽時，因看到妖怪的為非做亂，為民除害，展現濟公為民打抱不平的性格。此外，透過「芙蓉陣」的編排，渲染出妖怪陣法的奇妙，藉由濟公如何破除「芙蓉陣」和「芙蓉陣」如何的厲害，吸引觀眾的目光。劇中要講求的是，視覺畫面的一種緊張和震撼。當然；劇中要如何的呈現出劇情的畫面效果，或許在於劇團的詮釋手法。

（二）《八卦陣》（陰陽八卦陣）

《陰八掛（卦）》的劇名，爲劇本書面上題寫。劇本中的劇名則爲《八卦陣》，但劇中所排設的陣圖爲「陰陽八卦陣」，雖然書寫劇名不同，但實則是同爲一劇。本劇與《芙蓉女》共何爲一本。編寫日期約是和《芙蓉女》同爲該時期，編寫者爲張叫。本劇可以爲單一的單獨劇本演出，亦可銜續其他《濟公傳》劇本的另一單元。本劇的演出各色爲何？以下將透過劇本內容，了解編寫的特色。

1、陰八卦

濟公下凡雲遊三山五嶽，五湖四海。金霞山黑蛇洞八卦道人外號大網（蟒）道人，收有赤練、清煉、白練眞人三位徒弟。四位在金霞山食人維生，修眞鍛鍊奇敵。八卦道人向三位徒弟言說，一同下山前往蘇州食人。四位道人下山到蘇州，八卦道人變成觀音大士顯聖奇蹟，三位徒弟則變化成和尚，利用百姓看明奇蹟，便可食人。徽州府蘇文成被擋住和尚，和尚便將蘇文成及眾百姓吞食，後又將眾人之陰魂收葫蘆內。

濟公下凡來至蘇州府，看到妖和尚食眾百姓人，大罵妖道。八卦道人與濟公一言不合，大戰鬥法。濟公回靜安寺調請眾徒弟下山助戰，日空、日紅、月日、日紅四人大戰，四人無法破得八卦道人法術，再請天庭四大護法溫、康、馬、趙四人下凡前來，溫、康、馬、趙四人大戰八卦道人、赤練、清練、白練，溫、康、馬、趙四人無法戰勝，四人敗退。八卦道人見狀，取出葫蘆吐出陰魂、又祭出一口寶劍、一枝旗、一枝打仙槌，擺下陰陽八卦陣守陣。日空、日紅、月日、日紅四人欲先破陣，陷入陰陽八卦陣。濟公最後請佛祖下凡，佛祖與彌勒佛二人下凡，以蓮花座、寶袋收起旗、劍、槌法寶，破陰陽八卦陣，斬死八卦道人師徒。佛祖再令濟公前往蘇州爲民除害。

2、劇本分析與演出

《陰八卦》的情節架構相當簡潔，主要是敘述大蟒道人與徒弟蛇精，在金霞山修練食人爲生，後來下山到城池內變化出和尚，以奇門幻術吸引人潮，後來再將人食入。濟公下凡後，見到此狀與大蟒道人和蛇精展開一場大亂鬥，大蟒道人排設陰陽八卦陣要取濟公性命，「陰陽八卦陣」相當厲害有法寶打下，又有四爲道友共同看守陣圖，濟公的徒弟相繼陷入陣圖，濟公不得其門而入，苦思無法破陣，最後請佛祖下凡，佛祖和彌勒佛二人，將大蟒道人收

服，濟公爲民除後，再雲遊四海前往蘇州爲民除害。從該劇中，本劇的編寫與《芙蓉女》一樣，都是側重在最後的人物的排陣與破陣的橋段，劇情妖怪的吃人都是劇中的一種安排，主要是鋪敘出最後妖怪如何與濟公鬥法後，蛇精大蟒爲何所排設出的「陰陽八卦陣」。「陰陽八卦陣」的排設，考驗濟公如何商請天庭眾佛下凡破陣。爲了渲染陣圖的厲害，陣中有各種法寶的呈現和妖怪的鎮守，展現「八卦陣」的神奇。若將《陰陽八卦陣》與《芙蓉女》劇情的相互對照，劇中的敘述約略相同，都是在強調濟公如何破陣，陣圖的利害。另外，也差別在劇中人物的不同，一個是以蛇精爲主，另一個則是以芙蓉妖怪，人物的編寫，《芙蓉女》所要呈現的就比《陰陽八卦陣》的人物要來的多。情節的鋪陳，《芙蓉女》亦比《陰陽八卦陣》要來的複雜。以此，筆者以爲，《陰陽八卦陣》可能先編寫完成，後來演師根據演出的經驗或演出的情況，再依序添加進入更多的劇情創作。反應當時在民間酬神戲的演出，《濟公傳》偏向破陣的文化形式。《陰陽八卦陣》雖然劇情較於簡潔，是強調最後的破陣緊張的情節，可如何塑造出陣法的厲害？讓觀眾了解「八卦陣」有致人於死的神奇地方，燈光、後場音樂、演師的詮釋手法等，都是相當重要的地方。由於《陰八卦》的上演，演出較爲簡潔，時間偏短。故有時是做爲接續其他《濟公傳》單元的銜接。

（三）遊地府

《濟公傳——遊地府》，爲東華家傳劇本之一。張川、張叫乃至張德成都有該劇本的抄寫。張川的抄本，劇名爲《濟公騰遊》，張叫則爲《遊地府》，張德成則署名爲《收青紅蛇》。本劇較偏向「文戲」的類型，雖然劇中有濟公與蛇精的打鬥，不過，前者的劇情編寫，幾乎是「文戲」在編寫手法。人物的說白，多以唱曲代替。後者在蛇精下凡後，才出現打鬥的場景。由此，可知本劇編寫時，所繼承傳統皮影戲劇本的寫作手法。另一方面，亦可以觀察到《濟公傳》劇本編寫的變化。

「遊地府」是劇中劇情的一部分，雖具有教化和演出詼諧的一面，不過；亦曾在劇場演出時，引起東華與流氓幫派之間的衝突。如：1954 年 6 月 1 日，位於臺北市中正東路華山戲院演出，提到：

第 3 天演到濟公傳遊地府時 4 奌 20 分時候演 1 幕（被人催打人死後受地府鉄輪之罰），…，飲酒後來院要打我等起 1 場大鬧，鬧得華山

人山人海，好得此院股東協助向警方交涉。〔註3〕

從該段紀錄，該劇上演曾經因劇情遊地府的橋段，造成劇團與流氓之間紛爭。《遊地府》劇本，就演出時期點上而言，本劇進入商業劇場的演出相當早。1954 年亦有演出，表明商業劇場初期，就有該劇的演出。本劇可以為第一天的演出，亦可以接續先前《濟公傳》劇本的劇情。大抵上都有遊地府情節的演出，但有時演師會視演出情況，將「遊地府」的橋段，略作修正。為何《遊地府》會成為商業劇場最為常演的單元？本劇有何特色？而是否在演出之時，有劇情上的變異或添加？為行文方便，以下，將以張叫書寫濟公傳遊地府版本為主。解析其劇本的特質與變異（見圖 25）。

圖 25：1951 年商業劇場演出《濟公收青紅蛇》的廣告照片，由右至左人物為：
　　　高富、紅蛇、濟公、皇甫加。（東華皮戲團提供）

〔註 3〕《東華皮戲團各地上演紀錄表》，頁 46。

1、故事情節

濟公下凡雲遊五湖四海至溫州府。赤石山萬花洞赤練道人出洞雲遊四方。阮大欠高富五十兩，高富與家童見阮大催討欠款，阮大迫於無奈，只得將崔氏嫁於高富。濟公雲遊至阮大家中，得知高富逼親之事後，告予阮大夫妻先暫時避居城外，自己有辦法幫阮大夫妻。濟公變崔氏下嫁高富，並化大豬大鬧洞房。高富的家童見狀，打死大豬，大豬化成新娘崔氏。濟公再次變成阮大，抓高富見溫州府正堂皇甫加。仵作驗屍假崔氏有重傷，高富招認慌亂中打死崔氏，皇甫加得知後將高富收禁。赤練真人下凡見狀，告於皇甫加說明高富是冤枉，用法術將假崔氏變成原形母豬。濟公逐與赤練真人大鬥法。皇甫加派四十名衙役人員助戰，赤練放法寶打死四十名衙役。濟公最後放斬妖劍，斬死二蛇。此時；二蛇妖鬧到第十殿轉輪王，濟公前往第十殿與二蛇妖大戰，二蛇妖變黃蜂，濟公放云缽收黃蜂。將黃蜂交與閻君，並向閻君求回四十名差役陰魂回陽。閻君放回四十名衙役回陽，皇甫加回陽後，濟公製土做法將皇甫德回陽，皇甫父子二人相會。大石山連花洞大蟒道人下凡，變大蟒蛇滾地捆住溫州府。衙役見狀急忙稟告濟公，濟公與大蟒道人相互鬥法、相互變化。大蟒道人變原形大蟒蛇滾地，濟公令皇甫加用佛杖重打大蟒蛇，大蟒蛇死。最後，皇甫加重打高富六十大板，將高富充軍、抄家產。濟公迎回阮大夫妻，告別皇甫加，再往他處雲遊。

2、演出特色

《遊地府》的劇情，開頭先說明因為阮大向高富借 50 兩，後來高富為強娶阮大之妻，將借款提高到 500 兩，逼迫阮大將妻子下嫁。劇情裡的高富，是牽起劇中往後情節發展的人物，當然為了塑造高富紈褲子弟的形象，將高富敘述成丑角的腳色。後來濟公雲遊，見高富欺壓阮大情形，代替阮大妻子嫁給高富，並大鬧洞房。濟公假阮大抓高富見。後來被雲遊的赤練道人看見，下凡與濟公展開大亂鬥。縣官皇甫加派四十名收除妖怪，蛇精打死。

濟公帶領皇甫加進入地府，觀看 18 刑具。救回四十名衙役，後來大蟒道人（見圖 26）下山，為徒弟蛇精報仇，再次掀起一股與濟公的大亂鬥。後濟公以佛杖收除了大蟒道人。本劇的劇情架構，主要也是說明濟公伏蛇精，替阮大解決被高富欺侮的事情。後來高富員外，最終受到了懲罰，阮大一家團圓。本劇有兩方面的側重，第一方面是著重在地府的劇情搬演，第二方面則是蛇精與濟公的亂鬥。遊地府為劇中所著重，就有不同層面的表演方式，可

劇情看似簡單，但若仔細深入，則會發現本劇隱藏了相當多臺灣民俗的內容。
地府的搬演，除了有戲劇的教化功能外，劇本將其搬入劇中，借用濟公帶領
皇甫加，遊地獄十八刑具的場面，有製造遊歷地府時的戲劇詼諧效果。進入
地府後，通常演出會有兩種形式，一種為「看」的形式，也就是以看的方式，
敘述出生前行事為惡，死後所遭到的刑罰。第二種則是以「唱」的形式進行，
亦是用唱的方式，唱出為人生前行事作風，死後所受到的報應。類似臺灣歌
仔的演唱方式。換言之，就是將宗教與民俗的特點，融入了劇中的表演，增
加了劇情的演出效果。可看似簡單的劇情編寫，又透露出劇本的何種編寫劇
本的延用？「遊地府」的橋段，雖是劇中的安排，或許由不同的劇本內容，
看到演師劇本創作該劇的不同元素添加。遊地府的橋段，東華的劇本有不同
的版本。皆是描寫為惡之人死後，到地府的景象。遊地府劇情是劇本中重要
部分，則是濟公與蛇精的亂鬥。濟公與蛇精的亂鬥有兩方面，第一方面是濟
公先與赤煉和青煉道人的戰鬥。赤煉與青煉在法寶與變化無法技勝濟公後，
化出小蛇，濟公化出五位濟公雙方各顯變化大戰，蛇精大戰若使用了外國音
樂，如前述則會引用輕音樂，配合蛇精的動作，塑造出詼諧幽默的效果。後
來大蟒道人為徒弟報仇，用妖術將溫州府弄得雞犬不寧。大蟒蛇精與濟公的
衝突，為本劇的第二個刺激點，大蟒蛇下山，帶了寶物，這個法寶能有翻天
覆地、驚天動地的法力，為了強化出劇情的衝突和視覺的震撼效果，這段的
演出，有時會以飛機臨空的創意方式進行，利用飛機掃射臨空的方式，但要
看劇場的觀眾文化。大蟒的金光變化與濟公的法寶相互鬥爭，透過劇團的所
使用電光與特效，製造一種視覺上的刺激之感。不過，如音樂變革的章節提
到，劇中有四十名英雄好漢，要上山打妖怪，四十名的衙役出戰，播放郭大
誠的糊塗拳頭師歌曲，借用流行歌曲，將四十名衙役的形象展現在舞臺的表
演，有流行的意味在。《遊地府》劇本，強調在濟公看地府和蛇精的戰鬥，透
過相互的戰鬥製造劇情的視覺刺激之感，而看地府的橋段，將臺灣民間所相
傳的地獄景象搬上舞臺演出，從遊地府的劇情，塑造一種詼諧幽默的視覺感
受，再加上劇團特殊的詮釋方法，讓觀眾感到這種具有緊張刺激和詼諧幽默
的劇情，或許刺激緊張、幽默逗趣就是本劇吸引劇場觀眾之處。

圖 26：張叫所雕製《濟公收青紅蛇》大蟒道人影偶造型。（東華皮戲團提供）

（四）濟公收白齊魚

《濟公傳——收白齊魚》，原名爲《收白獺》。劇本編寫者爲張叫，爲張叫早期所編寫的劇本之一。早期劇名爲《收白獺》，後來則在劇名的稱呼上，稱爲《收白祭魚》，編撰時期約於 1920～1930 年代。該劇本是和不同戲齣，合爲一本，劇本戲齣共有《岳雷大破六爪烏龍陣》、《金鎖陣》、《三進碧遊宮》等戲齣。《收白獺》劇本，根據筆者計算，表紙九張共十八頁。白獺是劇中人物白齊魚的原形，但劇中書寫爲白祭魚，齊（tsê）與祭（tsè）同音，只差別在音調的不同。東華的商業劇場的廣告單，皆以白齊魚爲稱呼。可能是常演下來，演師的唸法習慣所致；或者是以「齊」的講法較爲妥當等緣故。無論如何；《濟公傳》單元的《收白齊魚》即是《收白獺》。因商業劇場的戲單，皆是以《收白齊魚》爲劇名，以下以商業劇場的劇名爲主。本劇的演出和《遊地府》劇本略同。前半段都屬於文戲的編寫，後半段則偏向武打的場面。本劇爲商業劇場，早期時常演出的劇本之一，從廣告戲單與紀錄本，能看到張德成對於該劇的紀錄。本劇可以做爲第一的劇本的演出，亦可以接續或銜接

不同單元之後。本劇亦爲商業劇場時常演出的劇本之一，劇中有何特殊性，演出的特質爲何？能吸引觀眾？透過劇本的解析，了解本劇的編寫特性之處。依據劇本內文，整理故事情節如下。

1、劇本大綱

　　濟公雲遊至浙江杭州府。浙江杭州府錢塘縣趙太玄，官居尚書之職，單生一女趙如花，年方十六歲，未曾婚配，欲想招婿，趁壽誕時辰便與女兒商量招婿事情。「白齊魚」又名「白毛水獺」，採集了天地之靈氣，修成正果歸列仙班，鎮守天庭天河。但每逢七夕見牛郎織女相會，動起凡心欲念，私逃下凡，找尋人間絕色美女。白齊魚隨即駕雲前往，白齊魚見一城池內有一繡房樓，不知是何人所有，便向當地土地神詢問。土地神向白齊魚說明此爲趙太玄家宅。家中有一女兒名叫趙如花，年方十六歲，只剩趙太玄與女兒趙如花相依爲命。白齊魚得知後，便變化成一白面書生，前往趙太玄家。趙如花與梅香在花園賞花同時，白齊魚遁入繡房內，趙如花回房間，看見白面書生，大驚失色。白齊魚向趙如花說明與其有宿世姻緣，有緣千里相會，並用迷煙迷倒趙如花。趙太玄前往繡房見狀，大罵白齊魚。白齊魚向趙太玄訴明與趙如花有宿世姻緣，趙太玄大怒喚家童抓拿白齊魚見官。白齊魚施法用迷煙迷倒眾家童，趙太玄吩咐家童前往龍虎山請施亮生法師前來收妖。白齊魚算知，變成施亮生在半路等家童。由白齊魚所變化的假施亮生前到趙家，向趙太玄說明趙如花與白面書生有三世姻緣，趙太玄心生懷疑，再請家童務必前到龍虎山廣信府請到張天師前來抓妖治怪。張天師放出五雷打白齊魚，白齊魚變回本相咬退張天師。濟公雲遊至此，得知趙太玄之情況，即刻與白齊魚展開爭鬥，濟公寶物非白齊魚對手，遂請天將下凡相助。眾天將下凡，被白齊魚放出玉手打退，周倉見關雲長，關雲長戰白齊魚，再被玉手打退。白齊魚吐玉手厲害無比，玉帝再命令李靖、李哪吒、黃天化、楊戩、孫行者五人出武，孫行者等與白齊魚相鬥，不分勝敗。濟公再請哼哈二將鄭倫、陳奇再下凡助戰。哼哈二將吐出黑氣，孫行者隨後追趕白齊魚，楊戩，哮天犬抓拿助白齊魚，最後，北極玄天上帝下凡將白齊魚收伏，濟公再雲遊四海。

2、劇本分析

　　劇本故事大致描述天庭白齊魚因武藝高強，被玉帝封在天河中守顧。因見每年七夕牛郎織女相會，動起凡心，私逃下凡欲與趙如花共結連理，所衍生出事件。濟公雲遊至此，與白齊魚大戰，濟公請眾天神下凡，並將白齊魚

抓拿回天庭治罪。劇本的架構，主軸相當明瞭，就是濟公下凡收怪。開頭主因乃是白齊魚私自下凡，引起濟公雲遊至此，再請天兵神將一起下凡，抓拿白齊魚歸罪。這些抓拿的過程，寶物的祭放、人物的變化、天兵神將的各顯神通與對打，爲劇中戲劇展演的熱鬧和刺激之部分。然而，劇中的內容編寫，除了神兵的對戰以外，若仔細分析，亦可發現內中隱藏了不同故事的銜接。首先因白齊魚動起凡心，私自下凡欲找尋凡間女子，共結連理。由劇本開頭描述白齊魚因見牛郎織女相會，動起凡心。劇中的構想來源，有參閱到《天仙配》牛郎與織女的傳說故事，以其傳說故事延伸，將主角相互對換，以白齊魚爲天神，趙如花爲凡人，而這種人與神的結合是有違天道，且因白齊魚是私自下凡，所以天兵神將必須要下凡收伏。劇情主軸簡易，爲了豐富劇情的娛樂，演師會有增加演出劇情的笑料。如同趙太玄爲醫治女兒和收妖怪，請到龍虎山的道士前來收妖治怪，在長時間的演出下，爲了增加演出的幽默感，以及製造笑料的情境給觀眾，這段的表演，東華會引用臺灣紅頭法師的宗教儀式，「請神咒」來增加劇情的娛樂性。如：天羅咒。但畢竟是戲劇演出的娛樂效果，咒語不可能會和正式的儀式咒語相同，會有演師的自我修飾。主要的目的就是將臺灣傳統民間的宗教請神儀式，搬上舞臺演出，利用戲劇的演出，製造笑料。這種編寫方式，就是演師在長時間的演出之下，將民間的宗教儀式景象，寫入劇情，增加效果娛樂大眾。而濟公的雲遊，見到趙太玄眉頭深鎖，苦思女兒被妖怪所迷惑，濟公爲解決趙太玄的困難，與白齊魚展開一場大亂鬥。後來，請出天兵天將制伏了白齊魚，這些天兵天將的人物，如哼哈二將、李靖、李哪吒、黃天化、楊戩等，這些都是《封神榜》劇中的人物，且人物各有特殊法術，《封神榜》在臺灣皮影戲視爲相當常見的演出劇目，將其《封神榜》劇中人物納入本劇的寫作，有一種將不同劇本含入的創作構想。

3、演出特點

本劇的演出，除了上述以外，重要的劇本後半段了天兵天將的人物。劇本的神將人物共有三十六天罡、七十二地煞以及哼哈二將、關雲長等相當多佛道的守護將軍等的人物，直言之，劇中的人物繁多，也是爲本劇的特點之一。如果將這些人物逐一搬演至舞臺，可以製造出一種場面的熱鬧之感，讓觀眾感受場面的張力。藉以吸引著觀眾的目光。本劇的前頭，主要都是在鋪陳白齊魚思凡的過程，因撞見與趙如花國色天香，後來濟公下凡，引起一場

紛爭。但整劇演出最為刺激的部分則為劇後，濟公請出天兵神將與白齊魚鬥法的場面。鬥法人物的豐富，亦是劇本吸引觀眾之處。如劇中共有三十六天罡和星宿星君的下凡，藉由不同人物的法寶和變化，吸引觀眾的目光。如同，李哪吒變出本相三頭八臂，白齊魚則變出雙頭怪人；劇團的不同表現手法，利用影音燈光的配合，將法寶人物的鬥爭，做出極致的視、聽覺效果，呈現劇本情節最為刺激熱鬧的場面。這種人物視覺變化的效果，亦是吸引劇場消費觀眾之所在。

（五）卞宗子平迷州斗底陣

《濟公傳──濟公大破四門斗底陣》，編撰年代約是 1920～30 年之間。劇本編寫作者為張叫，為張叫早期所編寫的《濟公傳》劇本之一。根據計算，劇本表紙 30 張共 57 頁。前半段屬於文戲，後半段由四仙姑排設四門斗底陣開始，則為武戲形式。劇本原先劇名為〈卞宗子平迷州斗底陣〉，後因劇名過於冗長繞口，簡稱為四門斗底陣或卞宗子掛帥。四門斗底陣的稱法，乃是因為劇中是以攻破四仙姑所排設的斗底陣為主，所以以此稱呼。劇中因宗（tsong）」與章（tsiong）」的文讀音相近，故有時演師會以「章」字書寫。

劇本內容大致上是描寫黑狐因盜採仙桃被卞宗子擒助，後因卞宗子得到兵書，私調天將下凡，因而觸犯天條，玉帝命卞章子掛帥攻打湄洲百花山，後濟公下凡助卞宗子破陣。本劇的演出情形為何？有何能吸引觀眾的目光，以下將透過劇本內容分析，了解本劇的演出特色。

1、劇本大綱

赤龍山禮明洞赤腳大仙欲出洞訪友，命令五位門徒到仙桃園看守仙桃，並交代五位門徒，因仙桃乃天庭王母娘娘壽誕聖果，五千年才結成果實，千萬不可遺失任何仙桃，否則罪責難當。黑狐為治母病，乃前往赤龍山盜取仙桃。黑狐盜取仙桃之後，被赤腳大仙大徒弟卞章子發現，卞與黑狐大戰，黑狐不敵卞章子，被卞所擒住。一日，卞章子與師弟守顧仙桃園之時，受師弟的請託，將洞前的石獅，石象化成飛禽走獸。卞章子掛帥，起兵大戰湄洲百花山。湄洲百花山山洞白蛇大王帶領蛇兵蛇將出武。白蛇變出原形咬退眾將，卞章子祭出師父所贈送法寶天地箭，射中白蛇頭頸逃回洞中。四位仙姑大怒，擺出四門斗底陣，要擒拿卞章子眾將。四門斗底陣變化萬千，四門東、西、南、北各發金光射眼，進入之後又有法寶打出，陣中有小鬼小妖啼哭，天羅大仙入陣即亡。赤腳大仙得知卞章子遇難下凡助戰，無法破陣。

濟公雲遊至百花山，見得戰鼓喧天向前觀看，得知乃是眾仙迎戰四門斗底陣無法破陣。濟公代眾仙前往試陣，濟公迎戰四仙姑，祭出金佛杖打退四位仙姑，四仙姑逃入四門斗底陣，濟公走入陣。濟公用佛光打退陣中的金光，四門法寶打下，濟公祭出草帽收入個法寶。濟公再用佛光將陣入各小鬼化散，濟公迎戰四位仙姑，用指地金光法收入四位仙姑。四門斗底陣破，濟公放火燒化斗底陣，大破陣圖，眾仙各回洞府，濟公再前往浙江遊賞。

2、劇本分析及演出

本劇的主旨主要是由卞宗子，因私自調換天神下凡，觸怒天將。天將將卞宗子押往天庭審問。玉帝得知人間百花山有妖怪作亂，要卞宗子帶領天兵天將下凡收妖，以將功贖罪。後百蛇大仙被卞宗子射死，四仙姑大怒排起四門斗底陣，卞宗子陷入陣中。赤腳大仙在商請天兵天將下凡解救卞宗子，但皆對斗底陣無計可施。後濟公下凡，才將陣圖給擊破。本劇的主軸點，是安排在「卞宗子」和「四門斗底陣」。因為卞宗子的私請天神，觸怒天神，衍伸出帶兵前往攻打湄洲百花山之後的一連串情節。而四仙姑所設計的「斗底陣」，為劇中所情節緊張之處。這個陣法有何神秘懸疑之處？能夠讓天將天兵皆無法攻破該陣法，呈現讓觀眾欲想了解之後濟公如何攻破陣法的心理。「四門斗底陣」陣內變化萬千，四個門口接有金光的射出，以取人性命。將陣法的神祕，展露無疑。濟公的下凡與出現，主要是做為解結之人，重點反而不是在濟公。雖然不是在濟公，但是由濟公將斗底陣給攻破，塑造出濟公扶危救助的性格；與神通廣大的神通。而本劇的編寫，若從劇情的走向分析，或許可以看到張叫將不同章回小說的主旨相互引用的呈現。如，開頭卞章子守顧仙桃園和黑狐盜取仙桃救助母親病狀的一段，此段有點類似《西遊記》中的「第五回亂蟠桃大聖偷丹　反天宮諸神捉怪」這段，只不過將孫悟空偷取蟠桃的劇情，轉換成黑狐偷取仙桃。而四仙姑因兄長百蛇大仙被殺死，為報兄仇，排設「四門斗底陣」。劇情又如同《封神榜》中的「第五十回三姑計擺黃河陣」。趙光明被陸壓道人用拜斗之術，導致體弱身虛而死。雲霄等三位妹妹為了替兄長復仇，排下「九曲黃河陣」。「斗底陣」是構創作而出的陣圖名稱。「四門斗底陣」陣勢的神奇，陣中變化萬千，四個門東、西、南、北各發金光射眼，類似《封神榜》「金光聖母的金光陣」。進入之後又有法寶打出，法寶的厲害、神奇等，這樣的形容點，又與「黃河陣」，混元金斗與金蛟剪的法寶相似，是轉訛的重新創作。既有重新創作，劇本的寫作就有演師本身的創作想法和添寫，陣法的神秘和組織，就為演師自我編寫陣法的自由想像。

　　從劇中對於「斗底陣」的形容，可以發現將不同小說或者劇本對於陣圖鋪寫的一種吸收。換言之，《卞宗子掛帥》是一種將不同描寫陣法主旨，融合於一劇中，將不同陣法的特點，加以吸收成為本劇中，陣法的一種特性。當然，要如何展現「四門斗底陣」的神祕，或許就在於劇團的表演方式。本劇比較不同的是，劇本中的濟公，反而不是劇中的所側重的重點，他是做為一種「解結」對象的人物，劇中的所有難關和破陣等，在濟公出現後做結束。這與《收白齊魚》劇，有異曲同工之妙。但差別在《白齊魚》劇，白齊魚並無排設陣法，是法寶與眾仙對陣，但本劇則是以陣法為最。陣法的編排，或許強調襯托出濟公的神通廣大，能有幫助卞宗子破陣的本領，濟公反而是配角。但因是在濟公的出現，將陣法及妖怪收伏，所以本劇仍是《濟公傳》中的一個單元。

（六）濟公戰八魔

　　《濟公戰八魔》的編寫年代相當早，約是在 1920～1930 年之間，並與公案小說《彭公案——牧羊陣》合為一個劇本。《濟公戰八魔》的劇本，東華共留有三本，前二本為張叫所編寫，後一本為張德成所編寫。第一本署名為《收八魔》，編撰年代為日治時期大正年間。第二本署名為《濟公大破魔火金光陣》，編寫年代為 1953～1954 年之間。第三本劇本封面署名《濟公戰八魔》，即張德成所抄寫，書面上題有甲寅年民國 63 年字樣，可以很確定的了解劇本年代為 1974 年。這三本劇本內容皆相同，也是唯一一個抄寫中國傳統章回小說《濟公全傳》的劇本單元，其抄寫的回數為：

　　　第二百三十四回　因講和仙翁斗八魔　六合童子炸碎葫蘆

　　　第二百三十五回　群魔怒擺金光陣　道緣偷盜斬魔劍

　　　第二百三十六回　神童子身逢魔火劫　請佛仙杵劍鎮群魔

　　　第二百三十七回　收八魔符咒封洞口　辦善會福善集金山〔註4〕

　　上述是《濟公傳》劇本所抄寫的回合章目。若再比較這三本劇本的差異，這三本劇本的書寫皆相同，唯張德成所抄寫的版本，有寫錄出人物的「引子句」，其餘的劇情走向，皆是相同。透過不同的版本書寫內容比較，可看出不同時期想做相同劇本的改變。但因行文篇幅，本小節並不以三本劇本為比較探討，僅以第一本劇本為主。故以第一本《收八魔》為主，藉由《收八魔》

───────────────

〔註4〕詳見清郭小亭編著，《濟公全傳》，中國：鳳凰出版社。

的劇本,分析其在商業劇場演出的特質。第一本《收八魔》劇本,劇本是以牛皮爲封面,其內文經筆者整理如下。

1、情節大綱

　　濟公雲遊淨慈寺,淨慈寺位於天竺山山頂,寺內本有一口水井,二十餘年無井水。住持向濟公訴苦寺內無井水,濟公化出九江之河神入水井。眾僧再向濟公訴明寺廟年久失修,濟公告訴眾僧,一月之內必可再造建出寺廟。李太后得病,宰相張士達到淨慈寺行香,夜晚夢見一位和尚身穿破衣,腳穿一雙破草鞋。向寺內和尚詢問,得知是爲濟公禪師。濟公隨張士達回朝廷,用靈丹救回李太后,太后賞銀十萬兩,修理再造淨慈寺,令張士達監工造廟宇工程,並封濟公爲護國禪師。濟公一月內再造起淨慈寺,告別眾僧雲遊而去。濟公雲遊四方,得知八個妖道要霸占金山寺,乃駕起小舟前往金山寺。八魔在魔火金光洞中帶著混元魔火幡、喪門劍、子午陰魂條,要前往金山寺抓拿濟公。到達金光寺的八妖,遇金光寺住持萬年永壽,向萬年永壽說要佔金光寺,六和童子祭出六合珠打萬年永壽,萬年變出本相大駝龍退走。金光寺眾僧侶大亂,慌忙逃走。八魔入寺將寺內佛像搬出,在此等待濟公到來。濟公來到金光寺,遇八魔大戰。太悅老仙翁、和尚鐵道緣講和。八魔不肯講和,大戰太悅老仙翁、鐵道緣,太悅仙翁放出葫蘆收六合童子,六合童子撐破葫蘆逃出。徐長慶、野鶴眞人呂洞明二人下山,徐長慶要三人前往仙山借取法寶才可破八魔。徐長慶令鐵道緣前往萬松山借斬魔劍,太悅仙翁前往九松山借降魔杵。

　　濟公與徐、呂二人入殿,濟公見一黑和尚坐定不語,已三年不語。濟公見狀向普妙背後輕打三下,普妙即醒。普妙得知濟公與八魔大戰,與濟公再次出殿迎戰八魔。六合童子祭出六合珠被濟公所收,臥雲居士祭出衝天矢,被普妙所破。八魔祭出混元魔火幡,此幡四面大火高千尺,普妙化出三道金光,被魔火幡燒化。八魔擺出魔火金光陣,濟公與普妙二人雙雙陷入魔火金光陣內。鐵道緣到萬松山,二位童子清風、明月告訴鐵道緣,紫下眞人不在洞中。鐵道緣向童子詢問斬魔劍在洞中何處?二位童子告訴鐵道緣斬魔劍藏在五層殿內,鐵道緣盜取出斬魔劍,前往破魔火金光陣。鐵道緣破陣被魔火所燒死,太悅老仙翁前往九松山松泉寺向紫霞眞人借降魔杵,松泉寺看廟的通臂猿猴,向泰月老仙翁說明師父不在廟寺,仙翁告別了通臂猿猴回去,見鐵道緣身屍大哭。八魔又出陣,祭出混元魔火幡,仙翁敗走。紫霞眞人身揹

斬魔、長眉羅漢、靈空長老帶降魔杵下凡，紫霞、長眉、靈空三人祭出斬魔劍、降魔杵將魔火金光陣的金光火打滅，濟公與普妙二人逃出金光陣，紫霞真人用劍指將八魔按倒在地，收回八魔，將八魔禁在鐵身洞，大破魔火金光陣，眾仙各回洞府。

2、劇本分析及演出

《收八魔》的故事，分有兩段。前一段主要敘述因淨慈寺年久失修，濟公為募集修繕經費，趁宮中官員祭祀祈求神靈之際，順到前往宮中醫治太后病情，濟公將太后情情醫治順利，皇帝封濟公為護國禪師，逐將淨慈寺修繕完畢。後一段則是濟公再次雲遊，途經金光寺。

濟公見寺廟內，被八魔所佔據。八魔在金光洞了解濟公前來，立即帶著本身所持有的寶貝，與濟公展開一場大亂鬥。後有諸多先人下凡幫助，亦被八魔打退，八魔排出魔火金光陣，陣內法寶厲害，濟公與普妙雙雙陷入陣中，後在濟公找尋破魔火金工光陣的寶劍，以及收八魔的道長前來，破除魔火金光陣，並將八魔禁在山洞。本劇的情節走向，相當明瞭。主要都是敘述濟公雲遊四方，替寺院的和尚完成鑿井和以解救太后的病情，替淨慈寺募集到修繕的費用，敘述濟公的扶危救助的精神。本劇中吸引觀眾注目的是由八魔所排取的魔火金光陣。金光陣中的寶物、金光四射等，強調陣法的厲害，濟公如何找尋到更高深的道長或神仙下凡，破除魔火金光陣，替金光寺解圍。然而除了陣法的金光、寶物選染以外，八魔人物的各顯神通，與濟公和天庭的神仙相互變化，各種奇形怪眾的動物、相互啃食互鬥的場景，亦是劇中所著重的呈現手法，展現皮影演師表演風格的特質。同時，透過這種變化的場面，增強劇本內容的豐富和視覺的一種感受。由劇團所拍攝的《收八魔》的廣告照片和廣告看板，相互比較，即能了解本劇濟公鬥法八魔時，注重在這種場面的展現。

《收八魔》劇本與上述的《芙蓉女》、《陰八卦》等劇本，有異曲同工之妙。都是強調濟公雲遊四海之時，路見不平，下凡幫助百姓解決危難。並妖魔都以排設陣法為主要的劇本主軸，這些陣法都具有奇妙和神奇功能，能夠取人性命。演出時強調在這些陣法的寶物和金光，如八魔所祭出混元魔火幡，此幡四面有大火，高千尺，天羅眾仙靠近即亡或傷，為顯現此幡的神秘，演師為以電光設備以及燈光火藥的物件，襯托此物的厲害，陣法同樣也會利用這些設備，強化出視覺的刺激，主要就是吸引觀眾的目光。以濟公下凡為解決點，濟公為解結的人物，將這些危害地方的妖怪收服。

（七）李賢明掛帥──攻打大狼山

《李賢明掛帥──攻打大狼山》的劇本編寫時間，不詳。劇本的編寫者為張叫，為「掛帥戲」的類型，劇本為張叫所自行創作。本劇分有兩個段落點，第一個段落為李賢明攻打大狼山橋段。第二個段落點是攻打同時，山寨主徐非請出師尊下山，排設陣法阻擋李賢明的進攻，李賢明軍隊無法攻下大狼山，後來濟公在雲端，看見戰鼓喧天、妖氣沖天，下凡來到李賢明軍隊，幫助李賢明攻打大狼山，為民除害，幫助宋朝解決危害地方的山寨土匪。本劇的演出，因有其攻打關隘的情節和軍隊出戰的情形，目前東華張德成留下反共抗俄劇《新濟公傳──李賢明攻打大狼山》的劇本，在臺灣國府反共抗俄最劇時期，常被用以改編成反共抗俄劇及演出。值得注意的是，《李賢明掛帥》常與《遊地府》劇本做連接，亦是由《遊地府》先演，或者是本劇先演，在接續《遊》劇。為何如此？主要乃是因其中的西華老祖人物有關。西華老祖為青、赤煉道人的師尊，西華道人皆在這兩劇中出現，有劇情的聯繫關係。但無論如何，本劇為進入商業劇初期的《濟公傳》劇本之一，而劇本有何種演出特質，能吸引觀眾的目光？以下將藉由劇本的分析，了解《李》劇的特殊之處。

1、內容大綱

宋朝高宗皇帝命上朝，因文官上奏大狼山匪徒徐非自霸一方，殺人無數。並且危害鄉里，百姓無法可施。高宗皇帝聽聞，即令李賢明封為統兵馬大元帥之職，領兵六萬，戰將數百名，點將出發攻打大狼山。李賢明領了皇帝旨意，即刻點兵領將，出發攻打。大狼山土匪寨主徐非出場，早年拜西華老祖為師，並山寨內參有學習奇門遁甲高深的匪將。小軍來報，言說大宋李賢明領兵往大狼山來。徐非立即點了一股土匪人馬，前往山腳應戰。宋軍稅不可擋，不過多時土匪死傷慘重，徐非見狀，即與李賢明對戰。徐非放出先天化血槌，此槌乃師尊所賜，被李賢明用誅妖劍所殺退。徐非與眾土匪退回山寨。西華老祖下凡，得知徐非有難，幫助徐非擊退李賢明。西華老祖並在山腳排設「陰陽三十六陣」，此陣以三十六天罡，七十二地煞所設置，內中以人骨帶動地府陰兵，抓拿眾人陰魂。陣外又放置催魂命咒百骨幡，宋軍人馬由陣中穿過，即刻死亡。李賢明派蔡雷等一股將軍探陣，雙雙陷入陣。李賢明無計可施。

　　濟公雲遊四海，前到大狼山山腳。見到人聲喊叫、陰魂沖天，便向前觀看。濟公了解後，即與西華老祖展開一場大對戰。西華老祖與濟公雙雙以法寶互鬥，西華老祖的天地幡相當厲害，濟公無計可施，此時天庭眾仙下凡前來幫助濟公，但眾仙皆被陰陽陣所傷，無法破除。在與眾仙的商議之下，只好前到西方求取佛祖和彌勒佛幫助，彌勒佛要濟公前往借取先天劍，方可破除。濟公只好前往金光洞借取寶物，濟公借到先天劍後，將西華老祖所排設的陰陽三十六陣破除，徐非被李賢明斬殺，大狼山既破，李賢明班師回朝，濟公繼續前往臨安收妖。

2、分析與演出

　　本劇的主軸，即是以李賢明掛帥為主，在李賢明掛帥攻打途中，因受到西華老祖所排設的陣法，無法攻破。後來濟公下凡，幫助李賢明攻打「陰陽三十六陣」，替李賢明解圍。本劇的編寫偏向「掛帥戲」，既為「掛帥戲」內中不乏安插相當多傳統皮影劇本掛帥的特質藝術性。將這些臺灣傳統皮影戲的掛帥演出，安排進入劇中人表現。本劇的主軸點，依是放置於後者的破陣，破陣的橋段，亦為劇中演出，最為刺激緊張的部分。西華老祖既是深山修道的妖道，必有學習高深的妖法與同道中人，排設陣法後，立即邀請相當多的同道中人，前來鎮守陣式，務使李賢明無法進攻。如何將「陰陽三十六陣」表現得神秘且神奇，則是演師所必須考慮的部分。藉重燈光和音響，塑造出陣法的厲害，不過；為了在演出有幽默的氛圍，有時在陣中小鬼出現後，演師會播放中西方的輕音樂，或者西方交際舞的音樂，演出小鬼跳舞的動作模樣，以讓觀眾感覺滑稽的效果，化解劇中緊張的氣氛。然為加強或吸引觀眾的目光，本劇的演出有時，亦會加進現代的創作表演，這種創作表演的起源，來自張德成反共抗俄劇的靈感，如：1965 年 9 月 12 日，東華位於屏東縣高樹鄉田子戲院演出，其記錄提到：

　　第 4 天收西華連大狼飛機殺賊止。〔註5〕

　　這一段本劇的演出，有以飛機大砲類似反共抗俄的場景，加強破陣的視覺效果。不為是一種將新的創作概念，延伸進入劇中的表現。可就商業劇場的觀眾而言，當時的田子戲院觀眾群，並不會因為這種傳統與現代的融合，而有所排斥，反而會覺得有新穎視覺之感。但這種傳統與新式的創作融合，

〔註 5〕《東華皮戲團各地上演紀錄表》，頁 406。

並非所有商業劇場的觀眾都會有所接受，演師會評斷劇場的觀眾文化，才會有所運用。

透過劇本的劇本編寫，吾人大致可以了解，本劇的編寫是吸取傳統皮影戲的掛帥戲主旨，套以濟公下凡伏妖的方式，相互融合。其劇中爲了強調演出陣法的特性，和神魔仙妖的相互比武鬥法，亦具有神魔的思想情節，主要也是在襯托出一種神魔鬥爭的虛幻場面，由此，吾人得以解析，商業劇場的演出，神魔思想的劇情和破陣的劇情，亦有吸引觀眾的市場。相當重要的一點，如何將這些神魔的鬥爭或破陣的場面，表演的淋漓盡致，吸引住觀眾，就必須倚賴劇團演師的詮釋方式。

（八）鍾員公子娶妻

《鍾員公子娶妻》爲張叫所創作。劇本封面頁，以鋼筆書寫民國丁亥年日期，可知該劇編寫完成於 1947 年左右。由此日期書寫，吾人可知本劇的編寫，年代相當早。亦是先於外臺酬神戲的演出後，在帶往商業劇場的體系演出。本劇表紙二十張共三十九頁。本劇可以單獨唯一劇演出，亦可以接續的《濟公傳》單元。劇本故事大致描寫富家公子鍾員，因五月初五端午日，出外遊賞。欲強娶民女所衍生出一連串之事件，本劇的演出點時期爲何？據東華皮戲團 1958 年 4 月 24 日，星期四的廣告戲單，即有寫明《鍾員公子娶妻》的劇本大綱，如下：

> 連續鍾員公主（子）出外，看趙清員外女兒，容貌娟秀，起初大禍，
> 殺到鐘府公主教頭，鐘相府老夫人寫信請三山關總兵邱守治起兵往
> 趙家庄，一場大戰起焉，欲知詳情請看連續七本。

1958 年的廣告戲單，即有書寫劇本的內容大綱，可知該劇本於 1958 年業已編寫完成，且是以連接不同《濟公傳》單元之後方式，做爲演出。本劇的演出，有何種特質？能夠吸引觀眾的目光？以下，將透過劇本分析，解析劇本的內容特性。據劇本內文，筆者整理劇本情節如下。

1、故事情節

鍾員公子五月端午佳節出外遊賞觀看龍船，見得趙青員外的女兒年輕美貌，強迫娶親。趙青員外無奈之時，遇見楊興豹、陳美容夫妻，楊、陳二人得知此事後，陳美容代替趙女嫁鍾員，迎親當天陳美容殺死鍾員公子，鐘府四位教師鄧戊、鄧豹、趙文、趙武見狀，會戰楊、陳二人。楊興豹、陳美容

夫妻會戰一番，二人打死四位教師。鐘員之父鐘士安送書信請三山關總兵邱守治援助。邱守治得知帶領海天雄、于六、郝天彪、黑天豹四位前來亂戰楊興豹、陳美容夫妻。此時；朔州莫衣縣鬱遲亮、鬱遲太又前來助戰，鐵頭師前來放絪繩抓楊、陳二人。濟公雲遊至此，見楊興豹、陳美容夫妻危險，將二人救出。鐘士安奸相回府，寫書到董家寨請董天福、天祿、天壽前來幫助。胡昌巡案官點將，令蕭天鳳、大力霸王胡金標、薛明冬、鐵貝英、白春棠、蔡金花、氾呂，七將到陝西巡案。自己則假扮相命先生古月。後來，濟公雲遊至此，了解前因後果後，前往飛龍山借出飛龍劍，斬死黑毛道人，並以飛龍劍斬壞奪仙陣。再請眾佛友下山。丹傳老祖下山收回花蛇太保，紅顏老祖收老人蛇，天寶道人收怪手二郎，雙頭獅原是長眉老祖洞中的雙頭獅宣爐所變化而私逃下山，長眉老祖下山收雙頭獅，雙頭獅變成雙頭獅宣爐，濟公助白敬初元帥大破奪仙陣完備，眾仙各歸仙山。

2、劇本分析

《鍾員公子娶親》與《高富娶親》的內容構想雷同，都是不務正業的紈袴子弟，因想強搶民女，引申出一連串的事件與濟公下凡的解危。不過，若和《高富》劇的編寫，兩劇明顯在劇情的鋪敘上略顯不同。《鍾》劇的編寫主軸點，有幾點方向。其一鍾員帶家府一群教頭遊賞風景，見到趙青之女生得相當標緻，有意將其強娶為妻。後來楊興豹、陳美容夫妻二位俠士，路見不平打退鍾員的武術教頭，鍾員之父鍾士安發信請三山關總兵邱守治帶兵前來援助，而後濟公見楊興豹夫妻有危難，下凡前來幫助，引起一場紛爭。在紛爭之下，引發不同的道友前來，濟公與雙方展開一場鬥爭。後來這些惡人為復仇，再尋找相關志同道合的友人，下山前來助陣。第二由雲光寺金光僧到天定山相探，看見董家寨被燒壞，得知是被宋軍給攻破，相當大怒。排設機關樓陷阱，陷害宋營軍兵喪命。金光僧與黑毛道人亦與鍾士安有聯繫，雙方因此與濟公結下仇恨。再來是濟公幫助楊興豹夫妻後，再前往幫助白敬初元帥，攻打天定山，並攻破金光僧的機關樓，借出飛龍劍斬死黑毛道人與破奪仙陣，替百姓與白敬初元帥解圍，在雲遊四海，眾仙各回仙山。由上述這兩條的主線，構成本劇的求節內容，亦此吾人大致可以看出本劇的一個編寫方向。是以濟公替百姓解決困難，並幫助白敬初元帥平定奪仙陣。不過，看似簡易的情節走向，或許可以發現本劇編寫的特色。

（1）、劍俠戲的主軸創作動機

劍俠戲的劇情，大致上包含了幾個主軸，其一是以機關樓或陣圖的主體，機關樓常常暗設奇特的機關或者陣圖的排法，全都是由道行高深的邪魔歪道所設計。其二就是展現劍俠人物的打抱不平等性格。已於上章節論述過，從劇中的楊興豹夫妻，因見到鍾員的強搶民女，楊興豹見狀出手解救。這種出手解救的行爲，類似劍俠戲裡劍俠的性格。再來由金光僧所排設的機關樓，機關樓內機關重重，稍有閃失取人性命。機關樓是劍俠戲演出，相當常見的劇情。都是敘述劍俠人物如何破取機關，替百姓解決危害鄉里的惡霸等。「陣圖」亦是「劍俠戲」裡，不乏可見到的劇情，如，皮影戲劇本的《荒山劍俠》、《怪劍仙》等，就是以俠義人士，破除陣圖的劇情爲最，也是劇中情節最爲緊張刺激的部分。而《鍾員公子娶親》劇中，楊興豹的仗義、金光僧的機關樓，不約而同可以見得以「劍俠戲」編寫主軸概念的一種創作，也呈現戰後的所編寫的《濟公傳》，在劇情上受到「劍俠戲」的一種影響，將劍俠的劇情，以不同呈現方式，編寫而出。

（2）、掛帥戲和公案劇的融合

掛帥戲原就爲臺灣皮影戲的劇本之一，清末的臺灣皮影戲，掛帥與公案的劇情，原就盛行於民間。掛帥的主軸，多是將軍或元帥，奉旨征討危害邊境、鄉里的土賊、番兵。藉由雙方的軍事戰鬥，展現出劇情的緊張，掛帥的劇情，多有神魔的下凡，以寶物或法力的相互較勁，有豐富劇情、製造劇情緊張的作用。公案劇的的主軸，講究巡按或微服私巡的官吏，暗中查訪、查案、體察民情的情節，藉以微服私巡中，替百姓斬除危害鄉里的惡霸。若由掛帥和公案這兩種劇本的類型，皮影戲這兩種類型的劇本相當多，亦是演師所熟悉的劇本類型之一，既爲自行編撰的劇本，自然而然會將其所了解的劇本型態，編寫入劇情中。本劇中的白敬初掛帥攻打奪仙陣和胡巡官，微服私巡體察民情，就是將傳統皮影掛帥戲和公案劇，相互融合，構成本劇最後的結局。反應在戰後所編寫的《濟公傳》單元，演師將不同劇本的本質，相互的融合，形成有別於傳統章回小說《濟公傳》的模式。

透過《鍾員公子》的劇本分析，吾人可知，戰後所編寫的《鍾》劇，含括入了戰後所流行的劍俠情節與公案劇情，表達了演師當年所創作，將其當時所流行的元素，寫入劇中。藉由不同的人物編寫，將劍俠的主軸、「掛帥」的情節與「公案劇」的類型，合成爲一種劇本的表演方式。不過，相當有趣

的是，本劇的劇情，亦延伸相同情節，但劇中人物不同的《濟公傳》單元，如同，1965 年 10 月 12 日，東華位於屏東縣東港鎮大舞臺戲院演出，提到：

> 日戲第一天演鐘員迫娶趙青之女濟公下凡插然燈古佛大戰，靜安來
> 騙福精（蝙蝠精）下凡戰止。〔註6〕

靜安來蝙蝠精，是另一齣《濟公傳——張員娶親》的劇本。《張員娶親》亦是《濟公傳》單元之一，1962 年 2 月 6 日，東華張德成就曾以該劇在屏東泗溝水酬神外臺戲演出過。如：張德成的紀載：

> 濟公傳，張員娶親起，收蝙蝠破金光寺止。〔註7〕

《張員公子》劇本，編寫年代爲日治大正年間左右。《張員》一劇在商業劇場較少演出，主要是因劇情內容與《鍾員》劇本，相當雷同，都有「機關樓」。差別只在破金光寺的機關與人物爲蝙蝠精，且是以濟公收除蝙蝠精爲結尾，所以只選《鍾員》爲演出本。換言之，當時劇本的演出，有不同劇本橋段人物的相互安插。也顯現了《濟公傳》劇本的變異和通俗。《鍾員》雖然名爲《濟公傳》，但「濟公」在劇中，並不是相當重要的主人翁，只是一個解決問題和助人渡過難過的神佛。濟公的出現，對劇情而言，是對劇情做一個完整收尾的編寫。然因濟公的出現，是化解衝突和助人渡過危險，所以亦是將其安插入《濟公傳》一環。上述的《濟公傳》單元，雖都沿用外臺酬神戲的演出劇本，然吾人需前去注意，酬神戲演出有其傳統的演出模式，人物出場的出將入相、唱曲等，都有傳統的規範。可商業劇場的演出，有適應觀眾或劇場的演出表演文化。劇團爲適應劇場文化，勢必有其改變。如，表演音樂。上述過戲院的演出，有音樂上的變革。音樂的變革有流行音樂和傳統音樂，兩個部分。若劇團使用了流行音樂，則會將傳統的唱曲改以流行音樂，已當時的國、臺語流行音樂，代替人物的唱曲。後場音樂則更動爲輕音樂或者西洋音樂方式，取代傳統的皮影戲後場。或者引用傳統的北管音樂後場，做爲皮影戲的音樂。從音樂的變異上，反應上述《濟公傳》單元，雖演出劇情是使用外臺酬神劇本，但在商業劇場中，會有其符合劇場文化的改變。

〔註 6〕《東華皮戲團各地上演紀錄表》，頁 414
〔註 7〕張德成《外臺演戲記錄本》第一本，頁 3。

第三節 《濟公過臺灣》的新創作

　　商業劇場的《濟公傳》劇本演出單元，由上述的八本劇本來看，多是沿用外臺酬神戲劇本。依照東華所留的 1954 年所新編《濟公傳》的劇本，亦有《濟公過臺灣──群妖五雲陣》一本。《濟公過臺灣》可能是臺灣皮影戲唯一以臺灣歷史事件，地名的一本劇本。透過 1950 年代的臺灣皮影戲劇本，《濟公過臺灣》吾人可以看出濟公對於民間戲曲的影響。

一、編寫歷程

　　《濟公過臺灣》為商業劇場《濟公傳》演出的連本戲，它有別於上述的《濟公傳》劇本，是以長篇型的建構模式，做為劇本的演出。本劇的演出，通常為《濟公傳》戲齣演出的最後一本，或者適用於劇場天數較長的檔期，所演出的劇本，劇本編寫者為張叫。本劇的編寫年代，依照劇本內頁，以報紙黏貼的書面日期為「中華民國四十三年」，而劇本的書寫紙張，背面印有行政院院長「俞鴻鈞」的字樣，俞鴻鈞院長，為 1954 年 6 月 1 日上任，1958 年 7 月 15 日交接。可約略的建構出本劇完成 1954～1958 年之間。再根據 1958 年的廣告戲單，已有該劇的廣告劇情。如，1958 年的《濟公傳》第十本（即濟公過臺灣第一集）廣告戲單的劇情介紹：

> 濟公過臺灣，蜘蛛精以濟公殺死眾道友，仇恨未報，擬赴白良潭於
> 五月五日豪光出現時取寶劍與妖滅佛，濟公在臺灣澎湖內雲遊，一
> 時心血來潮，算知蜘蛛精要取寶劍與佛作對，即在途中候之，女妖
> 一到大戰逐起，鄧連芳前來助師妹蜘蛛精，鄧放子母陰魂將濟公綁
> 走，鄧乃偕蜘蛛到九松山救師父八魔，（被禁藏魔洞五十年久），…，
> 雙方大鬥法寶，芙蓉城主排滅佛誅仙陣，大獻神通，欲知詳情，請
> 看續集十一本。」

　　由廣告戲單的劇情書寫，其勢必在 1958 年就已經完成，故而本劇本的寫作與完成，即是在 1954 年至 1957 年之間。《濟公過臺灣》共分為上、下二本。第一本開頭書寫〈芙蓉諸仙陣〉、〈群妖五雲陣〉、〈大破天地會〉，第二本則為〈群妖五雲陣〉、〈大破天地會〉。然而，劇本的編撰時期，透露出何種訊息？為何會在 1954 年之後，再次編撰出《濟公過臺灣》？其是否有受到其他劇種的編寫劇本的影響？還是有其劇場的環境因素？若吾人由戰後臺灣戲園布袋戲的報紙廣告相互比較，1954 年後，臺灣的布袋戲以劍俠或武俠的戲齣，逐

漸開始編寫轉向金剛戲的劇本模式。如：新興閣二團的《女俠粉蝶兒》、《奇俠怪影》、《武童劍俠》；寶五洲掌中班的《玉神童大鬧百魔教》、《文中俠血戰乾坤山》等。〔註8〕金剛戲的特色，劇情的編排，強調正／邪兩派永無休止的鬥爭，人物越請越強，有金剛護體、瑞氣千條之感，音樂採以中西合併、戲偶人物的奇形怪狀等。若布袋戲即開始以金剛模式的編寫劇本和演出，呈現劇場演出文化和觀眾消費觀感的改變。由這個觀點來看，1954 年的商業劇場布袋戲，已嘗試在劇本內容上逐漸改變，所呈現的是商業劇場文化形式的悄然變異。皮影戲在當下，雖亦是以過往酬神戲的《濟公傳》劇本文演出，不過，在商業劇場布袋戲和文化的變異之下，也開始嘗試劇本的編寫和創作。但此時期所編寫的《濟公過臺灣》劇本，尚未出如「金剛護體、瑞氣千條」之劇情鋪陳，尚維持在先前舊有傳統表現模式，類似金剛戲，則必須等到《北跤趾》劇本的出現。本劇的創作，或許吾人再去思索，為何當《濟公過臺灣》的劇本誕生後，皮影戲不用《濟公過臺灣》，做為如同布袋戲「金剛戲」的模式創作或編寫？當然，不同劇種的相互比較，需考慮不同劇種的演出特質與所要帶給觀眾的呈藝方式。皮影戲以先前的演出，劇場的消費觀眾群，能夠接受這樣的呈藝方式，這樣的演出能夠得到大眾的迴響，皮影戲則依序持續使用先前的《濟公傳》劇本單元，為劇場的演出本，由於本劇的編寫與演出，橫跨戲偶的變革時期，故可見到濟公戲偶的變異。然而，皮影戲的《濟公過臺灣》故事劇情，有何種吸引觀眾之處？則需透過劇本的內容寫作分析，看出其特殊之處。

二、故事大綱

本劇主要的編寫，要圍繞在三個段落。第一個段落是濟公雲遊四海，遇見芙蓉主婦的門徒蜘蛛精，欲前往白能潭奪取明珠寶劍。第二是芙蓉妖排起芙蓉諸（誅）仙陣（滅佛誅仙陣、白龍潭取劍）、五雲老祖起群妖五雲陣、三為大破八卦教怪聲神天祖在臺灣承天府總教壇的天地會。故事情節講述佛、道、仙、人界面臨一千五百年的大劫數。背景的故事起點發生在大宋年間，每逢五月初五的午時，白能（龍）潭會出現一支明珠寶劍，明珠寶劍能斬斷日月三光，世界的諸佛魔仙，誰能夠得其寶劍就能天下無敵。故神佛、妖道

展開了一場大戰鬥（見圖27），群妖眾魔在臺灣排起惡陣，大宋皇帝也面臨皇位被謀篡危機，最後危機解除，天下太平。

圖27：1969年酬神戲演出《濟公過臺灣》眾仙大戰群妖五雲陣場景。（東華皮戲團提供）

　　臺灣的天地會總教堂教主，逃到臺灣。五雲老祖向總教祖怪聲神天說明外佛教破陣的事由，並請求崑崙老師祖師父的援助，等待機會來臨，怪聲神天祖隨即號召臺灣的天地會各教主。第三、四、五、六、七、八教各教堂的堂主起兵反宋。並且在臺南承天府的總教堂排設陣勢，等待濟公等一行前來送命。此時；由古談元佛所抱回的楊天仇、與大宋太子趙劍平二人已長大成人，下山前來幫助濟公眾仙掃蕩天地會，最後，如來佛祖領眾仙大破臺臺灣的天地會各個教堂，楊天仇報了殺母之仇，而趙劍平則與母親何秋月相會，回到大宋天下太平。眾仙共同渡過一千五百年的佛道的大劫殺，在收除了妖怪以後，各回仙山修練，濟公則繼續雲遊四海，替百姓伸冤。

（一）《濟公過臺灣》劇本分析

　　透過劇本的故事大綱，《濟公過臺灣》的故事點，仍是以宋朝爲背景。講述臺灣島澎湖的蜘蛛精，要前往白龍潭盜取明珠寶劍，「明珠寶劍」即是以劍俠小說《三合明珠寶劍》的「明珠寶劍」而來，這個盜取的動作事件，則是仙魔佛道所要面臨的一千五百年的大劫難。爲了阻擋這個劫難，濟公與神佛必須阻擋這個劫難的發生，而妖道爲了報復先前所受到的恥辱，五雲老祖排設「群妖五雲陣」、「芙蓉誅仙陣」，以劫殺眾仙。當然在這個仙佛神魔相互鬥法之時，爲了破陣或阻擋妖魔的進逼，延伸出相當多法力高強的神佛仙道共同下凡，以阻止妖魔的進逼。凡間的大宋高宗皇帝，也面臨到劫數。換言之，這個劫難是天、人、佛道妖所需共同面臨的。後來這個劫數在濟公的幫助與眾仙的援助之下，大宋天下又恢復過往的國泰民安，神佛仙道破除了妖道的陣法後，共同度過一千五百年的大劫難。從上列的故事情節敘述中，吾人可以發現到在整齣《濟公過臺灣》的劇本中，主軸要講述善、惡鬥爭，惡（妖魔）最後將敗亡的道理。情節內容的腳步緊湊，當情節快要結束時，又引起另一個情節的延伸。人物寫作方面，每個人物的出現都與情節相互關聯，因爲人物的出現，而引發後續一連串與仙佛的對抗情節。另一方面，人物角色的眾多繁雜。在《濟公過臺灣》中，仙佛、妖魔等人物，一共出現有 117 個，內中除出現濟公、觀音菩薩、如來佛祖，楊戩等較爲人所熟知的神佛以外，也創出虛構的人物，如；乾坤洞主、鬼岩子、怪聲神天祖、雙龍火神祖、紅衣老祖師…等。顯見人物對於劇情的關係，是十分密切，缺一人物則會造成劇情演出銜接上的困難。此外在人物的名稱上，如：金毛海馬孫得亮、水夜叉韓能大、火眼江猪孫得明、浪裡鑽韓慶小、臥雲居士靈霄、桂林樵夫王九峰、天河釣叟楊明遠、仙雲居士朱長原、白雲居士聘肅、搬倒乾坤党燕、蹬翻宇宙洪韜、六合童子揀海，又類似內臺金光布袋戲或劍俠戲書寫人物的名稱，可了解到當時在創作人物名稱時，可能有受到的影響。

　　本劇的重點爲三個主軸，即是盜劍、破陣、破天地會，由這三個主軸點，串起本劇故事內容。可是看似三個簡單的情節點，是否存在了一種相當特殊的創作手法？或者劇本書寫的臺灣主體性產生？以下，將透過劇本的內容寫作，探討其劇本所編寫的特質。

（二）《嘉慶君遊臺灣》的重新塑造與延伸

臺灣皮影戲的劇本創作或書寫，除引自潮州影戲舊有的傳統劇本，如：《高文舉》、《高文峰》、《斐忠慶》，章回小說《樊梨花掛帥》、《南遊記》，不乏有抄寫中國漳泉區的稗官野史，如：《林震狀元》等。然傳進臺灣後，在臺灣民間文化的影響之下，劇本的抄寫，除維持了舊有的「老爺冊」劇本之外，亦開始將劇本題材，轉向臺灣的民間故事寫作，例如：《塩水陳宗能故事》、《（牽）豬哥亮賣老母》等。這些取材臺灣民間的故事劇本題材，表達了臺灣皮影劇本臺灣化的表現，就劇本字面上而言，是一種自由虛構的想像。但是，若由流傳臺灣民間故事的根本溯源，或許能看出民間故事的再延伸。《濟公過臺灣》是東華張叫的自我編寫，可吾人再將其劇本的內容創作書寫構想，其或許是延伸自臺灣民間故事與稗官野史筆下，加以渲染而成「嘉慶君遊臺灣」的故事。

《嘉慶君遊臺灣》的傳說故事，為臺灣相當廣為流傳的傳說故事。嘉慶君遊臺灣的故事，在臺灣民間有不同的版本，不過大致上的故事內容架構，都是講述身為皇清太子的嘉慶君，年少時曾經微服出巡，遊歷臺灣。在臺灣的嘉慶君遊遍臺灣各地，為臺灣的諸多地方取下地名，遊歷途中鏟奸了危害臺灣的惡霸、懲治貪贓枉法的官員，並品嘗了臺灣出產的名產，當然遊歷途中亦遭受到了一些危難，由於身為大清太子，自幼就有皇氣在身和與本身所具有的皇帝靈氣，總能化險為夷，受到上天神祇的眷顧，增添了故事發展的幾許神秘性。如果吾人將《濟公過臺灣》的劇本內容，與《嘉慶君遊臺灣》故事相互比較，或許能看到些許的相似處。以 1954 年慶芳書局所出版《嘉慶君遊臺灣》為例，內中的緒言提到：

> 因獻文旦遇機會。嘉慶遊臺灣。勝景。考察民情風俗。結交義士。
>
> 監察奸忠。內容趣味津津。堪作茶前酒後妙談。〔註9〕

該小說明文說明，嘉慶遊臺除是遊覽臺灣的風光勝景以外，亦考察臺灣的民情和監察奸忠的主旨。由該主旨，吾人轉其《濟公過臺灣》一劇，濟公雲遊之時，因看到芙蓉城芙蓉主婦的門徒蜘蛛精，要前往白能潭奪取明珠寶劍。濟公適時阻擋蜘蛛精奪取寶劍的行為，引發出濟公為找尋破解妖道的法術，必須進入臺灣城遊覽，尋找破解之法。而江西省的白能潭，白能潭出現明珠寶劍，明珠寶劍幻化成人，名為雙能神火祖，神火祖奉無極天尊的命令，

〔註9〕詳見丁德春，1954，《嘉慶君遊臺灣》，高雄：慶芳書局，頁1。

降落在白能潭。讓有緣之人得到，以保護大宋的江山。得知眾人要來奪取，但眾人中無緣之人，便入潭內發出五彩豪光、波浪滔天，前往白能潭奪取的眾仙被打退甚多。此時；臺灣島上出現駕馭「自動車」〔註10〕和「腳踏車」的百姓，被白能潭所出現的烈焰滔光，驚嚇走散。然臺灣島內百姓所駕御的自動車、腳踏車，將臺灣常民的生活百態給呈現出來，與小說中，敘述嘉慶君遊歷臺灣的種種常民景象，有異曲同工之妙。《嘉慶君》小說是以嘉慶遊歷臺灣各個風光勝景，途中不乏有將風光景勝的風景，作一番描述。但戲劇演出，與小說所敘述的媒介不同，必須要展現人物的生活動作情況，如同，劇本則描繪出臺灣1950年代，臺灣常民使用自動車和腳踏車的景象，將現代的產物，融入劇情的發展，製造笑料、吸引觀眾了解，是一種不同時空背景的虛幻表現。而濟公的個性打抱不平又具仁慈之心，常在途中懲奸除惡，替臺灣百姓斬除禍害。又與小說，嘉慶君因遊歷臺灣各處，鋤奸產惡的主旨，所要表達的相同。雖然開頭主軸不同，但都是在途中，看到惡霸或妖道，將惡勢力剷除。再者，丁德春所編寫的《嘉慶君遊臺灣》一書中，「第十二回太子林杞埔食番藷」，敘述嘉慶在林杞埔受到老人邀請吃在地的番薯。但劇本則是：

> 鬧海神童無計可施下，使用側地術，潛入府中盜走華陽祖師的神靈碧火劍和天地圖，鬧海回到萬佛山交付濟公神靈碧火劍。但雖破陣的五項法器有了，但卻無破滅佛株仙陣的陣圖，濟公得知該陣圖在臺灣臺南府諸羅縣的林杞埔豹頭怪神魔之處。濟公再次令鬧海神童前往林杞埔向豹頭怪神魔偷取陣圖。

嘉慶君在林杞埔吃番薯，劇本則是以林杞埔有破陣的陣圖，必須命令鬧海神童前往盜取，才可破除妖道的陣勢。由此，雖內容有所不同，但所要闡述的主軸有相當相似之處。換句話說，本劇是將《嘉慶君遊臺灣》的故事，改成《濟公過臺灣》，濟公即是嘉慶的變異，透過濟公的「過」，在「過」的途中為老百姓除去危害的鄉里的惡霸與妖道。嘉慶是以遊歷臺灣為主軸，「濟公」則是以「過」臺灣的經過，解決在臺灣所發生的一連串事件。

（三）小說主旨拼貼

章回小說的寫作，如同上章節，在皮影戲的劇中，不難見到。顯示章回小說的文學內容，對於演師的影響。有演出的劇本，皮影演師通常對於所抄寫的章回小說或者其他小說類，如「公案劇」、「才子佳人劇」、「神魔劇」、「歷

〔註10〕劇中自動車（じどう－しゃ）即汽車，為日文的漢字。

史劇」，就會有一定程度的了解。既有一定程度的了解，將小說的故事特性，融入創作劇本，亦是劇本創作取材的對象之一。《濟公過臺灣》的內容，雖是延伸臺灣民間的《嘉慶君遊臺灣》，但為讓劇本的內容有更豐富的呈現，演師會有將所演出或閱讀熟悉的章回小說故事特性，帶入劇本，做不同程度的拼貼。由《濟》本中，可以看到演師將不同章回小說，融入的身影。如，劇中：

> 大宋皇帝宋高宗登殿，慶祝天下太平。西宮娘娘徐秀雲得知正宮娘娘懷有身孕，擔心正宮若生下太子，恐將失寵。逐命令宮娥用草人寫萬歲生時八字，藏於外碎床下，嫁禍正宮。萬歲高宗皇帝到正宮處，果真發現草人等物件，十分生氣。傳旨將正宮禁在冷宮，若正宮生下太子則一切無罪。此時，太白金星帶李哪吒出世投胎。宮女報知西宮徐秀雲，正宮何秋月已經生下太子，西宮逐下令太監放火燒冷宮。同時間，正宮何秋月因生產不能走路，將太子交付太監許忠逃離。古談元佛見狀隨即用金光救走何秋月。

本段的情節，高宗皇帝登基，西宮娘娘因為擔心正宮所下太子，逐寫草人的厭勝物，壓於床下，要嫁禍正宮。皇帝得知，要正宮生下太子即可免除罪責。劇本的描述，類似取材自西漢漢武帝時，所發生的巫蠱之禍題材。因大臣江充與太子劉據不合，逐趁機陷害太子，誣陷太子埋藏厭勝物，後太子劉據起兵反抗，漢武帝發兵鎮壓，太子即自殺。劇中的描寫，則是西漢巫蠱之禍的事件，編寫成劇情。而正宮生下太子，因西宮娘娘的放火，正宮逐將太子交付太監許忠逃離火場。若以該段與《包公案》中的「狸貓換太子」一劇，相互比較。可以看到彼此相似的內容密切關聯寫作。《包公案》抄寫自《三俠五義》，〔註11〕《包公案》的劇本，在臺灣皮影戲劇本不少，以東華大正十年（1921）的《包三黑》為例子，狸貓換太子、審郭槐的劇情，為《包三黑》劇本劇情的一部分，抄寫來自小說中的第一回〈設陰謀臨產換太子〉，簡述劉太后用狸貓換太子的經過，包公扮閻王審郭槐。描寫如下：

> 陰鬼寇珠大鬧金殿科、陳琳、楊忠、象宮娥大驚、報萬歲。仁宗帝上科，夢見文振刑（形）像大科、彩畫圖命左相王芭去對圖大科，王芭命左右出四外查看有報。

〔註11〕 本文所依據《三俠五義》的章回小說版本為，清石玉崑，1988，《三俠五義》，臺北：智楊。

包文振再草州橋、范宗華皆到橋寶馬不行到廟放告，范宗華叫告到破窯引告。文振認做母子相清（請）。李娘娘有黃緞袱有金丸一粒，上寫玉宸宮字儀（樣），母子大科，（包公）言回府，先命包興迎書一封回府，李氏夫人，大喜，出府迎接。入后（後），娘白：言前事。也是母子相清（請），李氏手執金面盆往花園告天，天庭降甘路（露）水，洗目如旧（舊）。

秋太后壽誕，言請包太太入南清宮太科，李秋相認大科

劉太后致病，秋太后聞病假病，內侍接帝。仁宗帝問安到劉太后，什報，秋太后病。帝過南清宮問安，眞母子相認。黃緞袱有金丸一粒，玉宸宮字儀，大哭科下。

帝寫昭一封命九千歲郭槐帶招往開封府再命陳琳隨後（后）宣讀。

文振接招，郭槐被細，升堂，不認言到陰臺愿認。退出府在廟開陰堂，公孫策做主簿，文振做主宰，升堂迫昭（招）文振將沼（招）狀送回朝。

帝上殿戥倒旨，斬槐，帝親沼劉太后，看狀失色，自盡。

由上《包三黑》劇本對於狸貓換太子、審郭槐一事的內容描述十分簡短，在細節和人物的敘述上，完全省略。講明開封府尹包拯在陳州放糧時，遇上了一陣落帽風，將包拯的烏紗帽吹落至一青年手中，青年人透露了自己的養母，是一個雙目失明的老婦，她想見包大人替她申冤 20 年前的冤情，於是包拯便隨青年來到家中，老婦人向他述說自己姓李，爲當今宋仁宗的生母。當年有了身孕。但劉德妃起了惡念，在李娘娘臨盆之際，命總管太監郭槐買通接生婆，將李娘娘的兒子換成剝了皮的狸貓，再命宮女寇珠將嬰兒丟入宮外御河裡淹死，寇珠不忍，適逢遇上太監陳琳前往八賢王府，於是將嬰兒交給陳琳帶去八賢王府中藏匿。宋眞宗被劉德妃蒙騙了，認爲李娘娘產下狸貓，一怒之下將李娘娘打入冷宮，而劉德妃則爲皇后。劉皇后打算斬草除根殺死李娘娘，命郭槐去放火燒死李宸妃，李娘娘趁亂逃出了宮外。後包拯深入後宮查明此事。最終郭槐伏法，劉太后自縊，母子始得相認，李娘娘終入主後宮，而爲皇太后。

然《濟公過臺灣》中，則是將皇帝改成宋高宗登殿，西宮娘娘徐秀雲得知正宮娘娘懷有身孕，擔心正宮若生下太子，陷害正宮，太白金星帶李哪吒出世投胎，西宮下令太監放火燒冷宮。正宮何秋月將太子交付太監許忠逃離。

古談元佛見狀，隨即用金光救走何秋月。太白金星帶李哪吒出世有宗教神怪的因果存在，太監許忠救走太子，則又類似《包公案》太監陳琳救走太子。劇中的情節等同《包公案》中的「狸貓換太子」，只是將人物名稱以不同的人名，有所更動。除了《包公案》以外，《五虎平西》狄青取「珍珠烈火旗」一段，亦是劇中所取材的對象之一。《五虎平西》狄青掛帥率領大軍從三關出發，要取西遼珍珠烈火旗。最後狄青在八寶公主、梨山老母、王禪老祖的幫助下，成功的取回真正的珍珠烈火旗，凱旋歸朝。《濟公過臺灣》則是將珍珠烈火旗的橋段，轉訛成若是要破滅佛株仙陣，必須要收集到五項寶物與陣圖，濟公隨即點將破陣，安排各眾仙前往株仙陣的各門破陣。但守陣的芙蓉主婦法力高深，必須要到南印度傀儡山，取二欉阿片煙樹（即是鴉片（opium）），這也就是芙蓉夫婦的元神，只要眾仙能夠砍斷這二欉阿片煙樹，芙蓉夫婦自然功力盡失，破陣也就指日可待。濟公得知後，隨即令半空和白鶴兒取明珠寶劍，前往南印度山砍倒阿片樹。取「阿片」即是「珍珠烈火旗」的變異，而劇情走向，與《五虎平西》又十分接近。百魔山金霞洞混世魔王在修練之時，算知楊明之妻陸翠花身懷六甲，此小兒是天庭二郎神楊戩受玉帝之命前來轉世，而白能潭的明珠寶劍，正是該兒要得，即令紀素鳳、趙桂英二位門徒前往奪取楊明之子。楊明之子，正是二郎神楊戩受玉帝之命，前來投胎轉世。伏虎羅漢則提議請鬧海神童、白鶴兒、半空兒三位各變化成乾坤童子、紀素鳳、混世魔王，潛入陣中向芙蓉騙取寶劍。三人入陣後，輕易的將明珠寶劍騙取到手，並順勢救出先前被抓入陣中的小悟禪等人。其情節的敘述內容，又類似《南遊記》中的「華光」轉世和華光的三角金磚，被哪吒所騙的橋段。再者，《滅佛誅仙陣》，即是將《封神榜》的三教會破誅仙陣，直接編寫套用，透過本劇中的內容寫作，即可很明確的發現，劇中將不同章回小說的故事主軸，或者較為精彩的內容，融入劇中的劇情，串聯成濟公過臺灣的劇情發展。從不同小說中的主要劇情拼貼，豐富本劇的架構，藉由這些劇情的串聯，吸引觀眾的興趣。就另一種層面來看，《濟公過臺灣》劇本，就是將不同的章回小說主軸，以創作的手法，適當的做一種不同的拼貼出現。簡言之，就是以一種拼貼式的手法創作，將不同劇本或小說的特點／重點，集合於一劇呈現。

（四）單元的綜合拼貼

《濟公過臺灣》的劇情，除了有引用自章回小說的故事以外。從劇本內容，不難發現張叫將先前的《濟公傳》劇本單元，做不同層面的融合。如劇

中臺灣島澎湖芙蓉城的芙蓉教主，是天地會八卦教第一教的教堂的教主，夫妻二人武藝高強。奉臺灣承天府鹿耳門，安平總教主怪聲神天祖命令，守住澎湖芙蓉城。芙蓉教主夫妻，則是取自先前所論述過的《濟公傳——芙蓉女》的單元。而蜘蛛精遇見要訪尋解救師父八魔的追魂侍者鄧蓮芳，前往九松山子五風雷藏魔洞般請師妹一起前往解救八魔。「八魔」的劇情來源，則是引用《濟公戰八魔》的單元。芙蓉城主則吐出紫烟，小悟禪則被芙蓉主婦用混元乾坤傘抓走，濟公見狀則放出草鞋、帽子，則被芙蓉主婦用混元乾坤傘收走。「小悟禪」則是等同《芙蓉女》劇中，紅孩兒被芙蓉教主用乾坤袋收走，丟入東海的場面。

如來佛祖點將，命令眾仙領兵攻打「群妖五雲陣」、「滅佛誅仙陣」、破「八卦山天地會」，眾仙出場的情節，起兵點將的演出描繪，就是直接以《李賢明掛帥攻打大狼山》的場景，眾仙為攻打「五雲陣」必須想盡辦法，前往三山五嶽借取寶貝，如何借取到？「天地會」的組織，有何種神秘之處？就是吸引觀眾的手段。不過，如何擷取《濟公傳》的各單元，將各單元編寫成合理的邏輯？就在於演師的劇本能力與手法。不過，透過《濟公過臺灣》劇本的內容編寫，吾人大致可以了解，其將先前的《濟公傳》劇情，做不同層次的拼貼。

（五）臺灣的建構與歷史的結合

臺灣皮戲傳承來自中國，在劇本方面，多少受到中國的影響。但傳入的時間與臺灣文化的因素，逐漸演變成臺灣的在地化皮影戲表演。劇本方面，除中國傳統劇目的劇本以外，自然而然的也會將其創作劇本的取材主題，延伸觸及到有關臺灣的歷史或生活事物等層面。吾人從《濟公過臺灣》的內容書寫上，可以發現將臺灣本身所見之事物，融入劇本的創作中。首先；就單從劇本所述述的地名點來看，澎湖為臺灣最早開發的地方，早於宋代就有漢人在澎湖居住，〔註12〕並以澎湖為據點，輾轉來臺活動。臺南安平為臺灣明鄭年間的文教政治中心，〔註13〕也是在臺灣本島最早開發地，明鄭時已設承天府及天興和萬年兩縣，並已承天府為府治地。鹿耳門則為鄭成功登陸臺灣，

〔註12〕 「宋代以來就有漢人居住在澎湖，並到臺灣本島活動。」詳見黃源謀，2007，《臺灣通史》，臺北：新文京開發出版股份有限公司，頁38。

〔註13〕 「鄭氏於永曆15年（1661年）四月開始登陸臺臺灣後，即著手臺灣的全盤規劃。…。」同上註，頁58。

擊退荷蘭人的地方。臺灣的打狗，因天然的港灣，於明鄭、清領時期就已經
開闢成漁港，聚集為數不少的漢人。岡山的「官真林」（竿蓁林）是明鄭前的
舊地名，明鄭後設立前峰及後協兩個屯田區，軍眷漢人開始於此地開墾。林
杞埔相傳在鄭成功時代，參軍林杞率領部下約二百多人，進入由牛相觸口地
方進行開墾，之後，平埔族趁夜晚進行突擊，將林杞和部下盡數殺害。後於
是開拓所佔領之埔地，取名為「林杞埔」。噍巴年〔註14〕（舊稱為大武壠）於
清雍正初年，即有漢人在此建庄。

　　越南和北印度的地名或人種，對於臺灣的民眾可能不陌生，從廟宇的所
形塑「憨番扛廟角」的人物，就出現有以印度人造型的交趾陶作品，可以看
出臺灣當時對「印度」或「越南」人物的想像。打狗山位於目前旗津附近，
早期則是相傳海盜林道乾藏金的所在地，相傳有林道乾的「十八籃半藏金」
和「擲劍成灣」的故事，是打狗山最富傳奇性，神話意味性質非常濃厚，且
流傳甚廣的神話化故事。「官真林」則為岡山，則在康熙六十年（1721）發生
臺灣的三大民變之一的朱一貴〔註15〕（鴨母王）事件，而鴨母王朱一貴，更
有相當及具神話的流傳。「林杞埔」即現今南投竹山地區，傳說「嘉慶君」曾
在此地食竹山番薯。劇中所出現的「汽車」、「腳踏車」、「鴉片煙」等，當代
的產物。吾人了解在日本領臺的初期，鴉片的販賣是合法的一種商業買賣，
而鴉片的吸食，則須領有日本政府核發的吸食煙牌。〔註16〕汽車、腳踏車在
臺灣五十年日本近代化的統治下，這些物品是生活中能見之物，對於汽車、
腳踏車並不陌生。劇本中的臺灣總教堂天地會，天地會的起源是中國南方一
帶，明末清初抗清活動的社會組織，隨著鄭成功來到臺灣，轉入地下成為民
間的一種地下抗清團體。臺灣的林爽文、戴潮春都為天地會的成員之一，因
不滿清朝吏治的貪污腐敗，憤而舉兵反抗清朝，這都與天地會的組織有密切

〔註14〕　原為臺灣平埔族的居住地，係曹族四社熟番——噍吧哖社、芒仔芒社、宵里
　　　　社及茄拔社等原住民所居住。
〔註15〕　「朱一貴，福建人，時在大五汀（高雄縣境內）養鴨為生。平時廣結善緣，
　　　　仗義敢為。1721年（康熙60年），時臺灣知府王珍代管鳳山縣事務，貪污腐
　　　　敗，…。朱一貴以地方官員大失民心，正是抗暴的好時機，乃號召黨羽約數
　　　　百人，以「大元帥朱」為旗號，連夜發動起義。…」詳見陳正茂、林寶琮、
　　　　林世宗編著，2008，《新編臺灣史》，臺北縣：新文京開發，頁135。
〔註16〕　「於1897年1月頒布「臺灣阿片令」，禁止一般人民吸食鴉片，僅限經醫師
　　　　證明而領有牌照之煙癮者，可購吸官製煙膏；…。」詳見黃秀政等合著，《臺
　　　　灣史》，頁176。

關係，這爲臺灣早期的民間鄉野傳奇，不論民間是否有添加入懸疑、神怪的情節，較爲早期臺灣人所知的故事之一，將其納入劇本的題材，創作出豐富的題材。

從上所列的事物故事的發生事件，皆以中、南部爲主，新竹以北，則沒有寫入劇本的情節中。雖然故事的內容是以仙佛妖道鬥法排陣的場面爲主，但探究分析劇本書寫的背後，隱含著張叫寫作《濟公過臺灣》劇本的巧妙安排。1950 年代的臺灣民眾，剛經歷過日本五十年的殖民統治時間不遠，對於在日本時代所發生的抗日，或者更早先前臺灣所發生的事件、出現的事物，或存在的民間的既定想像，並不陌生。創作者張叫將對於臺灣中、南部的所發生過事件或地名，融入劇本的內容，有助於啓發引發觀眾對劇本內容的興趣，更爲一種新式有別以往的創作。

（六）人物新創作關聯

《濟公過臺灣》主軸要講述善、惡鬥爭，惡（妖魔）最後將敗亡的道理。情節內容的腳步緊湊，當情節快要結束時，又引起另一個情節的延伸。人物寫作方面，每個人物的出現都與情節相互關聯，因爲人物的出現，而引發後續一連串與仙佛的對抗情節。另一方面，人物角色的眾多繁雜。內中除出現濟公、觀音菩薩、如來佛祖，楊戩等較爲人所熟知的神佛以外，也創出虛構的人物，如；乾坤洞主、鬼岩子、怪聲神天祖、雙龍火神祖、紅衣老祖師…等。顯見人物對於劇情的關係，是十分密切，缺一人物則會造成劇情演出銜接上的困難。在人物的名稱上，如：金毛海馬孫得亮、水夜叉韓能大、火眼江猪孫得明、浪裡鑽韓慶小、臥雲居士靈霄、桂林樵夫王九峰、天河釣叟楊明遠、仙雲居士朱長原、白雲居士聘肅、搬倒乾坤党燕、蹬翻宇宙洪韜、六合童子揀海、…，類似劇場布袋戲「金剛戲」或「劍俠戲」書寫人物的名稱，可了解到當時在創作人物名稱時，是取自當時一種流行的觀感。以當時劇場或酬神文化演出，最爲流行的取名，做爲劇本人物的名稱。

（七）臺灣在地化表現

《濟公過臺灣》劇本，除了上述的特點以外。相當特別的是，一種臺灣在地化的表現風格，這也是所有皮戲商業劇場劇本所沒有的表徵。將臺灣的故事與中國章回小說的故事，做一種虛擬性的結合。但相當特殊的，當年演出的劇本，有《西遊記》、《南遊記》、《石平貴》等，爲何會選擇濟公人物與

濟公故事做爲在地化的表現？相當奇特。或許本劇的編寫，除了演師本身的自我編寫構想以外，濟公在融入民間信仰之後，隨民間逐漸變成一位帶有佛道特色的神明。而濟公出現以及庶民式的語言與作風，使庶民對於能更容易有所親近與眞實了解。演師透過濟公的這種個性，將虛擬創作的故事融合，形成了臺灣在地化的故事表現。可相當值得討論的是，商業劇場時期所編寫出臺灣在地化的《濟公過臺灣》故事後，退出商業劇場，《濟公過臺灣》反倒不常在酬神戲演出？以張德成的紀錄，《濟公過臺灣》的演出次數並不多，是否是這種濟公在地化現象，適合商業劇場？還是單純演出日期的緣故？或者仍是日後可再次延伸的議題。

　　透過《濟公過臺灣》的劇本分析，吾人大致上可以看到，1953 年左右，當臺灣的戲院布袋戲，逐漸將劍俠戲轉向金剛戲的發展同時，皮影戲亦開始從事創作出不同傳統《濟公傳》單元的戲文，不過，與布袋戲不一樣的是，皮戲不以劍俠爲主，而採取一種章回小說式的拼貼。再以演師本身的創作，編寫成劇。本劇的編寫，是以臺灣民間故事《嘉慶君遊臺灣》爲創作的靈感，透過嘉慶君遊歷臺灣的故事，套入神魔相互鬥爭的因果循環思想。

　　以旅遊文學角度，濟公在臺灣各角落尋找世外高人，在找尋的過程中，順便將該地區的事件與風景，做簡易的描繪，類似一種旅遊的寫作。而濟公過臺灣的過程，懸疑亦爲讓觀眾思考，濟公如何找到。由尋找破陣或瓦解組織的動作，如，虎碧鼠和太極圖。如何運用雙方的鬥智和智慧，解開破陣的謎團。再者，以演師自我所熟悉或閱讀過的章回小說，將其劇情主軸套入編寫的內容，相互的拼貼成劇，以小說中最爲膾炙人口的劇情，融合串聯成劇本的發展，再套入先前的《濟公傳》單元，構成劇中的走向。此外，透過當時臺灣常民所見之事物，帶入劇中，豐富劇情的內容主軸。以當時所編寫的構想而言，是一種極具現代與傳統不同時空的融合，有別於過往傳統劇本的組織架構。以迥異於傳統的編寫方式和劇情，吸引觀眾。讓觀眾進入一種不同傳統劇本演出的觀感，也是本劇最爲特殊之處。如吾人以西方的編劇學理，分析本劇的編寫，或許尚有情節不足之處。可是身處不同的中西文化，有不同文化的生成取向，不能一言以蔽之。然從演師所編寫的手法，以現代編劇的角度審視，是相當有「創意」的一種表現。將不同的時空，以虛幻的手法架構成劇。不過，吾人需思索，要將不同小說的主旨或者不同《濟公傳》單元的走向，拼貼成爲劇本，又具有劇本情節所需具備的邏輯，讓觀眾能夠無

法發現其所引用延伸的來源，或許就是必須演師本身的編寫能力。這種編寫
能力，在早期尚無西方編劇教學的時代，劇本編寫能力的養成，除大量的閱
讀章回小說外，也就演師本身的編寫經驗與學習。另一面，也是劇團本身演
師的一種國學素養的養成，藉由平日的大量閱讀，融會貫通將章回小說的特
性與主旨，編寫成劇。

　　《濟公傳》的劇本，在商業劇場的演出，共長三百餘次，是所有演出劇
本之冠，有近 10 齣單元的演出。換言之，由 1953～1970 年之間，商業劇場
的皮影戲，皆是以《濟公傳》的單元，作爲商業劇場的固定演出本。表示以
濟公爲主的演出，是適合在商業劇場中的演出文化。可爲何《濟公傳》單元，
能馳聘商業劇場將近 20 年的時間？或許濟公的劇情演出，演師可以依照劇場
文化，做任何自由的變化！然在不同時期的影響下，皮影戲的《濟公傳》單
元，有不同時期的編寫。初期的演出沿用酬神外臺戲的《濟公傳》單元，1954
年左右，觀察到商業劇場的演出文化，再次編寫出《濟公過臺灣》的劇情。《濟
公過臺灣》的編寫，可能與當時商業劇場的文化脈動有部分關聯，但演師本
身自我創意構想，亦是構成劇本成形相當重要的關鍵。不過，從外臺酬神戲
的《濟公傳》劇本，在戲院的演出單元，並無太大的更動，仍是持續上演。
顯示，《濟公傳》劇本，有其適合商業劇場的演出文化。從上述商業劇場的《濟
公傳》單元，內容多是講求濟公收伏妖怪的經過。可收妖的過程中，或者妖
怪如何擾民吞食百姓、濟公如何收妖除魔，就爲劇中所要展現的重要部分。
如《芙蓉女》、《高富娶親》等單元，芙蓉陣勢的金光閃耀，陣中法寶的奇幻，
就是劇本所要帶給觀眾的特性。青、赤練道人喚請五位小蛇徒弟下凡，五位
小蛇道人與濟公相互的變化，這種相互變化，不僅具有視覺刺激亦有詼諧的
幽默口吻，讓觀眾感受劇本所要帶給的娛樂。而濟公在收妖的過程中，展現
妖怪與濟公之間的相互法術戰鬥和寶物的鬥法，就是吸引觀眾的目光之處。
但如詳盡《濟公傳》單元，部分單元濟公並非要角，而是結局收尾的人物，
在結局收尾時，濟公的出現將妖魔一網打盡。是借用濟公作爲結局的一種「收
煞」結尾作用。從商業劇場的《濟公傳》單元，又有傳統「掛帥戲」的延展
亦有「破陣」的劇情類型。以這兩種類型，做爲商業劇場的演出。然其內中
劇本不乏較富於有「文戲」類型的單元，如；《高富娶親》、《鍾員公子娶親》，
皆是較於文戲的表演型態。換言之，商業劇場的演出，多是以「武戲」爲主，
但亦有「文戲」情節的含括，表示商業劇場亦「文戲」的存在，只是在觀眾

喜好情節緊湊或者劇情緊張的口味下，劇團演師會儘量，將「文戲」的型態，稍作調整，以符合觀眾的欣賞心理。而商業劇場的《濟公傳》，爲應用流行音樂，若劇場的文化環境，是以流行爲主，則劇團會撥放郭大誠的糊塗和尚，讓觀眾感受不同酬神戲的演出風格。然演出之冠，必有其所吸引觀眾之處。那麼；既《濟公傳》是以濟公收妖爲主，如何在收妖的過程，展現出濟公的神通廣大和呈現出劇情的視覺緊張效果，或許就在於劇團的表演手法。如，「四門斗底陣」，四門個有金光與寶物，劇團如展現出？又如吸引觀眾？就在於表演方式和風格。

　　但相當有趣的是，上述的這些商業劇場《濟公傳》演出劇本，早期都曾爲外臺酬神戲的演出劇本。可是商業劇場常演出的《濟公傳》，爲何與《西遊記》呈現相當不同的表演取向？《濟公傳》的單元，在商業劇場演出，外臺酬神戲依然上演？而《西遊記》卻反之。由張德成所紀錄的外臺演戲紀錄本，1961 年戲院是以《濟公傳》爲演出本，可爲何外臺酬神戲，仍是上演《濟公傳》劇情？雖然劇本單元，因演出天數的緣故，外臺酬神戲的演出，如，《濟公過臺灣》就因演出天數，而較少成爲外臺戲的演出戲碼。但仍是值得吾人往後研究的是；在 1970 年後，東華退出商業劇場後，《濟公傳》亦成爲外臺酬神戲時常上演的劇本？是否是商業劇場影響到外臺酬神戲？亦是商業劇場的演出，影響到外臺酬神戲的演出？還是外臺酬神戲的文化，先影響了商業劇場的演出，後來再被商業劇場所影響？或許這一個問題，有待往後的持續研究。也是往後建構外臺酬神戲演出，相當有趣的一個課題。

第六章　皮影戲新創劇本

　　1956 年是為臺灣皮影戲商業劇場，開始嘗試不同編寫的新創作。先前的劇本演出，大抵採取外臺的酬神戲演出劇本，帶進商業劇場後，評斷商業劇場的演出文化與觀眾喜好，做劇本的固定演出。這些劇本的特點，大致上都是以章回小說為底本，演師在進行編寫。或者是由不同的章回小說主旨，演師進行不同情節的拼貼，編寫成劇。新編寫的劇本，開始引入臺灣講古說書藝術的題材內容，仍有相當傳統皮影戲的表演元素。

　　1956 年後，皮影戲在各戲曲競相演出的商業劇場環境底下，新編出《萬劫北交趾》與《世外奇聞》。除了上述的《濟公傳》在 1954 年後，新編出《濟公過臺灣》的劇本外，1956 年新編的《萬劫北跤趾》與《世外奇聞》這兩本劇本。又反映出何種劇場文化？劇本的內容，是否呈現了與布袋戲發展成「金剛戲」時，有不同的發展路線？然為何會在 1955 年之後，又再次新編出劇本？是否有受到其他劇種的影響？這兩本劇本有何種特性，能夠吸引觀眾？《萬劫北交趾》的演出，長達 148 次，只僅次於《濟公傳》，《世外奇聞》則是上演 132 次。這兩本劇本的內容和何種特點，能夠在 1957 年之後，代替《西遊記》成為商業劇場的演出固定劇本？這兩本劇本又呈現出何種劇場文化特徵？這二類劇本，是否有相異性？本章節則根據這兩本劇本的內容，分析其劇本的特點，並從劇本的書寫內容，討論其 1956 年之後，皮影戲所呈現的演出特點。

第一節 萬劫北交趾

　　自 1949 年到 1952 年間，臺灣的民間戲曲受到外在環境的影響，而開始相逕走入商業劇場演出，開拓出臺灣商業劇場的黃金期。在皮影戲方面，進入商業劇場演出後，所挑選演出的劇本大抵爲《封神榜》、《郭子儀》、《八寶樓》、《西遊記》、《南遊記》、《金水橋》和《濟公傳》等劇，又以《西遊記》和《濟公傳》爲主軸。從上述的劇本，多是爲中國的章回小說、或者是以中國的神怪小說、臺灣民間故事爲底本而加以潤飾改編。由《東華皮戲團各地上演紀錄表》一書所記載的演出戲文欄中，以《濟公傳》與《西遊記》二種劇目爲最常的演出劇本，兩齣戲演出共達 500 次。二劇在日、夜戲的演出中，多有互換。〔註1〕直至 1956 年，寫作出《萬劫北交趾》後，《西遊記》的演出，才替換成《萬劫北交趾》。但爲何《濟公傳》劇目並無更易，仍持續演出？如果由演出時間和場地來看，自 1952 年至 1956 年東華皮戲團以《西遊記》的演出，幾乎遍及南部高雄以北的各大戲院。直 1959 年，初次進入花蓮、臺東等地後的商業劇場演出，再以《西遊記》爲演出，爾後《西遊記》才完全退出商業劇場的演出本。但爲何只變更《西遊記》，而《濟公傳》仍保留做爲演出本？筆者以爲若單從《西遊記》與《濟公傳》的劇情演出來看，二者雖然都是取材自中國的章回小說，但皮影戲的《濟公傳》與章回小說《濟公傳》的內容完全不同，多爲藝人本身的自行創作，只是引藉濟公打抱不平、鋤強扶弱的性格與題材，而臨題自由發揮。相較於《西遊記》演出，多按照章回小說的情節走向演出，雖《西遊記》的劇本演出仍可憑演師的想法，自由添加情節。但相對而言，《濟公傳》的情節，更具靈活和更加的富有變化性。

　　《萬劫北交趾》劇本寫作完成，到進入商業劇場演出的時間，將近七年。依據劇本第三本封面用硬筆字體所書寫的日期爲「民國四十五年抄完觀音山東華皮戲團」字樣，可知《萬劫北交趾》劇本編寫完成於民國四十五年。「抄完」二字，表明抄寫者自我本身所寫作的劇本之一。另一方面，劇本利用「民國四十二年度高雄縣大社地方總預算書複寫本」紙張背面空白處所書寫劇情，〔註2〕據筆者初步推算《萬劫北交趾》內容，可能早在 1954 年，故事的

〔註1〕據《東華皮戲團各地上演紀錄表》內文記載，自 1952 年 9 月 7 日入加嘉義文化戲院，演出《西遊記》爲夜戲的演出劇本，直至 1954 年 11 月 1 日於彰化縣社頭鄉榮興戲院演出才將《西遊記》改爲日戲的演出時程。

〔註2〕戰後的臺灣社會百廢待舉，物資昂貴、來源匱乏取得不易，時常可見利用報

雛型約已存在。隨編寫者的抄寫與重新整理，劇本內容的完成應在 1954 至 1956
年間，但劇本尚未完結。但爲何會在 1954 年左右，再次編寫出《萬劫北交趾》
和《世外奇聞》？

　　論述《萬劫北交趾》劇本所編撰構想的同時，必須要去注意當時商業劇
場的不同劇種演出的發展情況。若與同時期的歌仔戲與布袋戲來看，皆在演出
的表演內容上進行不同形式的變異，歌仔戲以胡撇戲、連瑣劇、廣播戲〔註3〕
等創新表演風行劇場。1955 年的開拍首部的歌仔戲臺語電影《六才子西廂記》
與 1956 年拍攝《薛平貴與王寶釧》造成廣大的觀眾迴響。而布袋戲走入商業
劇場則以正邪、虛幻的情節風靡觀眾。根據陳龍廷在〈戰後戲園布袋戲的表
演體系〉一文中，對舊報紙的戲園廣告欄，彙整出 1950 年代商業劇場掌中戲
班。演出的劇本多爲《四傑傳》、《玉聖人大破太華山》、《火燒九蓮山少林寺》、
《大俠百草翁》等劍俠戲的演出。〔註4〕布袋戲的劍俠戲就是正義的俠義之士
常會有神奇的寶物或飛劍在身，殺妖除魔，這也是布袋戲劍俠戲相當重要的
情節。〔註5〕隨後在劍俠戲的基礎下，更衍伸出了金剛戲的題材。受到布袋戲
演出逐漸的改變之下，皮影戲商業劇場的演出，也開始嘗試編出不同的演出
劇本。由布袋戲進入商業劇場演出的戲齣來看，從早期的劍俠戲〔註6〕過渡到
金剛戲，〔註7〕布袋戲劇本內容的改變，顯示出布袋戲在進入商業劇場時期，

　　紙、廣告宣傳單等修補劇本頁面或紙張空白面處書寫劇本。例如：《濟公過臺
　　灣》第一本，部分劇本紙張利用國校學生的試驗卷空白處所寫，《江湖劍俠》
　　則是利用大社鄉農會的稿紙所書寫。由此可見，在早期物資維艱的年代，演
　　師利用隨手取得的紙張，書寫劇本。

〔註3〕 「「廣播歌仔戲」出現於一九五四、一九五五年間，盛行一時，而以一九六二
　　　　年成立的「正聲天馬歌劇團」爲巔峰，此後即因電視歌仔戲的影響而走下坡。」
　　　　詳見曾永義等合著，《臺灣傳統戲曲之美》，頁18。

〔註4〕 陳龍廷，《臺灣布袋戲發展史》，頁135～168。

〔註5〕 「劍俠戲相當重要的情節，都圍繞著舞臺出現的法寶或寶劍，而且都是具有
　　　　靈性，會自動飛出斬殺妖精的法寶，這種有俠義之士，以飛劍或飛箭，斬魔
　　　　除妖的戲劇，通稱「劍俠戲」。」陳龍廷，2006，《臺灣布袋戲的口頭文學研
　　　　究》國立臺南成功大學臺灣文學系博士論文，頁92。

〔註6〕 「布袋戲進入商業戲園後，…，在劇情內容上最大的改變就是：不再滿足於
　　　　改編自章回小說的古冊戲，而更進一步創作有飛劍、奇俠等幻想的「劍俠戲」。」
　　　　詳見陳龍廷，《臺灣布袋戲的口頭研究》，頁91。

〔註7〕 這名詞源於戰後全臺戲班競演《火燒少林寺》，書中提及內加工夫的三種層
　　　　次，包括刀槍不入的「金鐘罩體」等，進而衍生出「金剛體」或「達摩金剛
　　　　體」。同上註，頁93。

每一階段性的演繹，也象徵出商業劇場觀眾看戲口味的不同變化。隨著歌仔戲、布袋戲在演出形式和劇情上的改變，1956 年前，如上章節所述，東華亦編寫出《濟公過臺灣》一劇。面對劇場表演瞬息萬變，雖編寫出富有趣味性的劇本，但也必須開始著手再編寫出不同的演出口味的劇本內容。皮影戲勢必也必須針對劇本題材和人物、情節上，著手進行改變，跳脫出不同以往的編寫模式。開始增加劇情、情節的錯綜複雜程度，及吸引觀眾前來觀賞。當時歌仔戲的劇本，有專門寫作的編劇參與。布袋戲的商業劇場劇本演出，則有排戲先生的加入。皮影戲的演出劇本，多是演師一人所著手編寫。

除了自己編寫外，必然會向其他藝術尋找創作劇本的來源。「講古」和民間傳奇的「鄉野奇談」則是故事的選擇的來源之一。在《萬劫北交趾》劇本內頁的字裡行間，發現張叫寫出「高雄縣橋頭鄉橋頭村九十二號講古吳天保先生」等字跡，透露出劇本編寫的蛛絲馬跡。張叫的書寫記錄，除劇作者本身的構思外，亦可能參考到早期臺灣民間講古的故事內容。講古故事的參酌，除皮影戲外，布袋戲也曾以講古故事為演出，如；「小西園」許王回憶：

> 吳天來還沒為我編劇前，曾有兩位講古仙為導演，是最出名的講古
> 仙。一個姓「唐」，…，第二個導演名為「連堂」，在延平北路太平市
> 場講古，為我排《天南怪叟》，是日據時代最有名的說書人。〔註8〕

在商業劇場排戲先生排戲之時，講古故事也是布袋戲演出的題材來源。而《萬劫北交趾》的劇本的內容，亦有幾方面是值得注意的現象。由地緣關係上來看，戰後的橋頭鄉分屬高雄縣的管轄區域，是為大社鄉（三奶壇）的鄰近村莊之一。張叫前往橋頭鄉聽取民間講古藝人的說書橋段，加以編寫添撰出《萬劫北交趾》的故事內容情節，反映出戰後臺灣1950 年代的社會，休閒娛樂的種類尚未多元，「講古」不遑為娛樂之一。但「講古」是以說講的方式，講演故事內容本身，語言可以隨時套入場地。戲劇是在一定的時間內完成，如何將講古故事集中、壓縮，轉換成視覺畫面表演才是的重點。

張叫聽取講古故事，是否只是參考局部的講古內容？或有多少的成分是借用講古的構想？或有多少是編寫者的創作？因年代久遠及無影音的資料的相互比對之下，無法得知狀況。只能藉由劇本的內容寫作分析，試圖找尋出相關的跡證。另一方面從劇本內，用鉛筆與鋼筆所抄寫的臨時筆跡，再用毛

〔註 8〕林明德，1999，《小西園許王技藝保存計畫 87 年度成果報告書》，臺北：中華
民俗研究學會承辦出版，頁 28。

筆覆蓋舊有的字跡來看，可以了解到劇本本身，並非一次完成，而是經過編寫者的二次潤飾與修改，若是有經過修改，那麼必有關連到皮影戲在演出時的表現文化。修改的過程，多少也加入了劇作者本身的創作。據《東華皮戲團各地上演紀錄表》的內容演出記載，有關《萬劫北交趾》最早演出在 1957 年 4 月 11 日至 15 日，位於高雄市三民區灣仔內民生戲院的夜戲中演出。〔註9〕是僅次於《濟公傳》的劇本演出，一共長達 148 次。由戲院演出日期來看，《萬劫北交趾》的劇本編寫，最遲在民國 46 年（1957）11 月以前則已經完成，劇本的編寫者為張叫。但由劇本的完成到臨場的演出，也受到劇場市場的考驗，並非一蹴即成。如；最初於高雄市三民區灣仔內民生戲院演出完後，到 1957 年 12 月 1 日，才又在小港鄉小港戲院上演。可以明確得知，1956 年之時，《萬劫北交趾》劇本，業已編寫完成。

　　劇本的編寫，共分成五大本，該劇本的寫作並非是案頭之作，是做為演出之腳本和依據。既是新編戲齣，當然就必須考慮到當前市場觀眾的反應度。《萬劫北交趾》的劇本並無完全編寫完，劇情停留在第五本孫臏下山要孫悟空前往轉輪陣打探消息為止。〔註10〕為何會停在此段？或許與商業劇場的觀眾口味，有所關聯。皮影戲《萬劫北交趾》的劇本，與布袋戲的劇本雷同，同樣都是採取以觀眾的反應，再依序編寫爾後的劇情走向，可見當時張叫在編寫該劇的劇本同時，所採取的手法。不過，值得注意的一點；布袋戲的演出檔期，通常都在 20 天以上，所以劇情可以接續而下，而同劇場的消費觀眾，所秉持的消費口味可能約有相同，所以「排戲先生」所編排布袋戲劇情，可以依同場域的性質，編寫而下。但皮影戲的演出檔期，長為 10 天，短則 5 日。所以在編寫出該劇本同時，必須以不同場域的觀眾消費看法為主。質言之，就是必須要編寫出較為廣泛的劇情，已符合不同場域的觀眾。

〔註9〕石光生於《民俗曲藝》，146 期（2004）〈論張德成皮影戲《內臺演戲記錄》（1952 ～1967）反映的臺灣內臺戲劇場文化〉，一文，頁 194，說明，「原來民國 46 年東華的第一場內臺戲，就是在這家戲院演出，日戲是張叫新編的《北交趾》與夜戲的《西遊記》。…。」但據筆者查閱《東華皮戲團各地上演紀錄表》與筆者所整理的東華皮戲團內臺戲院表演的劇本、時間、演出地點表（詳見《論民族藝師張德成新編皮影戲》；國立臺北大學民俗藝術研究所，頁 71），高雄市三民區灣仔內民生戲院的演出日、夜戲演出戲文，正確的是日戲是為《西遊記》，夜戲為《北交趾》。石光生該文中，應有所訛誤。
〔註10〕第五本《萬劫北交趾》孫臏言：開天世外祖現時無在天毛寨，在轉輪陣內，不如命孫悟空入陣去打听。

演師在編撰的過程到演出，涉及在演出時，對於劇本內容的劇情，是否合乎到之後的劇情發展，並在現場觀眾的反應下，經過觀察和修正，突顯出劇本的演出，是漸漸透過現場的實踐而來。例如，在劇本中的第三本，草稿的三個段落寫到：

> 盤古至尊，父無極天尊，結拜五眉老祖。治世祖師結拜三人，大五眉老祖、二無當老祖師、三無極天尊。師父乾坤倒海祖結拜三人，天文教主、地里教主、人和教主。師父乾坤麾祖師，六專尾。

而定稿的《北交趾》則為：

> 木元山元人洞天文教主、地理教主、人和教主算出，我共翻天倒海祖大哥是結拜兄弟，赦（報）收（修）行有天地五轉，現在孫悟空要來取灵芝馬，此馬是鎮洞之宝，眾兄弟出战。

從上透露出草稿與劇本的不同，張叫將「乾坤倒海祖」改成「翻天倒海祖」，師父乾坤倒海祖結拜的是天文教主、地里教主、人和教主。但劇本反而是天文教主等三位與翻天倒海祖大哥是結拜兄弟，在人物的輩份上做了更動，人物輩份的不同，可能是涉及到往後劇情走向的一個關鍵。在再的顯示了劇本，經由演出的實踐中，將劇中人物有所更動，反應經由劇場的觀眾反應，所得到的經驗。以此更動，做為往後劇中的情節發展。如果商業劇場的布袋戲劇本，在「排戲先生」的編排下，是以想到哪，就編寫到哪的編寫手法。那麼，東華所編寫的《北交趾》劇本，採取演出的觀察，與布袋戲「排戲先生」所編寫的構想幾近雷同。都是以觀眾的想得知的劇情心理，案入劇本情節的寫作。可是值得注意的是，布袋戲在「排戲先生」編排下的劇本，可以採取觀察觀眾心理，想到哪演到哪的編寫手法。但皮影戲整體檔期場域而言，劇場較為流通，可能甲劇場的觀眾預期心理，乙劇場的觀眾，就較不習慣。所以，皮影戲的《北交趾》劇本，雖然是採取與布袋戲「排戲先生」的編寫手法，但有「定本」的出現，採取較為適合不同商業劇場的觀眾都能習慣演出的編寫方式。此點，與布袋戲較為不同。

從記錄表來看，《北交趾》的最先是在南部高、屏一帶的戲院，爾後，逐漸向南部以北的戲院拓展。雖牽涉到劇本完成後劇場檔期的問題，但先以南部的劇場演出做為試金石。在以此發展漸往中北部的戲院做演出。《北交趾》劇本的創作，開啟 1956 年後，皮影戲商業劇場演出的另一項新的劇本表演風格。

　　《萬劫北交趾》又簡稱《北交趾》，內容故事背景發生在唐代。約略敘述天庭四教儒、釋、道、因天數的循環，必須人間、仙界共同面臨一千五百年的大災難。而一千五百年的劫數時間中，也是的唐睿宗李旦時期，受到交趾國的侵略，唐睿宗降旨薛武忠掛帥前往平定交趾國。因交趾國的進攻，唐朝爲抵禦交趾國所派遣而來的妖魔怪，而向天上諸佛求援。因必須遭受萬劫，衍伸出天庭神佛仙道與妖魔鬥法的一連串情節，故而劇名稱爲《萬劫北交趾》。依劇本內頁及張德成所整理提寫的劇本封面共分成五大本，每本各有齣名。

　　依序爲第一本《聚仙會》、《遠凌關》、《九龍島》、《混元一巧陣》、《白龍江》、《青城島》，第二本《大排都天神煞陣》，第三本《孫碧何鬧地府》、《陰陽地獄塔救母》、《大破都天神煞陣》、《大破青城島》，第四本《大破天嶺島》、《大破金仙島》、《大破成山島》、《大破陰陽島》、《先天化血陣》，第五本《吸血轉輪陣》。劇本的編撰寫作，有何種特殊性？能引起觀眾興趣？本節將針對各本的戲齣內容，分析出劇本中所情節架構與其特殊之處。

一、劇本大綱架構

　　天庭玉帝的欲辦「聚仙會」。因適逢王母娘娘蟠桃宴會，宴請眾仙前到瑤池慶賀。孫悟空在參加蟠桃會之後，酒醉不小心撞倒司墨童子，司墨童子與孫悟空一言不合，引起司墨童子的師父魁星的鬥爭，楊戩助孫悟空打傷司墨童子，導致聖、佛、仙、神四教的雙方面誤解。天將把孫悟空押往凌霄見玉帝，玉帝大怒本欲斬孫悟空，在觀音菩薩的保奏下，玉帝命令孫悟空和楊戩戴罪立功，援助唐朝評定交趾國。此時天庭與人間必須遭受到一千五百年的劫難。將孫悟空回到花果山，途中與毛蠍娘娘共結連理。交趾國王沙木其丹起兵二十萬進攻大唐邊關，李旦開設比武科期，由武狀元帶領兵馬迎戰。五龍山南清菩薩命令門徒薛武忠下山奪帥印，薛武忠下山到京都拜見父親薛剛，一家相會。薛武忠到甲場比武奪得帥印，李旦封薛武忠爲元帥，薛葵爲副元帥、乞先老翁爲軍師等，統兵五十萬平定交趾國。交趾、大唐二軍交戰，大唐兵馬死傷甚多。元始天尊派遣麒麟兒、玉碧兒兩人下山，途中遇樊梨花、孫悟空，四人到唐營援助。如來佛祖在雷音寺了解四教大劫數，變差遣彌勒佛下凡幫助。彌勒佛幫助薛武忠打死進關的番兵，攻入遠凌關。

交趾國八關管轄四十八島嶼，每一關管轄六島。打下遠凌關後就是獅子波九龍島，薛武忠下令到九龍島安營。九龍島總島主九龍神杜玉山、副島主韓世英。九龍島上群妖雲集，薛武忠無法攻克。薛武忠排出香案請天上眾神仙下凡相助，九龍島軍師乾坤老祖請道友都天祖師等十五位下凡援助。都天祖師為防薛武忠前來破島，大排混元一巧陣。按照東西南北中五方，各有群妖守顧。

九華山九尾神狐出洞擒抓麒麟兒、玉碧兒，並將兩兒食下增加功力兩千年，到混元一巧陣助都天祖師。兩兒到玉虛宮找元始天尊，元始天尊用蓮花化身將兩兒救活，三人下凡到唐營。薛武忠再領眾將攻打混元一巧陣，都天祖師命眾妖道出陣，薛武忠眾將死傷甚多，軍師乞先老翁言必需要請出李旦皇帝御駕親征，用唐家皇氣方可破一巧陣；同時必須要請之前。混元陣四方皆有守陣妖道守顧，元始天尊及李旦皆陷入陣中。又適逢眾仙一千五百年的大劫數，無法攻克。同時；陣中豹頭道人口吐颶風將唐營諸將吹到天外天。無極天尊在如意宮見得薛武忠等諸將被吹到此地，無極天尊算知天地一千五百年劫數，將薛武忠軍士移回，前往試看一巧陣。如來、無極天尊皆敗下陣。女媧娘娘命胡鳳嬌下凡前去幫助薛武忠，另亦可夫妻相會。胡鳳嬌途中遇小五子，小五子同胡鳳嬌下凡將混元一巧陣攻破。小五子攻破混元一巧陣後，由楊戩同薛武忠領兵攻打白龍江青島城。青島城主蜈蚣老祖、獨龍老祖、軍師羅浮山人、謀士劍仙道人等人守顧。楊戩、孫悟空、薛武忠、樊梨花等與白龍江清城島守島妖將鬥法無法攻下，薛武忠諸將損失慘重，雙方各邀請眾道友前來援助。治世祖師受青城島主邀請，率門徒四位鐵虎魔人、非非一怪人、吸血鬼王、怪人黑旋風等下山共同助陣。

青城島被無極天尊及眾仙攻破，楊戩、薛武忠再領眾仙攻打第三島天嶺島。天嶺島主威羅佛斯，得知青城島與都天神煞陣被無極天尊攻破，急調謀士修真道人出帳商議，因第三島天嶺島中有一座銷魂亭，內有惡鬼迷人，可以抵擋唐營軍隊。威羅佛斯與謀士先領番兵出島迎戰楊戩，楊戩領眾仙追入銷魂亭內，被亭內惡鬼迷倒。乞仙老翁出言，必須要有翻天倒海祖師的鎮魂珠方可鎮住銷魂亭，眾人亦可順利攻進天嶺島。因孫悟空有七十二變的神通，孫悟空用計，取得鎮魂珠。但也打死翻天倒海祖師，翻天祖師的陰魂跑到八卦嶺求師父乾坤魔祖下凡報仇。乾坤魔祖了解徒弟翻天倒海死亡，待法物練就成功後店便下山為徒報仇。鎮魂珠取得後，楊戩、孫悟空等順利將第三島

天嶺島攻入，楊戩命三軍再出島攻打第四島金仙島。第四島島主摩彌登，小軍稟告第三島已破。摩彌登率領島上金燈道人與蜜陀僧出戰，唐營楊戩、薛武忠、孫悟空、秦漢等人出武，各將身上寶物祭出，將金仙島島主等收服。楊戩勸降摩彌登、金燈道人，二人不降，楊戩傳令將二人斬首，在領兵攻打第五島。耶斯威狼奉命守第五島成山島，小番兵慌忙稟告第四島金仙導失陷。軍師永兒仙入帳商議，用地形術將唐營進攻路線，埋入地雷火砲炸死兵士。紫芝仙姑用移山倒海助唐營度過危險。孫碧何、毛蠍娘娘將耶斯威狼與首島妖將斬殺，全軍再往陰陽島。

　　楊戩點兵，攻打交趾國。交趾國王沙木其丹命眾將死守關隘，乾坤魔祖前日被收伏，師父開天世外祖在洞中得知，盛怒下山為徒報仇。大排吸血轉輪陣，但轉輪陣必須要有地獄的轉輪圖方可。命天砰聖母到地獄第十殿轉輪王借取轉輪前來，轉輪王不肯商借，天砰聖母用法盜取轉輪圖。轉輪圖被盜，開天世外祖排起十方位的轉輪陣，並命十位門徒看守。孫臏下山，孫悟空前往轉輪陣打探消息。

二、衝突危機的產生

　　《北交趾》的衝突與危機可以分成兩條線索，第一條是為仙界，第二條是為凡間。人間與仙界共同合作交織出攻打交趾國的戲劇情節。當然故事本身，為了塑造為何仙界能下凡當幫助唐朝，必須製造出仙與仙的衝突，後在衝突的產生下，引發出危機。而所謂的「衝突」，係指：

> 一、戲劇的本質表現為人的意志自覺地對某一目標的追求，或不自
> 　覺地應付一種敵對的情勢。無論此意志係自覺或不自覺，均因受到
> 　阻礙而造成衝突，並因衝突而引起不安定的情勢或平衡的破壞，從而
> 　產生戲劇。此種不安定的情勢及平衡的破壞，即所謂的危機。〔註11〕

　　安排仙界的衝突，最主要是因為孫悟空的酒醉，引起四教的相互鬥爭。孫悟空破壞了仙界的平衡，隨後引發因為四教的衝突，延伸出仙界一千五百年來，仙界必須下凡幫助唐朝度過交趾國攻打的「危機」。「危機」如亞契爾（Archer）所述：

〔註11〕姚一葦，《戲劇原理》，頁 56。

一部戲劇係在命運或環境中，或多或少迅速發展的危機，而一個戲
劇的場景，則是一個危機在另一危機之中，明顯地推向最後之事件。

〔註12〕

也就是說，戲劇中的危機必須通過一系列的場景，而不斷的加深危機效
果。而這個危機必須仙界與凡間唐代相互一起渡過。仙界的衝突安排，主要
是爲了眾仙下凡幫助唐朝薛武忠，渡過交趾國的攻打過程。而王母娘娘爲慶
賀壽誕，宴請文昌大帝、如來佛祖、李老君、天官大帝四教前到瑤池飲酒品
嘗仙桃，眾仙一同飲仙酒暢飲同歡。此時；孫悟空因酒醉撞倒司墨童子，司
墨童子見主人魁星。魁星領了守爐童子同時引打孫行者，楊戩見孫悟空被魁
星等圍住，幫助孫悟空突破重圍。孫悟空酒醉起禍，引發仙界的一場衝突。
仙界人物的相互「衝突」，鋪陳下了仙界與人界 1500 年的大劫難。在四教共
同商議之下，如來佛祖算明人間有一千五百年的大劫數。因孫悟空大鬧王母
娘娘的蟠桃聖會，玉帝在四教聖人的奏明下，同時凡間的交趾國起兵征伐唐
朝，玉帝即命四教派遣眾門徒下凡援助大唐。孫悟空等待大唐起兵之日前去
幫助，暫回花果山。

人間劫難的主線爲唐睿宗李旦登基正宮胡鳳嬌、西宮張凌花各有身孕，
若生太子變能加封三族。張凌花請父親太師張天慶相議。張天慶獻計買收正
宮宮女，用草人寫下李旦八字，埋在正宮床墊下施法。李旦同西宮到正宮地
方，李旦發現正宮床下寫有自己的生時日月，西宮張凌花進言，若不處死胡
鳳嬌，恐怕大唐江山危急。李旦大怒降旨用白綾絞死胡鳳嬌，埋在萬人堆。
太白金星帶司墨童子降落萬人堆出生，日後執掌萬里江山，太白金星救醒胡
鳳嬌，生下太子。金仙洞金風老祖下山打破墓穴，將太子李玉龍渡上山學法，
胡鳳嬌則被女媧娘娘渡上山。薛武忠領各將士，迎戰交趾國關隘的守將與妖
道。最後，交趾國所設下的關隘，在天庭眾仙的幫助下，破關斬將。但守關
隘將士，也並非泛泛之輩，爲了阻擋眾仙和的攻打，安排山外五嶽的修道妖
魔，增加劇情的衝突與緊張。

三、劇本的內容特性

本劇爲 1956 年所編寫完成，由劇本的內頁發現有關講古先生的紀錄，可
以了解出本劇的編寫，有多方面的使用到講古藝術的題材。但參雜講古劇情

〔註12〕 同上註，頁 54。

的同時，有多少劇情的本劇在商業劇場演出長達 148 次，顯見其具有吸引觀眾的目光所在。然劇本的內容，有何種特點能吸引觀眾？透過劇本的分析，分析其編寫的脈絡。

（一）拼貼與變異

民間藝人在編寫戲劇，除了本身的自我創意以外。有時更會將自己所熟悉的章回小說劇情帶進劇情中，透過拼湊式的情節書寫，使劇情產生一連串的連貫性。透過與章回小說的比較，更可看出劇本中使用章回小說情節的來龍去脈。而究竟本劇使用了多少的不同小說的情節？架構起《北交趾》的劇情？需從劇本的情節分析，方能了解。本劇的開頭，是以王母娘娘宴請眾仙前往參與蟠桃會開始。因「蟠桃會」，引起之後四教的衝突。如劇本書寫：

> 王母娘娘宴請眾仙舉辦蟠桃宴，王母娘娘蟠桃赴會請四教，聖教文昌帝君、佛教如來佛、仙教李老君、神教天官大帝，眾仙飲酒。

看似簡易的王母娘娘，宴請眾仙飲酒的橋段。如果吾人以《南遊記》相互比較，可以看到《北交趾》，開頭即是引用《南遊記》的第一回，〈玉帝起賽寶通明會〉的劇情。如小說中的書寫：

> 卻說三十三天玉皇上帝，起一賽寶會，出下玉旨，令集三界神祇，及西天諸佛，俱各要赴金闕，各帶寶貝赴會，三月三日，大開天門，西天世尊同上帝首坐，眾神挨次序而進，山呼禮畢，依次而立。上帝傳下玉旨雲：「朕立極以來，未會卿等，今立此會，名曰三界通明會。卿等各有傳流寶貝，請試一賽以顯神通。」眾神齊聲應諾。

《南遊記》是以玉帝欲辦「賽寶會」，下旨眾仙前到寶殿互展寶物。而後衍伸出華光的出世，為尋找母親吉芝桃聖母，大鬧酆都城等劇情。同樣《萬劫北交趾》也是因為孫悟空在參加完蟠桃會後，酒醉與司墨童子衝突，展開相互的爭鬥，因而引起一連串後續的情節。再者，如人間的危機。以李旦登基正宮胡鳳嬌、西宮張凌花各有身孕，若生太子變能加封三族。張凌花父親張天慶收買正宮宮女，用草人寫下李旦八字，埋在正宮床墊下施法。李旦大怒降旨用白綾絞死胡鳳嬌，埋在萬人堆。太白金星帶司墨童子降落萬人堆出生，日後執掌萬里江山，太白金星救醒胡鳳嬌，生下太子。此段的敘述，相當於《包公案——狸貓換太子》一劇。換言之，是以《包公案》，「狸貓換太子」的劇情，架構起「人間危機」的主軸。而太白金星帶領司墨童子降世，日後執掌大唐江山。又類似「青龍與白虎」降世的橋段，無論是單雄信與羅

成、蓋蘇文戰白虎星薛仁貴，或者是第三世青龍星安祿山與白虎星郭子儀的三世纏鬥。是將青龍、白虎擾亂的唐朝，略加修改成司墨童子，成為解救唐代並執掌唐代江山的人物。然而，劇本中第三本的《孫碧何鬧地府》、《陰陽地獄塔救母》兩齣。孫碧何是孫悟空回花果山時，與毛蠍娘娘成婚所生的兒子。當孫悟空落難入地府時，孫碧何大鬧地府，救出父親孫悟空。這兩齣的橋段，其一類似《西遊記》中孫悟空大鬧陰司的場景，只是將主角人物相互轉換，原本是孫悟空大鬧地府，變成由兒子孫碧何去大鬧地府，目的就是將父親孫悟空解救而出。而《陰陽地獄塔救母》，毛蠍娘娘為解救丈夫孫悟空，被妖道打入地獄塔受苦。毛蠍娘娘在地獄受苦，孫碧何進入地獄塔將母親救出，則是以佛教故事的變文版本，《目蓮救母》為題材，將目蓮和尚放焰口救母的架構，以及《南遊記》華光入地府詢者母親，救吉芝桃聖母而出情節，轉變而成。將目蓮尊者和華光二人，轉成孫碧何。由孫碧何進入地獄救出毛蠍娘娘。《北交趾》第三本的《孫碧何鬧地府》、《陰陽地獄塔救母》，亦是將《西遊記》、《目蓮救母》與《南遊記》的部份情節，將部份的情節吸收，並將人物轉變，直接按入劇情的發展。第六島主那其勃脫奉命守在陰陽島，排起「迷魂塔」，塔內用「七箭定喉書」拜，取唐營將士的魂魄，其直接將《封神榜》〈第四十八回–陸壓獻計射公明〉的橋段，寫入劇情，將陸壓改成那其勃脫，唐營的薛武忠為趙光明，將人物有所更動。然而，本劇的最重要情節，是天、人界為了共同渡過 1500 年的劫難，天界必須助人間薛武忠掛帥，平定交趾國各關隘和陣勢。然看似簡單的關隘和陣勢，其實透露出一種將傳統皮影戲劇本轉訛的編寫現象。臺灣皮影戲劇本書寫，除了吸收臺灣所衍伸的文化，所編寫而出的劇本之外。早期的劇本，多來自「潮州」皮戲劇本的傳襲。由皮影戲的傳統老爺冊，《高文峰》、《高文舉》、《白鶯歌》等，皆能看到潮州皮戲的傳承蹤跡。臺灣的皮影戲傳承自中國的潮州影戲系統，勢必有傳襲到潮州皮戲的表演劇本。《楊文廣掛帥》即是其中典型的潮州皮戲劇本之一。《楊文廣掛帥》的劇本來源，來自小說的《平閩全傳》。在小說的喧染之下，而廣泛流傳於福建，漳泉民間對於該故事，具有一定的熟悉。內容敘述楊文廣率軍南征，每洞的洞主，在小說的渲染下，神化為深具法術的妖怪，如黃草洞是蚯蚓精，碧水洞姚玉是蝙蝠精所變，鷺江洞鐵頭禪師是石龜精，蝶子洞是鬼月姑等。楊文廣領軍，過關平定閩南十八洞的故事。內容不外乎敘述，楊文廣在平定各洞的途中，所遭遇到的阻礙，但最後化險為夷，往下一個平定

洞口前進。劇中最爲刺激緊張的是，每一個洞主所祭出寶物，以及各種變化。考驗楊文廣思索如何平定，而這些寶物的鬥法，也是小說中最爲引人入勝之情節。《楊文廣掛帥》的劇本，在臺灣皮影戲中不難發現。各劇團或多或少都有該劇的編寫，以「東華」而言，有全本的《楊文廣掛帥》。1980 年前，《楊文廣》的劇本，就常爲酬神戲的上演劇本。當然《楊文廣》劇本的內容，不乏有劇情緊張和最爲吸引人之情節，這個扣人心弦的劇情，通常亦是演師所最常演的部份。「東華」的《楊文廣》劇本，以《飛鵝洞——收金精娘娘》一劇，爲較常演出的橋段之一。該劇情各時期有不同的抄寫，共達六本之多。反應了該橋段在《楊文廣》劇本中，爲劇團所較爲著重之處。從《北交趾》劇中，薛武忠率領大唐將士，要交趾國的八關四十八島嶼。薛武忠平定交趾國、過關斬將的情節，其實就是將《楊文廣》劇本的主要架構，直接搬寫入劇情。以不同人物的更動，呈現出不同的表演。

從《北交趾》劇本的編寫架構，其主要將不同的章回小說劇情，以人物的更動方式，相互拼貼成爲一劇。將劇情略爲變異，達到創新劇本的目的。值得注意的是；這些不同劇本的拼貼，都爲皮影戲時常上演的劇情。換言之，演師將熟悉的劇本劇情，相互編寫成劇，以一種拼貼創新的方式，編寫成劇。而以這種重新詮釋的拼貼方式，吸引觀眾。

（二）人物造型的新詮釋

《北交趾》的劇本，除了上述的特徵以外，不容忽視其在於其對於人物造型的重新詮釋。新劇本的創作，必有新人物造型的出現。傳統人物的造型，或許較於寫意，亦或者在人物性格屬性的相同之下，可以有不同人物造型的表示。《北交趾》的劇本人物，或許可以由傳統的影偶相互代表演出，但或許重新創作，可以更加貼近人物性格的本身，然而；如同上述過。1956 年之後，因演出影偶過小，在觀眾的反應之下，將皮影戲偶略加放大。而 1956 年影偶放大之時，又介於《北交趾》劇本的編寫完成。所以「東華」則又利用影偶尺寸變革時，重新將《北交趾》的影偶，做創新的雕刻，以符合劇中人物的性格與屬性。而這個新創作的影偶造型，也成爲本劇吸引觀眾的地方。

（三）講古題材的新創作

《北交趾》劇本情節編寫，有其演師所融合不同劇本的元素，但由該劇本書頁，題寫出「講古藝人」的居住所與姓名，或許可以了解到該劇本的書

寫，有參雜到臺灣民間講古藝人的講古素材。但「講古」題材，吸收到多少？
有多少情節的內容，是以講古為主？直到目前為止，因缺乏相關文獻資料，
無法明確得知，本劇使用了多少「講古」題材。不過，劇情內中的抽絲剝繭
下，或許可以看到其所吸收「講古」的脈絡。過往臺灣的諺語，有句「仙拚
仙，拚死猴齊天（孫悟空）」，其故事內容意思是指，仙與仙的拚鬥過程中，
仙人為互相較勁，請出更高深法力的仙家，相互鬥法，因而將孫悟空給鬥死。
既是臺灣諺語故事，或許對於民間的講古藝人而言，或許也是講古故事題材
的來源之一。劇中的起因，是孫悟空酒醉誤事，掀起一股仙人的相互鬥法，
進而引起更大的禍事。或許劇中孫悟空所掀起這股「仙拚仙」的故事來源，
就是取自該俗諺的靈感。而孫悟空與毛蠍娘娘的成婚，生下一對兒女，也許
就是參雜到了講古先生口下的講古題材。在講古題材的構思下，以不同的章
回小說或皮影戲劇本，融入自我的編寫，而形成劇本的面貌。

　　透過《北交趾》劇本內容，劇情的架構編寫，不外乎是引用當時臺灣民
間大眾，較於熟知的章回小說文學，或者皮影戲常演出的劇本情節，相互吸
收編寫拼貼成劇情。簡言之，就是將刺激或緊張之處的情節，融合成劇本的
主要架構。在演出方面，所引人注目的特色，除了是先前孫悟空與司墨童子
在天庭的紛爭，引起眾仙的相互鬥法以外。其薛武忠掛帥，破除關隘的情節，
也是本劇中吸引觀眾之處。吾人由劇本所知，每個關礙有守將關主，關主必
學有奇門遁甲或者師承三山五嶽的奇人道仙。這些奇門遁甲寶物的相互鬥
法，或者奇人道仙的法術較勁，在皮影燈光的渲染之下，以緊張刺激的視覺
變化和豐富的場景，達到演出目的。而這種燈光的視覺震撼，正是皮影戲演
出的主要特色。在燈光的配合之下，製造出視覺的封面場景，吸引觀眾的目
光。

第二節　世外奇聞

　　「世外」依字面解釋，有「塵世之外、世俗之外」的意思，「奇聞」有「從
古至今，稀有不常見見到的事情」之意謂。換言之，就其劇本所要告訴大眾
的意思，即有「流傳於世俗之外，罕見的故事」。而劇本名稱的定名，筆者認
為即可能以「世外桃源」劍俠的章回小說名稱，加以融會而成。

一、創作過程

《世外奇聞》是繼《北交趾》劇本之後，所在商業劇場演出的劇本，也是商業劇場最後的新編劇本。內容共分成幾大齣，即〈聖佛鬥法眾妖仙〉、〈群仙三取絕仙劍〉、〈八仙大破五鳳陣〉、〈五妖怪三奪天書〉、〈佛仙大戰地獄塔〉、〈仙劍三進沖天樓〉、〈廿四仙大破飛龍城〉、〈神怪血戰骷髏島〉等八齣。《世外奇聞》劇本編寫者為張叫，編寫年代未書寫。

書寫紙張，利用《高雄縣大社鄉民國四十二年總算書》複寫本，背面空白處書寫劇本內容，可知該劇本約編寫於 1953 年前後。若再根據張德成所紀錄的《東華皮戲團各地上演紀錄表》一書，內文中的記載，該劇第一次上演為 1960 年 11 月 11 日至 19 日，位於花蓮市博愛街東臺第一劇場戲院的夜戲演出，約可了解本劇約編寫完成於民 1953 年至 1960 年之間。但在依據 1958 年東華位於菲律賓金光大戲院演出的「戲單」顯示，《世外奇聞》共有：〈群仙三取絕仙劍〉、〈八仙大破五鳳陣〉、〈五妖怪三奪天書〉、〈佛仙大戰地獄塔〉等劇情出現。顯然該劇本早已於 1958 年之時，早已編寫完成，才有「戲單」劇情的出現。依據《東華皮戲團各地上演紀錄表》一書的記載，《世外奇聞》的演出，晚於《北交趾》之後。換言之，即可能在《北交趾》劇本完成後，《世外奇聞》才編寫完成。但筆者認為，〈群仙三取絕仙劍〉、〈八仙大破五鳳陣〉、〈五妖怪三奪天書〉、〈佛仙大戰地獄塔〉，即可能是早已編寫完成，或於《北交趾》之前或者同時期編寫完成，當《北交趾》劇本完成後，才又陸續完成〈聖佛鬥法眾妖仙〉、〈仙劍三進沖天樓〉、〈廿四仙大破飛龍城〉、〈神怪血戰骷髏島〉等橋段，爾後；演師才依續劇情的關聯性，集結成書。但為何這〈聖佛鬥法眾妖仙〉等四劇，會之後才出現？這四齣與《北交趾》有何關聯？或許得由《世》劇本的劇情分析，才可知其關聯性。這四齣的關聯性為何？則留於後續。《世》劇，表紙共 140 張，長達 280 頁。依《東華皮戲團各地上演紀錄表》一書的《世外奇聞》的演出次數，以及 1970 年記載於張德成的日記本的演出次數。本劇在商業劇場演出，共達 140 次。是僅次《濟公傳》、《北交趾》、《西遊記》的演出。先以戲單記錄，最早上演日期為 1958 年 4 月。再據《東華皮戲團各地上演紀錄表》一書中，《世》劇的演出，上演的日期為 1960 年 11 月 11 日，位於花蓮市博愛街東臺第一劇場戲院。爾後，於 1962 年 4 月 26 日，位於苗栗縣竹南鎮民生戲院，再次演出。1962 年 10 月 1 日，於臺中縣大肚鄉大肚戲院演出該劇後，之後，則開始以《世外奇聞》為「夜戲」的

演出本。然,《世外奇聞》劇本,有何特性?能成為 1961 年後,取代《北交趾》的上演?以下,筆者將依序劇本寫作場次分類敘述,劇本故事經筆者整理如下。

二、劇本內容

　　《世外奇聞》劇本如前述,共分成〈聖佛鬥法眾妖仙〉等八齣。而這八齣的劇本內容為何?本節將針對各本的戲齣內容,分析出劇本中所情節架構與其特殊之處。

(一)聖佛鬥法眾妖仙

　　〈聖佛鬥法眾妖仙〉為劇本的齣題,但由於是以取「寶草」,而引起一場仙佛的大亂戰,良(龍)女取寶草是為本劇危機的開始,故而後來本齣,為口語方便和紀錄,則以《取草》為之。《取草》即為本齣的劇名。

　　普陀山觀世音菩薩在紫竹林中,玉帝壽誕將至,欲煉百顆九轉聚勇丹,前往凌霄寶殿共玉皇大帝祝壽。但九轉聚勇丹需要取九轉靈芝草做藥引,即令座前良女前往元光山取靈芝寶草回來。元光山仙人洞百菓大仙修行一萬年,得知近日為玉帝生日,恐怕有人會前來盜取靈芝草,即刻命令兩位徒弟清雲、劍鹿二位道童前往看守。良女到元光山遇見清雲、劍鹿二位,劍鹿將良女捉回洞見師父。觀音菩薩與善才童子二人來到元光山。觀音祭出佛缽打百菓大仙,雙方一陣大戰。百菓大仙逃出。風火祖師領百菓大仙下山到紫竹林為徒孫報仇。後來,眾仙下凡收眾百菓、風火等一干妖怪,眾仙再回天庭與玉帝祝壽。

　　透過本齣的內容,最主要有的起因,乃觀音欲參加玉帝的聖誕,派良女前往元光山取靈芝草,因而引起一場仙妖的的大戰。然起因是觀音菩薩要參加玉帝的聖誕,要鍛鍊寶物,向玉帝祝壽。派良女前往元光山取「靈芝草」,導致產生了一連串的危機。仙方為了幫助觀音和良女,取得靈芝草和脫離百菓大仙的追殺,下凡助陣。百菓大仙在仙方的追擊下,被師父風火祖師救走,再次引起風火祖師與仙家的紛爭。後為增加劇情的緊張,安排出相當多的人物,如:孫悟空、楊戩、紫天大仙、元武大仙、玉雷、北極上帝等,這些人物的安排,除了有助劇情人物的豐富性外,這些人物的寶物相互的變化和鬥法,也是本劇演出的主要訴求。透過法術的鬥法,利用燈光和電光的相互配合下,製造視覺的震撼性,吸引觀眾。

劇本第一齣的書寫，吾人可以明確的看到，此開頭的劇情編寫，玉帝祝壽的部分，即是參照《南遊記》中的第一回，「玉帝起賽寶通明會」的橋段。演師《南遊記》中的第一回，人物改編成觀音菩薩，而賽寶通明會則直接書寫成玉帝的聖誕。不過，既然派遣良女前往取「九轉靈芝草」，簡言之；取「九轉靈芝寶草」即為本劇危機的開始，爾後，引起一場仙妖的紛爭。取「九轉靈芝草」的來源，若吾人對照章回小說，即可能是將《白蛇傳》中的〈盜仙草〉劇情，訛轉成觀音派良女取「九轉靈芝草」。而〈盜仙草〉守顧庭園的鶴仙與鹿仙二童子，即可能是清雲和劍鹿二人的轉訛。〈盜仙草〉是白素貞為救許仙之命，然「靈芝草」則為觀音菩薩為向玉帝祝壽，表示劇中在處理人物動機上，有所改變不同。構成本劇最為重要情節為「玉帝祝壽」與「靈芝草」，「祝壽」為「因」，取「靈芝草」為「果」，後續的劇情發展，皆由取「靈芝草」一段而來，由靈芝草引發仙妖的鬥爭。這兩個情節，是架構出本齣相當重要的脈絡。

（二）群仙奪寶劍

1958 年東華位於菲律賓金光大戲院《世外奇聞》演出「戲單」，印有〈群仙三取絕仙劍〉，表示本劇在 1958 年即編寫完成。本劇的演出，有何種特點？據整理如下。

碧水湖金色鯉魚精修行五千年，而變成人形，因苦無法寶能參加玉帝的萬寶品評大會。設法利用奇門遁甲，前往天外天如意宮，盜取盤古至尊先祖所傳下的先天絕仙劍，參加玉帝的萬寶品評大會。天外天如意宮盤古至尊欲前往北海雲遊。金蓮娘娘遁入如意宮，順利將絕仙劍盜取出宮，前往天庭參加品評會。孫悟空酒醉遇到金蓮娘娘，一言不合大打出手。盤古四海遊訪後遇到孫悟空，孫悟空向盤古至尊詢問有關絕仙劍的來源。二人即前往碧水湖向金蓮要取絕仙劍。金蓮娘娘攜帶絕仙劍逃往萬花山求見百花仙翁。盤、孫二人追往萬花山。師父獨角火獅王下山，力戰盤古、孫悟空。大頭老仙雲遊五湖四海，見到七彩寶劍耀眼奪目。風雲、火眼流星猴、先天老和向三人下凡，先天老和向收寶劍，將寶劍送還盤古，平定妖道後，眾仙各回仙山。

本劇最主要開頭，仍是金蓮欲前往天庭參加玉帝的祝壽，因苦無寶物，只好前往如意宮盜取盤古的絕仙劍。以金蓮娘娘前往如意宮，盜取盤古祖傳的絕仙劍所引起一連串的紛爭。既劇名為是「三取絕仙劍」，必有眾仙「三取」

的描述。這三取絕仙劍的過程，是架構出本劇的主要脈絡。而第三次的取劍，則為本劇的最高潮之處。第三次的取劍，盤古與妖怪紛爭之時，魔道請出修行十餘萬年的妖怪人物，這些魔道各有不同的本領，以阻止盤古的取劍行為。後者在深山修行的仙家，出遊觀看到凡塵戰鼓喧天，妖氣沖天。下凡前往幫助盤古，將妖怪收伏。三次盤古的取劍動作，各相互關聯，串起本劇的情節。

（三）八仙大破五鳳陣

〈八仙大破五鳳陣〉一齣，於 1958 年菲律賓的金光大戲院的演出廣告戲單，即有該戲齣的演出印製，反應該戲齣於 1958 年即已編寫完成。

內容則為八仙前往瑤池祝壽後，酒醉要回蓬萊島。呂洞賓見面前有一個九里湖，建議各道友腳踩個人的法寶渡湖，眾仙放出個人的法寶渡湖而回蓬萊島。九里湖五仙洞的無根老母，生有五位女兒。在洞中發覺湖內餡出萬道金光，水夜叉報告有八位仙友踏寶過湖。無根老母大排五鳳陣，五方各顯神光，並有法寶打出。南極仙翁無計可破再請李老君、如來佛祖下凡共商大計，如來請五位道友下山。如來佛祖命令八仙共破五鳳陣。五鳳陣被如來與八仙所破，五位女兒被打死。無根老母的師父怪老仙天祖下凡，救出無根老母，怪老仙天祖根據五鳳陣再命令四位徒弟各守四方。如來取得金交剪，用金加剪剪開怪老的萬仙網，金加剪剪破五鳳陣的四方陣頭，四位守鎮的妖道被剪死，無根、怪老二位被金加剪所打死。如來取出八寶花籃，放火燒毀五鳳陣，八仙拜謝三教的援助，眾仙各回仙山。

本劇的主要開端，是以八仙在向玉帝祝壽完後，欲回蓬萊仙島。呂洞賓倡議，八仙各踩寶物渡湖，導致無根老母的不滿，因而後續排設五鳳陣，引起仙妖的一連串紛爭。八仙的渡湖，也是本劇危機的開始。然看似簡易的劇情，劇本的編寫來源，即可能是張叫以《四遊記》中的《東遊記》為參考依據，而後再次加入自己的構想所編寫成劇。《東遊記》小說中，內容為主要說明八仙修煉得道的過程。而後，則是說明龍太子奪走藍采和的玉版，於是八仙和龍王大戰，最後由觀音和解。從《東遊記》小說的故事描述，與無根老母以藍彩和的八寶花籃為聘禮的情節相當相似，後八仙與無根老母的紛爭，與龍王鬥法的橋段雷同。不過，本劇的劇名既為〈八仙大破五鳳陣〉，顯然八仙就為主角，也必須安排出八仙如何破除「五鳳陣」的過程。破「五鳳陣」的情節，就為本劇齣最為高潮之處。《東遊記》小說，龍王並無排設陣勢，而

本劇無根老母排出「五鳳陣」阻擋八仙。是近似《封神榜》劇本的排陣內容，「五鳳陣」的排設陣法情節，即是引用《封神榜》中的九曲黃河陣的陣法特點，但在陣法的描繪上，仍有不同的編寫。如，「九曲黃河陣」的金蛟剪和混元金斗，為「黃河陣」中，相當重要的寶物，可以取人性命。但欲破「五鳳陣」則必須得到金交剪，換言之，是將「九曲黃河陣」的金蛟剪，做不同的改變。「五鳳陣」的神秘之處，也是最為吸引觀眾的地方。但要特別注意，劇本編寫的銜接之處，如何在吸取《東遊記》八仙過湖的橋段後，再與《封神榜》的「黃河陣」做適合的連結？情節與情節的連接，如何連接的恰到好處？或許就必須倚賴演師的編寫手法。本劇是以《東遊記》與《封神榜》內中的部分情節，相互融合，加上演師的自我拼貼和創意編寫，構成本劇的內容情節主軸。

〈五鳳陣〉為本劇最為緊張、高潮之處，為了強調〈五鳳陣〉的神秘之處，〈五鳳陣〉中的法寶、金光刺眼等，就為劇本情節所吸引觀眾之處。演師透過燈光的鋪陳，呈現陣中懸疑和其神秘。如何顯現出五鳳陣的視覺效果？或許為演師表演手法。然，除了「陣法」上的視覺強調外，演師為了讓製造更多的趣味性或者劇情的豐富性，如前紀錄，本劇會演出海反的劇情。「海反歌」在臺灣的歌仔冊，就有對其劇情的描寫。而東華的劇本，亦有抄寫「海返歌」的劇本寫作。何謂「海反」？所謂的「海反」，就是講述海內魚蝦動物的出動情況，描述這些魚蝦動物，如何在海內翻鬧的情況。這種景況，上演有關海、湖、河的劇情，亦可隨時添加使用。如在《西遊記》孫悟空大鬧水晶宮劇情時，亦有搬演。無根水母既隱居在湖中修行，湖內必有魚蝦的生存。將魚蝦擬人化，轉換成水族兵。海反的劇情演出，除了是劇情的需要外，更可透過水卒兵的出動，以皮偶水卒人物，表演動作上的詼諧性，製造笑料。換言之，就是透過魚蝦水卒海反的情況，豐富劇情，以豐富的魚蝦水卒出動情況，吸引觀眾。

（四）五妖怪三奪天書

〈五妖怪三奪天書〉的劇齣，如前述在1958年的廣告戲單，即已出現。顯然該劇在1958年之時，已經編寫完成，且已對外演出。

鐵甲、滿天、仙狐婆婆、飛天神劍翁、神火道元等五位道仙，各修行五千多年。預定在八月十五日，前往白龍崛偷取三本天書列入仙班。白龍崛守

護天書籍仙丹的九頭金精獸未開天闢地前就在此守護天書，鐵甲、滿天等五位道仙來到白龍崛欲取天書，九頭金精獸用九頭尾打退五位道仙。此時，天地間的道仙意爭相前往白龍崛偷取三本天書。鐵甲仙祖向四位道友言說，五人非九頭獸的對手，五人變成鐵甲蟲入內盜取到天書。鐵甲仙祖放出三本天書被東海青鳥啄走，無極天尊將三本天書交還九頭金精獸，交代九頭獸預防三本天書再次被鐵甲仙祖盜走，九頭獸拜謝無極天尊後回到白龍崛。五位妖怪將開天斧鍛鍊後，前往白龍崛奪天書，九頭獸被開天斧斬斷二顆獸頭，五妖怪入洞取走三本天書。如來佛祖下凡，將五位妖怪收到雷音寺，待日後送還。

　　本劇與先前不同，不以達關破陣為主，而是以妖怪謀奪三本天書為劇情的發展。齣題既〈五妖怪三奪天書〉，內中必有五位妖怪的安排。而五位妖怪也為本劇人物所著重的人物，其主要敘述五位妖道，欲前往白龍崛偷三本天書，所引起仙、魔二界，為爭取天書的一場鬥法紛爭，也是本劇危機的產生。但為後劇情結局的需要，安排無極天尊和如來佛祖的下凡，將五位妖道收伏。本劇中奪取三本天書的行為，為劇中的劇情主軸，透過鐵甲仙祖等五位妖道奪取天書的三次的過程，構成本劇的主要情節演出。但看似五位妖怪奪取三本天書的過程，其編寫與《三盜九龍杯》的劇情形似。《三盜九龍杯》內容，大致明寫綠林好漢楊香武，前往皇家的暢春園，盜取珍貴的九龍杯，後來楊香武路又碰到神偷王伯燕，被王伯燕偷走九龍杯。皇帝下令黃三泰，前往尋找。後，王伯燕所偷的九龍杯，輾轉落入了黃三泰的仇家周應龍手裡。楊香武得知九龍杯在周應龍手中，再度由周應龍手裡奪走九龍杯。因九龍杯第一次楊香武在暢春園偷走，第二次被王伯燕偷走，第三次又從周應龍手上偷回，所以稱之《三盜九龍杯》。若《三盜九龍杯》與〈五妖怪三奪天書〉的劇情相互比較，都有以某物為目的，人物前往偷取的描繪。劇中第一次鐵甲等妖怪，偷取天書未果，第二次偷取成功，但隨即又被青鳥盜走，第三次鐵甲再由九頭獸手中盜取而出。三次的過程，鐵甲等五位妖怪，如同楊香武。第二次青鳥如同王伯燕，無極天尊如同周應龍。第三次鐵甲仙祖等，再從九頭獸手裡偷走三本天書。劇情同樣都已盜取三次，才為完成目的，有其相似的部分。但本劇的演出，不是以綠林好漢為主，而是偏向神怪故事的取向，人物的編寫，也多為仙魔道的人物為主，是以呈現出仙魔法術、寶物鬥法的一種場面演出。

本劇的演出特點，強調在五位妖怪如何運用本身的法術，偷取三本天書。不過，既不以破陣或陣勢為主，其訴求以神秘緊張的情節，吸引觀眾的注意。如，鐵甲等五位妖怪，思索如何偷取三本天書，藉由這種如何偷取天書的懸疑過程，吸引觀眾。為了豐富場面人物的繁多，奪取天書的經過之時，安插相當多不同仙道人物的出現，如野豬大仙、蜈蚣仙、野鹿道長等。主要是增加場面的豐富性。同時這仙人物的出現，內中不乏有仙魔相互鬥法、變化的場景出現。是以燈光變化視、聽覺的震撼效果，藉此吸引觀眾的目光。

（五）佛仙大戰地獄塔

〈佛仙大戰地獄塔〉於 1958 年的廣告戲單，即已出現。顯示該劇在 1958 年之時，已經編寫完成，本劇是〈五妖怪三奪天書〉情節的再延伸。描寫九頭獸再次被奪走天書後，前往地獄塔，求見乾坤魔祖，所再次引起佛魔二道的鬥爭。

小西嶺白龍崛的金精獸，因前日所看守三本天書被五妖怪所奪走，三本天書又被收到西方如來佛祖手中，前往地獄見主人乾天魔祖。乾天魔祖鎮守在地獄塔，九頭金精獸向師父說明，三本天書已經被如來佛祖收到西方。乾天魔祖欲向如來佛祖報仇，乾天魔祖派出金眼怪鬼影到西雷音寺盜取八寶琉璃燈照亮地獄塔。眾佛兵見到琉璃燈被盜走。如來佛祖得知琉璃燈被金眼怪鬼影偷走，命觀音佛祖到九龍山天然洞請八仙前去要回八寶琉璃燈。如來佛祖欲破地獄塔，則必須借取三寶圖前來方可破。如來得到「三寶圖」，命眾仙破地獄塔。如來佛祖見地獄塔眾鬼妖被收盡，要乾天魔祖改邪歸正。眾仙放火燒化地獄塔，如來佛祖取回八寶琉璃燈，回雷音寺。九頭金精獸見地獄塔破，逃出地獄塔前往到沖天樓。

本齣是銜接〈五妖怪三奪天書〉之後的另一齣戲。劇中描寫九頭獸，因天書被奪，來到地獄塔求見乾坤魔祖。魔祖派出金眼怪鬼影，到雷音寺偷八寶琉璃燈，欲使西方雷音寺陷入一片黑暗，所引起之後，佛魔二道的鬥爭。劇中前半段，講述乾坤魔祖派金眼怪鬼影偷取琉璃燈的過程，後者情節偏重仙道的鬥法。本劇後者破地獄塔的編寫，類似破陣劇情的編排。不過，是將破陣的劇情，轉換成地獄塔的形式。地獄塔機關重重，妖怪眾多，欲破地獄塔，必須借到「三寶圖」，等至「三寶圖」借到後，地獄塔即被如來攻破。但為了後者〈小八仙三進沖天樓〉的劇情，安排九頭金精獸逃走，前往沖天樓，讓仙佛道眾仙又陷入一股危機。也是方便交代，後劇〈沖天樓〉的的始末。

本劇的演出特點，主要強調在後者眾仙破〈地獄塔〉的劇情。前段劇情，如前述是在向觀眾說明，乾坤魔祖為了復仇，派遣金眼怪前往雷音寺盜取琉璃燈，所引起的危機。既劇名為〈佛仙大戰地獄塔〉，必是著重在後者破地獄塔的演出。地獄塔內的機關四伏、危機重重，是為本劇所要闡述的特點。例如，劇本中描述，地獄塔分七層，每層各安機關以及鎮守的妖怪，眾仙欲破地獄塔，必每層攻破才能將地獄塔消滅，這每層所展現的金光、機關，就為本劇所要帶給觀眾的一種視覺上的吸引效果。

（六）小八仙三進沖天樓

〈小八仙三進沖天樓〉是為〈佛仙大戰地獄塔〉劇情的銜接。乾坤魔祖的地獄塔，被如來佛攻滅後，九頭獸逃往「沖天樓」，商請紫陽夫妻為他的結義兄弟復仇，所再次引起佛道魔的對立與紛爭。其內容，據筆者整理如下。

十三天沖天樓紫陽樓主、金花主婦鎮守在沖天樓修練，結拜兄弟乾天魔祖鎮守地獄塔。九頭金精獸求見紫陽樓主，說明地獄塔已被佛仙攻破。紫陽夫妻隨即領樓中小妖，為乾坤魔祖報仇。紫陽夫妻與眾仙展開一場大亂鬥，小八仙受玉帝之命，下凡平定沖天樓。羅浮禪師下山，上天聽奏請玉帝，玉帝再派天庭四大金剛領兵二十萬攻打沖天樓。金精獸見到眾天兵將與眾仙齊到，再逃到飛龍城求見飛龍城主。紫陽夫妻不敵，逃到雪山見長壽道人，眾仙追到雪山。長壽道人化出萬丈的大蟒蛇，綑住眾仙。如來佛祖請玄天上帝下凡前來收除。玄天上帝將長壽道人，帶回仙山。彌勒佛見到長壽道人被收，放出如意袋收入紫陽夫妻回天庭。玉帝命令將紫陽夫妻斬死，排設酒宴慰勞眾佛仙。

本劇是做為銜接〈佛仙大戰地獄塔〉後續的劇情，主要描述沖天樓的紫陽夫妻，因結義兄弟乾坤魔祖被殺害，進而起兵所引起一連串的仙魔鬥法。劇名為〈小八仙三進沖天樓〉，顯然劇中安排有八位小八仙的人物，這八位小八仙的人物，為劇中的主要人物。第一進為小八仙的危機，第二進則是小八仙，引領眾仙試探「沖天樓」的神祕，第三進則是解結，也為本劇的結局。以小八仙三進沖天樓的過程，建構本劇的情節。「沖天樓」是劇中的重點，強調「沖天樓」內中有何種機關，寶物的場景，讓小八仙無計可施。後，小八仙如何尋找相關的寶物，或者請出法術更高深的仙人，將紫陽夫妻擒獲，是本齣戲重要的部分。而「沖天樓」中，有何種玄妙之處？展現劇中吸引觀眾之地方。

本劇所強調的重點「沖天樓」，來自類似《封神榜》或其他小說中陣勢、陣圖的一種轉訛。若以陣勢或陣圖的構想，所編寫而成的「沖天樓」，對於「沖天樓」內，就必須安插相當多的機關陷阱與法術寶物的情節。透過這些機關陷阱、寶物的出現，呈現「沖天樓」的神祕與厲害。眾仙前到「沖天樓」內破除機關的景象，倚靠燈光音響的器材變化，增添「沖天樓」的神祕厲害，這些表現手法，亦是劇中所吸引觀眾目光之所在。

（七）二十四仙大破飛龍城

〈二十四仙大破飛龍城〉是接續〈小八仙三進沖天樓〉劇情的延展。前段是以小八仙三進沖天樓為劇本架構，本劇則是將小八仙人物，延展自二十四仙。

九頭金精獸到飛龍城，請飛龍城主前來復仇，飛龍城主得知師弟紫陽樓主被抓，欲抓小八仙替師弟報仇。小八仙請出上、中洞的八仙，前往助陣。漢鍾離八仙等奉玉帝旨意，欲抓金精獸回天庭。飛龍城主不肯將金精獸放出，八仙便與飛龍城內妖道鬥法。玉帝令太白金星帶旨請玄天上帝下凡收除。玄天上帝出動眾天兵，飛龍魔王領飛龍城內妖仙守城。雙方不分勝敗，無法破城。太白金星再前往天外天金天宮請五位聖人下凡，見飛龍城四方各有妖仙守護，城內又暗藏三件寶物變化萬千。風塵老祖寓意眾仙若要破飛龍城，則須先除三件法物。風塵老祖命八仙盜取出三件寶物。八仙盜出三件法物後回營見上帝，玄天上帝及命眾仙圍攻飛龍城，九頭金精獸見能破飛龍城三件寶物已被眾仙所奪，逃出飛龍城。玄天上帝用火龍輪燒化飛龍鐵甲，再用斬妖劍斬死飛龍魔王，放火燒毀飛龍城，眾妖亡。

本劇是以破除飛龍城為劇本的架構，不過，在本劇中，人物的編寫更較於前劇更多。劇中不外乎，是玉帝得知凡塵有飛龍城主為亂，派遣以 24 位八仙，下凡收伏飛龍城主，以 24 位的八仙為人物，藉由 24 仙的八仙，共同攻打飛龍城，建構出本劇的情節。飛龍城主為替師弟報仇，起城中各妖怪把守城池個要塞，等待 24 為八仙前來。但飛龍城主請城中的妖怪，所排設的關隘，其類似先前所論述「掛帥戲」的主軸，由元帥領兵將攻打番兵的關隘橋段。不過，本劇情將元帥攻打番兵關隘的劇情，轉換成眾仙攻打飛龍城的橋段。在攻打的過程，不乏有寶物和法術的出現，如同飛龍城主的關卡，內中有鴛鴦傘、神拳斗、飛龍鐵甲的寶物，而飛龍城主亦學有奇門遁甲的法術，以阻止二十四位八仙的攻打。而八仙要破飛龍城的過程，則為劇中所要展項的重點。

〈二十四仙大破飛龍城〉的演出特點，著重在二十四位八仙如何攻破飛龍城。攻打過程中的寶物相鬥、法術鬥法，是劇中吸引觀眾之處。透過各類八仙的寶物和各種道仙下凡，製造人物的豐富性與場面的熱鬧。飛龍城之所以無法攻克，乃其城中具有三項寶物所保護，眾仙必須前往不同的仙山，借取攻克飛龍城的寶物，如何運用借到或者取到，除了有懸疑的成份在之外，亦有透過借取的過程，考驗眾仙如何借到，在借取的過程中，眾仙會遭受到何種危機？而眾仙如何渡過？以此危機吸引觀眾的注目。

（八）神聖血戰骷髏島

〈神聖血戰骷髏島〉為《世外奇聞》中的最後一劇齣，為〈二十四仙大破飛龍城〉的劇情銜接。主要仍是描述飛龍城被破後，九頭獸逃往的骷髏島，骷髏魔王位圖報仇，所再次引起仙佛魔的一場鬥爭。

飛龍城被眾仙所破，九頭金精獸逃往骷髏島，求見飛龍魔王的師父骷髏魔王，要骷髏魔王為徒弟報仇，骷髏王令金精獸一同前往。此時，天庭眾仙亦全下凡幫助，骷髏天魔王見眾門徒死傷甚多，再請道友九頭飛獅子、天象怪人等下山援助，共守白骨洞。佛仙敗退回營見玄天上帝，白骨島妖仙各守島上要角無法攻破。若要收回金印則必須取出太極圖、無極圖、石天圖，方可收回金印與制伏妖怪。九頭金精獸見大勢已去，逃出白骨洞。玄天上帝用三圖將九頭金精獸捲成碳粉，白骨洞眾妖被三圖降伏。玄天上帝收伏眾妖仙，玉帝聞知後大喜，排設酒宴宴請眾仙。

本劇起因是骷髏王的徒弟接連被如來佛等眾仙所殺，骷髏王為了替徒復仇，盜取玄天上帝的北斗印，所引起一場仙魔的紛爭。骷髏王派出鎮守在島內的妖將妖兵，阻擋天庭眾仙。而本劇各妖將的把守，讓天庭眾仙無法攻克關隘，即可能是將「掛帥戲」的劇本情節，編寫入劇情。透過各種關隘的劇情編寫，製造出仙佛魔鬥法劇情的緊張。然而，本劇以骷髏王派遣各島內的妖將，鎮守在各關隘內，阻擋眾仙。而眾仙必須破除各關隘，才能前進到島內，誅殺骷髏王。其劇情的編寫，即與《萬劫北交趾》的劇情架構相同。本劇的編寫構想，即可能是在《萬劫北交趾》劇本完成後，所再次依照《萬劫北交趾》的劇情編寫完成。劇本的內容，是以偷取北極印為開端，但側重在眾仙的破關情節，透過破關的劇情展現，吸引觀眾。然本劇的內容，如先前的劇情，不乏有仙人寶物相互鬥法的場面，主要是透過妖、佛雙方鬥法的視覺變化，吸引觀眾的注目。

　　本劇的演出特點，仍是以破關隘的劇情的為演出特點。骷髏王在骷髏島內，排設關隘引眾仙前往破陣。眾仙破陣破關隘的劇情，亦為劇中所著重的劇情。透過眾仙的破關過程，以寶物、法術相鬥的視覺觀感，吸引觀眾的注意。而眾仙如何破取每關隘，又如何借取神秘的寶物破關，借重這些關隘的設置製造懸疑和誰密性，是為本劇中所要演出的特點與吸引觀眾之所在。

（九）整體分析

　　上述八齣《世外奇聞》引用了相當多的皮影戲劇本和章回小說的內容，演師將其內容中的主要情節，相互拼貼所編寫而成。由劇本中的戲齣，第一本的〈聖佛鬥法眾妖仙〉與第二本〈群仙三取絕仙劍〉、第三本〈八仙大破五鳳陣〉皆可單獨所成為一劇，內容主要都是敘述仙佛為了參加天庭玉帝的聖誕，所引起的後續危機。而這三本的戲齣，第一本即是以參加玉帝聖壽的開始，為參加玉帝的祝壽，在參加之前所引發的一場天界與魔界，為爭奪「靈芝草」所引發的危難。第二本則是眾仙在參加祝壽的過程中，孫悟空無意了解到金蓮娘娘盜取的寶劍，再次引起仙魔的第二次紛爭。第三次則八仙在祝壽後，要回蓬萊仙島，回程時因無根老母的誤解，再次所引起的災難。換言之，上述三本都是以參加玉帝的聖壽為背景，因而引起仙佛魔一系列的鬥爭。

　　1958 年的戲單顯示〈群仙三取絕仙劍〉、〈八仙大破五鳳陣〉、〈五妖怪三奪天書〉、〈佛仙大戰地獄塔〉，這四本即可能早已編寫完成。當時的演出，可能都單獨為一劇，後來才又添加入〈聖佛鬥法眾妖仙〉和〈仙劍三進沖天樓〉、〈廿四仙大破飛龍城〉、〈神怪血戰骷髏島〉等戲齣。將先前的戲齣內容，編寫成為相互關聯的劇本。而後〈五妖怪三奪天書〉、〈佛仙大戰地獄塔〉、〈仙劍三進沖天樓〉、〈廿四仙大破飛龍城〉、〈神怪血戰骷髏島〉等，都為一連串相關聯的劇情，以爭奪天書為起點，開始再次延展。每一句本情節相互關聯，為了聯繫情節的相關性，安排九頭獸為銜接的人物，以便連接出〈佛仙大戰地獄塔〉、〈仙劍三進沖天樓〉、〈廿四仙大破飛龍城〉、〈神怪血戰骷髏島〉的故事發展脈絡。由第五本〈佛仙大戰地獄塔〉開始，都是以義兄弟或者師父為了復仇，所排起陣勢，引發天界仙佛的危機。而人物也明顯增多，如〈仙劍三進沖天樓〉，劇情原本只塑造小八仙為主要人物，以小八仙三進沖天樓，將妖道除盡。後〈廿四仙大破飛龍城〉劇情，則將小八仙人物，又分類出上、中八仙，人物共達 24 位，以 24 位人物齊進飛龍城，製造人物的豐富場面。

自第五本後，劇情的內容，不乏安插入類似機關陣勢的劇情編寫，在妖道所鎮守的範圍內，架設出機關重重或者法術金光的陷阱，主要都是為了引導天界的眾仙，因此而喪命。這些眾仙攻克過程，即是這幾戲齣所要帶給觀眾，最主要的重點。不過，筆者以為《世外奇聞》後的〈仙劍三進沖天樓〉、〈廿四仙大破飛龍城〉、〈神怪血戰骷髏島〉這三本劇本，可能是在《萬劫北交趾》編寫完後，參考了《北交趾》的劇情架構，所逐漸編寫完成。例如；本劇的最後一齣〈神怪血戰骷髏島〉，骷髏王派遣島內的妖兵妖將，以寶物或法術，鎮守在每一關隘。此劇情如同《北交趾》，交趾國共有八關，管轄四十八島嶼，每一關管六島。島與島之間，有鎮守的將士。欲平定交趾國，必須打下每關關隘。〈神怪血戰骷髏島〉一樣，再骷髏島內，各有妖將把守，眾仙欲平定骷髏島，必須攻下由骷髏王所安排的關卡，才能擒滅骷髏王。骷髏王所設置的關隘，如同《北交趾》的劇情。〈神怪血戰骷髏島〉的劇情編寫，就是將《北交趾》的情節，整體的縮小。若由八齣的內容相互對照，〈群仙三取絕仙劍〉、〈八仙大破五鳳陣〉、〈佛仙大戰地獄塔〉這四齣戲，即可能先以編寫完成。換言之；這四齣戲即是《世外奇聞》原先的戲齣，爾後；據《北交趾》劇情，編寫出〈聖佛鬥法眾妖仙〉、〈仙劍三進沖天樓〉、〈廿四仙大破飛龍城〉、〈神怪血戰骷髏島〉等戲，並將先前的《世外奇聞》戲齣再做劇情上的融合，亦成為 1960 年後商業劇場的演出本。不過，如何將不同的章回小說或劇本的劇情，拼貼成劇且合乎劇本架構邏輯，或許就在於演師的編寫實力。

第三節 《萬劫北交趾》、《世外奇聞》的異同

自 1956 年《萬劫北交趾》編寫成書後，《世外奇聞》的前四戲齣，應已同步完成。但《北交趾》的劇情編寫成書後，演師再以《北交趾》的破關隘劇情為架構，編寫出後來的〈仙劍三進沖天樓〉、〈廿四仙大破飛龍城〉、〈神怪血戰骷髏島〉等戲如果以兩書的劇本內容相互比較，吾人不難發現兩書的內容，不乏多有以章回小說的內容為劇中情節的建構。《萬劫北交趾》的劇情，以將帥破關的情節所建構。而《世外奇聞》則是先以天庭玉帝祝壽為背景，而後逐漸帶入仙佛鬥法的場面。不過，既《世外奇聞》的編寫，雖多少有參閱到《北交趾》劇情架構，但並非是全部的編寫，而是將《北交趾》劇本的破關隘的架構，部份的融合成為戲齣的內容架構，而破關的陣勢也較《北交趾》來的少。

　　整體而言，1960 年後的《世外奇聞》劇本演出，是在《北交趾》劇本，編寫完成後，再依序編寫出不同的戲齣，將原先的戲齣，再次增加四齣，並對於劇中的情節走向有所編排，融合成為一個劇本。在這樣的編寫之下，成為繼《北交趾》劇本後，另一齣在商業劇場演出的劇本之一。

圖 28：1961 年張德成以硬筆書寫的《北交趾》的劇本，劇情仍然停留在第五本的〈吸血轉輪陣〉，孫臏下凡。（東華皮戲團提供）

　　為何《世外奇聞》會在 1962 年後成為商業劇場的固定演出本？而《北交趾》劇本，之後卻被《世外奇聞》所取代？這或許與《北交趾》有無編寫完成有關（見圖 28）。關於石光生研究東華皮戲團的商業劇場劇本演出，對於《北交趾》與《世外奇聞》二劇的變換，曾提到：

> 再按演出年代來看，張德成隨父親張叫自 41 年 9 月 7 日演出第一場內臺戲以來，至民國 50 年張叫中風之前的九年間，張叫最擅長《濟公傳》、《西遊記》與《北交趾》這三齣戲。然後張德成於民國 50 年 9 月 16 日起獨力主演內臺戲的六年之間，張德成演出的劇碼，主要是沿襲張叫擅長的《濟公傳》，然後搭配自己改編的《世外奇聞》這兩齣戲。可見父子倆擅長的劇本是不同的。〔註13〕

〔註13〕 石光生，〈論張德成皮影戲「內臺演戲記錄」（1952～1967）反映的臺灣內臺戲劇場文化〉，頁 186～187。

　　石光生的研究，是以張叫與張德成父子擅長的角度，論及劇本的演出。但石光生所言，依照整體劇本的對照，其論法值得商議。首先，《世外奇聞》並非是張德成所改編和編寫。再者，由張德成的《東華皮戲團各地上演紀錄表》得知，自張叫 1961 年 7 月退居幕後之後，張德成仍持續演出《北交趾》至 1962 年 9 月，顯現張德成並沒有對於《北交趾》劇本內容演出不擅長，且商業劇場的《世外奇聞》是出自張叫之手，在張叫商業劇場的演出期間，《世》劇早以編寫完成，且 1958 年已開始對外演出。張叫演出《北交趾》，有其商業劇場的環境考量。至張德成演出時期，張德成對張叫的劇本並無改編，只有在《世外奇聞》頭一齣〈聖佛鬥法眾妖仙〉，於外臺酬神戲演出約略的將觀世音改成採松女，其餘的情節走向皆相同。所以，並非如石光生所言，張叫與張德成父子倆，並不是擅不擅長《北交趾》和《世外奇聞》劇本演出的問題。綜合演出資料，筆者認為，張德成將《北交趾》改換成《世外奇聞》，1962 年後張德成，以《世外奇聞》為商業劇場的演出本，演出劇本之所以會改變，是與《北交趾》劇本，有無編寫完成有相當的關聯。質言之，《北交趾》的劇本情節脈絡，是張叫所創作編寫，張德成對於父親張叫後續的劇情編寫脈絡，有銜接劇情上的考量。所以，就改變《北交趾》劇本，以《世外奇聞》做為 1962 年後的所有夜戲演出劇本。石光生所言，張叫與張德成父子，擅不擅長演出的說法，是未將整體劇本的編寫與否，納入全體分析考量以及未通盤了解所致，以致有所錯誤。

　　《北交趾》的劇本，只編寫至第五本〈吸血轉輪陣〉，但後續發展並沒有編寫完成。而《世外奇聞》的劇本演出，有其結局亦可作連續性的演出。《北交趾》劇本的編寫構想，雖然採取布袋戲「排戲先生」的編寫手法，想到哪就編寫到哪得構想，但皮影戲的演出，檔期通常維持在 5～10 日左右，就需前往下一定點。或許下一定點的劇場觀眾，對於這種沒有結局的劇本，較不能適應。而無結局的劇本，對於不同劇場的觀眾或許不適合。因此；在 1962 年後，張德成就改成以《世外奇聞》有結局的做為演出本。而《世外奇聞》劇本，也就在 1962 年後，持續演出至 1970 年止。《世》劇也在退出商業劇場後，逐漸為酬神外臺戲常演的劇本之一。若由《世外奇聞》的劇情而言，1962 年後的商業劇場表演文化，這種仙佛鬥法的場面或者破陣的劇情，依然是皮影戲商業劇場演出文化的主軸。反應了這種仙佛鬥法的場面，依然是皮影戲商業劇場演出，所倚重的情節。不過，依這兩本劇本的內容，仍有不同的其特殊和同異之處。

　　《萬劫北交趾》是先以天界的鬥爭，後來引發天界必須幫助人界，共同渡過 1500 年的大劫難。後來天界等眾仙，下凡幫助唐代的薛武忠，過關斬將平定交趾國諸島的關隘。《世外奇聞》則是以玉帝祝壽爲背景，引發仙界與魔界的紛爭，後仙界消除魔界，讓人得以永享太平。《萬劫北交趾》較趨向仙佛幫助人間塵世過危機；而《世外奇聞》則都以仙魔的鬥爭，人界反倒無捲入仙佛的紛爭之中。可見得這兩齣戲在編寫構想上，背景和故事內容的闡述，有不同的發展。但若仔細分析《世外奇聞》的劇情內容，其劇情內容亦有破陣或者較偏向排陣破勢劇情，爲〈五鳳陣〉、〈仙劍三進沖天樓〉、〈廿四仙大破飛龍城〉、〈神怪血戰骷髏島〉等後四齣，顯現《世外奇聞》劇本的編寫，與《北交趾》有異曲同工之妙。《世外奇聞》的後四齣戲，雖亦有類似破陣機關的劇情，但與《北交趾》相互比較，《世》劇的機關陣圖的範圍較小，偏向在一個塔或者機關樓內，但《北交趾》的陣圖編寫，則是將陣勢含括在一個島嶼，島嶼內守顧的妖怪也較《世外奇聞》的人物，要來的廣。也許可說，《世外奇聞》的編寫，是將《北交趾》的劇情發展，做重點上的濃縮，將主要劇情濃縮成一本。

第四節　戲偶的特點

　　在 1953 年編寫出這兩劇本之後，不乏出現了相當多抽象或者虛擬的人物。例如：風火祖師（見圖 29）、乾坤魔祖、獨角火獅王等，這人物具有相當抽象與編寫者創作劇本的巧思，演師如何將這些抽象的戲偶人物，雕製成「具象」的人物，且符合人物性格，就在於演師的雕刻與繪畫天份。《世》、《萬》二劇，編寫於戰後臺灣皮戲商業劇場，在觀眾反應與劇場舞臺、戲偶改革同時，演師一同對於戲偶一併做改變。這兩劇除了劇情的特殊外，筆者認爲不容忽視的是，演師對這兩劇所新雕製的戲偶的創作。而這兩劇戲偶的新創作，同時吸引了商業劇場光眾的目光。如圖，《世外奇聞》第一本的風火祖師。風火祖師，顧名思義就是「風」與「火」所組成人形的妖道。演師透過一種想像，將「風」與「火」做結合，雕製成符合戲偶人物性格的造型，以這種戲偶造型吸引觀眾，而戲院觀眾也因這種不曾見過戲偶造型被吸引。直言之，在創作出新戲偶後，這種新創作的皮戲影偶造型，也成爲吸引劇場觀眾的目光所在。

圖 29：1956 年張叫所雕製《世外奇聞》風火祖師的戲偶造型。（東華皮戲團提供）

　　商業劇場的皮影戲劇本演出，1949～1956 年前的劇本演出，多是傳統劇本，或者外臺酬神戲劇本爲演出的主軸。1956 年後，在商業劇場與日俱增和觀眾的反應下，劇團開始新編出不同的劇本取向。《萬劫北交趾》與《世外奇聞》二劇，則是在商業劇場的演出時程，所逐步演出所編寫而出下的劇本。《萬劫北交趾》與《世外奇聞》二劇，是繼 1956 年後，商業劇場夜戲演出的主軸戲碼。這兩齣戲的劇情架構，多有涵蓋以不同的章回小說和皮影戲劇本，較爲吸引觀眾的情節特點，作爲編寫劇情的構想，相互拼貼成劇。《萬劫北交趾》以、天人二界爲主，強調在仙佛下凡，幫助唐代盪平危害邊境的交趾國。《世外奇聞》則是以玉帝祝壽爲背景，後延伸出不同的劇情發展。《世外奇聞》的內容，與《北交趾》較不同的是，《世》劇都是仙佛魔的鬥法爲主；因妖怪擾亂人間，天庭派遣眾仙下凡的情節，反而在本劇中相當少見，顯現了這兩齣戲，在編寫故事背景架構上的不同。而 1956 年後，當演師編寫出《萬劫北交趾》劇本，其突顯了皮影戲新編劇本的架構，嘗試以講古的劇情，配合自我所了解的小說內容，編寫成劇。另一方面，這種以傳統章回小說的新編劇情，依然有其消費市場。

　　繼《萬劫北交趾》後，劇團再次新編出《世外奇聞》，劇中情節的演出，仍然以不同的章回小說內容，所拼貼而成。但劇中的背景，則以玉帝祝壽的

背景，開始延伸出仙界與魔界的衝突。透過仙界與魔界的衝突，發展出類似破陣的劇情。依紀錄《北交趾》共演出 148 次，《世外奇聞》則演出 132 次，可見得這二齣戲，在 1956 年～1970 年之間，這兩齣戲的劇情，仍有吸引觀眾的地方，而《北交趾》的演出次數，與《世外奇聞》的次數，不相上下。代表當時皮影戲的商業劇場演出，這種仙魔鬥法的場景，依然是皮影戲演出的文化取向。或許可說，1956 年後的皮影戲劇場演出，就是以這種仙魔鬥法的場景和破關達陣的劇情，吸引劇場的觀眾。而這種以仙魔鬥法、破關達陣的劇情，架構出 1956 年後，皮影戲的劇本表演文化，也從這種據本情節的演出，表達了 1956 年商業劇場的觀眾文化，仍是以這樣的仙魔鬥法情節為最。以東華 1956 年的商業劇場《北交趾》和《世外奇聞》的劇本，比較商業劇場的布袋戲演出，當布商業劇場的袋戲演出，逐漸編寫出金剛戲劇情，或者以排戲先生，構想出想到哪就編到哪的劇本架構、沒有結局的劇情時，〔註 14〕皮影戲的劇本演出，則偏向了以不同章回小說的拼貼創作為劇本主旨。直言之，或許在 1956 年後，皮影戲的商業劇場演出劇本，開始以章回小說等的不同拼貼和創作構想，與商業劇場的布袋戲劇本，以「金剛劇」為主的走向，朝向不同的寫作風格。

　　從演出的次數比例上來看，以大眾廣為熟知的通俗的劇情，或者創作者本身，以不同小說主旨所拼貼而成的劇本，演出的次數最多。反應了 1956 年後，以這種較於人物繁多鬥法的劇情，更可達到吸引觀眾的效果。也顯示了劇場文化，在 1956 年後有逐漸的變異。有促使演師或者演師觀察到劇場文化的改變，而有新編創作的劇本出現。1956 年後的劇本寫作特質，在於不單守傳統給予的框架，而是從傳統的本質出發，創造新的風格，以拼貼式的劇情，創作出劇本的演出特色。其也反應，1956 年後的《世外奇聞》、《北交趾》劇本，具有合乎當代觀眾的藝術欣賞取向。而這些特色與風格，皆為經驗的累積，並成為演師創造新劇本風格的藍本。

〔註 14〕　「自編的金光戲齣，可以脫離古冊、小說的既定框架，天馬行空、隨處發生，出神入魔，惝恍莫測，且編且走又沒完沒了，因此金光戲又被稱為「竹篙戲」、「馬拉松戲」，一節接一節，不知結局何在？但是金光戲這種「無限文本」的創發，挑動了觀眾「極限想像」的慾望，於是與演師一起腦力激盪，互相鬥智。」詳見吳明德，2008，〈內臺俊影──「五洲園二團」黃俊卿的布袋戲演藝風華〉，《第十七屆詩學會議–曲學研討會》，彰化師範大學國文系暨臺文所，頁 314～315。

　　不過，相當有趣的是；這兩本劇本，在 1970 年東華退出商業體系後，《北交趾》反而鮮少於外臺酬神戲演出；但《世外奇聞》反倒成為外臺酬神戲的較常演出的劇本，其中又以〈聖佛鬥法眾妖仙〉、〈群仙三取絕仙劍〉、〈八仙大破五鳳陣〉，這三本戲為最常演出的戲碼，是否與劇本的編寫情節有關？是否與單獨成劇有連繫？亦或者與劇本的結尾、演出天數關聯？吾人由上所知，《西遊記》、《濟公傳》、《南遊記》等劇本，在退出商業劇場，外臺酬神戲不乏見到上述劇本的演出。但為何 1956 年所新編的《北交趾》反而少在外臺酬神戲演出，可是《世外奇聞》卻經常於外臺酬神戲搬演？又以上述三齣戲為最？而《北交趾》與《世外奇聞》，在商業劇場演出時，外臺的酬神戲反而不演出該劇本。是否與商業劇場的演出有密切關係？吾人所了解，《世外奇聞》約是在 1953～1954 年左右，逐漸編寫完成。是否是在商業劇場演出下，影響到外臺酬神戲的演出？還是在外臺酬神戲的演出文化下，建構了《世外奇聞》的編寫構想，而將《世外奇聞》帶進商業劇場的演出，退出劇場後，再被商業劇場所影響，又將《世外奇聞》帶往酬神戲演出？或許這一個問題，有待往後的持續研究。然而 1956 年所新編的《世外奇聞》劇本，在 1965 年後劇場觀眾，逐漸失去其興趣時，為反倒在外臺的酬神戲上，能夠再次吸引住觀眾的目光？由張德成所記載的《外臺戲演戲記錄本》的記載，1965 年後的酬神戲演出，《世外奇聞》反而能成為酬神戲的時常上演的劇本之一？依然能夠吸引觀眾好奇？此問題十分有趣。為何在戲院文化，《世外奇聞》的劇本演出，已經失去其魅力之時，外臺酬神戲為何承接了戲院的新編劇本。如果說戲院的觀眾失去了《世外奇聞》的興趣，那麼；為何酬神戲演出的《世外奇聞》，為何能吸引住觀眾？是否因場域不同，觀眾的喜愛度會有所不同？還是戲院的演出文化，影響到外臺酬神戲？或許該問題仍值得往後的相繼研究。同時，也是留待建構和分析戰後外臺酬神戲與商業劇場的相異問題。

第七章　劇本變革與演出

　　1966 年爲皮影戲商業劇場演出的分水嶺，1966 年後皮影戲的戲院演出場次大幅下降，至 1970 年後完全結束。雖是皮影戲演出的最後尾聲，但這段近五年的時間中，皮影戲的演出爲何？是否還有不同變異？以下將論述 1966 至 1970 年，近五年皮影戲的劇場發展。

第一節　1966 年戲院演出劇本最後變革

　　臺灣皮影戲的劇本，有兩種形式。其一爲專門的抄寫者，所抄寫而出的劇本。抄寫者多半依照先前的舊有劇本，以舊有劇本爲底本，再次膳寫而出一本新的劇本，這種以抄寫者所抄寫而出的劇本，具有買賣的形式。其二亦爲演師所自行抄寫，根據舊有劇本，依其抄寫而出。抄寫的動機，不外乎是舊有劇本破損不堪；或者從自我抄寫中，含括進自我的抄寫風格。不過，抄寫劇本的抄寫者，不一定具有演出戲劇的技術；但演出皮影戲的演師，多少都劇有抄寫劇本的基本能力。而對劇本編寫的內容情節走向，就在於演師本身的編寫手法。皮影劇本的寫作與編撰，大多是出自皮影戲藝人之手。皮影藝人多具有寫作或抄寫劇本和組織劇本的基礎。1966 年後雖是皮影戲商業劇場的的後期，不過，皮影戲仍在該時期做不同先前的變異。以劇本和影偶改良兩方面，試圖再次引起觀眾的共鳴，此時的變革，雖無法引起劇場觀眾了青睞，卻影響日後皮影戲在酬神戲中的發展。

一、未完成的排戲制度

　　1950 年後，在商業劇場密集的演出之下，布袋戲產生了「排戲先生」。〔註1〕而歌仔戲也定期網羅人才編寫劇本，如陳守敬、葉海、鄧火煙、陳震川、廖文燦等人。〔註2〕布袋戲亦有相當多的「排戲先生」出現，較為人所了解的，則有吳天來和陳明華兩位「排戲先生」。皮戲在商業劇場密集的演出，雖有創作或者汲取講古藝人的講古題材，編寫成劇。但總歸是由演師一人所負責，並無如布袋戲團一樣具有「排戲先生」，〔註3〕或如歌仔戲團聘請編劇人員的參與，〔註4〕所有的演出本全部都出自演師所一手抄寫。而有關皮影戲「排戲先生」的隻字片語和排戲先生的加入，則要等到 1966 年後，才有「排戲先生」吳天來〔註5〕的紀錄出現。臺灣布袋戲的商業劇場，除了演師的演出技術的精湛以外，不容忽視的是劇本劇情的「懸疑」和「刺激」。而創作這些劇情的誕生，便須仰賴排戲先生，排戲先生的加入，對於布袋戲的劇本在編寫同時，如陳龍廷提到，布袋戲的排戲先生的特殊處：

> 布袋戲的排戲先生，並非我們所熟悉的編劇工作，事先就把所有情節對白完全寫好，而是想到那裏，演到那裏。必須強調的是，這種特殊處，正是布袋戲生命力的來源，它使表演與觀眾的關係，成為活生生的互動關係，而不是強迫接受的單向關係。〔註6〕

〔註 1〕 「在布袋戲界，有兩位飲譽臺灣縱貫線的超級重量級排戲先生——吳天來與陳明明華，他們兩人均是從北到南一路為各戲團排戲，…。」吳明德，《臺灣布袋戲表演藝術之美》，頁 124。

〔註 2〕 「1950 年代「拱樂社」開始了內臺定型劇本的寫作之後，由於逐漸走向「錄音團」的表演方式，…，因此團長陳澄三先生不惜重金開始網羅人才定期編寫歌仔戲劇本。這些編劇包括了陳守敬、葉海、鄧火煙、陳震川、廖文燦等人。…。」劉南芳，《臺灣內臺歌仔戲定型劇本的語言研究——以拱樂社劇本為例》，頁 7。

〔註 3〕 「排戲先生的職責，並非西洋戲劇的「編劇」或「導演」的概念所包括的，他純粹是臺灣商業劇場中的產物，有極適合這塊土地的生命力。」陳龍廷，《臺灣布袋戲發展史》，頁 101。

〔註 4〕 「就在官方不斷倡導劇本改良的同時，由陳澄三先生所領導的「拱樂社」，可以說是當時完全依照劇本演出的重要劇團。而陳澄三先生之所以改變以往幕表戲的演出方式，…。從此他所屬的劇團都是以四萬元一本的高價請專家編寫，…。」楊馥菱，2001，《臺閩歌仔戲之比較》，臺北：學海，頁 73。

〔註 5〕 關於排戲先生吳天來，據李天祿敘述如下。「我覺得吳天來最擅長安排各種恩怨情仇，他還有一種本事，就是能把無理說成有理，大概當編劇的人都要有這種無中生有的本事吧！」陳龍廷，《臺灣布袋戲發展史》，頁 102。

〔註 6〕 陳龍廷，《臺灣布袋戲發展史》，頁 98。

　　排戲先生的吳天來，曾爲臺灣著名的亦宛然、新興閣、五洲園、小西園等，編排出許多相當多戲齣。吳天來的編劇特色，就是他能將布袋戲的主演所擅長的角色，予以發揮，而且能以相當特殊的手法，將死的說成活，永遠在演出沒有結局的結局。吳天來的編寫，除了替布袋戲編寫劇本以外，也曾替東華皮戲團張德成，寫過有關皮影戲的劇本。張德成如何與吳天來認識？就在於亦宛然李天祿的引薦。1962 年張德成與李天祿認識相當早，臺灣戲劇協進會成立時，就已經認識，且二人曾經共同參與臺灣省地方戲劇訓練團的活動，14 天的訓練團活動。在李天祿的穿針引線，張德成開始與布袋戲的「排戲先生」吳天來認識。〔註7〕而爲何東華張德成會與吳天來認識？這與當時皮影戲的劇本演出，有密切關聯。1963 年前因劇本因素，導致演出品質不佳，所佔的比率不多。可是 1965 年後，張德成已經開始發現皮影戲演出，雖較不符觀眾的口味，依然有其市場。1965 年皮影戲所新編劇本，在商業劇場瞬息萬變之下，略顯不符劇場觀眾的看法。如：1965 年 4 月 16 日，東華位於臺北縣中和鄉中和大戲院演出，提到說明：

　　　另一所枋寮演第一天日大片盜賊三船主演大滿，三四天國產凌波主

　　　演清宮秘史狸貓換子，大滿，我團大失敗⋯。〔註8〕

但是，雖然記錄上寫錄演出不盡理想，但若由 1965 年整年總體的演出評斷，演出成績依然能有「超」與「優」的階段，顯示這時期皮影戲還有觀眾的市場，而且以先前的劇本做爲演出，觀眾還能接受，所以對劇本的改革幅度不大。可是 1966 年後，整體商業劇場的演出，完全改變。先前的皮戲新編劇本，已較不符觀眾的欣賞。從 1966 年後的演出評語，揭示下滑現象，皆爲「可」和「劣」。反應了皮影戲商業劇場的演出，所呈現變化。觀眾反應劇本的內容趨勢，相當明顯。若由商業劇場觀眾，已開始流行出不同的欣賞品味，反應劇場的市場的變化。同時期的布袋戲的「金剛戲」蔚爲流行，反觀皮影戲的劇本內容演出，對觀眾而言，或許已不符觀眾的欣賞口味。如，1966 年 11 月 13 日，東華位於臺南縣六甲鄉鴻都戲院演出，提到：

〔註7〕皮影戲是否有排戲先生的引入，目前尚無有任何資料的發現。但根據東華皮影戲團張德成 1966 年的隨身日記本記載發現到排戲先生的紀錄，最早是在 1966 年。當時張德成前往臺北拍攝由李翰祥所執導的《天之驕女》電影之時，李天祿前來與張德成會面相談，在亦宛然李天祿的引介之下，張德成與李天祿二人前到吳天來的住所，討論有關劇本的問題。詳見張德成 1966 年隨身日記本，1 月 1 日記事欄。

〔註8〕詳見《東華皮戲團各地上演紀錄表》，頁 402。

缺陷戲文。〔註9〕

　　1966 年左右，皮影戲的劇本，已出現難以迎合當時觀眾的胃口，加上新興娛樂的多元化，皮戲漸漸難以受到內臺觀眾的歡迎。這時期的張德成，開始將皮影戲的劇本演出觸角，延伸到布袋戲。1966 年布袋戲所流行的是以「金剛戲」為主軸的戲劇演出，張德成則有意將皮影戲的演出劇本，發展成皮影戲的金剛戲階段。因拍攝黃梅劇《天之嬌女》電影，張德成北上，透過「亦宛然」李天祿的介紹與「排戲先生」吳天來認識。根據東華張德成 1966 年隨身日記本 1 月份的紀錄。如下：

1966 年 1 月 2 日：

　　　①、早上拜會公司（國聯影業）④、夜接高溪河、大橋接見吳天來，

　　　⑤、李天祿家談話，⑥、与吳天來談約劇本。〔註10〕

同上，1 月 4 日：

　　　④、夜買 20 元餅送吳天來，談約 2 月南下排演，⑤、大橋（大橋戲

　　　院）看布袋戲小西園。〔註11〕

1966 年 1 月 2 日的 MEMO 紀錄：

　　　②接見吳天來談約寫劇本〔註12〕

　　1966 年張德成，開始與布袋戲「排戲先生」吳天來的合作。皮影戲「排戲先生」吳天來的參與，要比布袋戲晚了許多。吳天來的參與，勢必將編寫的劇本寫作內容，帶往商業劇場布袋戲的編寫方式，突破以往的皮影戲範圍。除了先前日治時代皇民劇本有分工現象外。戰後皮影戲商業劇場劇本的演出，亦有分工的出現，更有發展「金剛戲」的過程。1966 年 2 月吳天來南下，當年整個皮影戲的商業劇場已經是強弩之末，張德成未能將吳天來所排演的戲齣，完整的搬至商業劇場中演出。直到 1970 年東華最後臺東的商業劇場演出，也未搬演吳天來所編寫的劇本，而是《濟公傳》和《世外奇聞》。石光生對東華皮戲團的商業劇場劇本研究與觀察，曾經提到：

　　　由於皮影戲內臺演出的劇本多為傳統劇目，稱不上現代突破，…。

　　　這期間流行文化主導下的中外電影、舞臺劇（新劇）、歌舞團、勇於

〔註 9〕 同上註，頁 425。

〔註10〕 詳見張德成 1966 年隨身日記本，1 月記事欄。

〔註11〕 同上註。

〔註12〕 同上註，MEMO 欄。

> 嘗試創新的布袋戲與歌仔戲、馬戲團與魔術團等強調聲光的表演形
> 式與電影媒體陸續出現，且流行文化傳播的方式轉爲急促快速時，
> 皆明顯影響、牽引著喜新厭舊的民眾的美學觀與藝文品味。…但是
> 傳統戲曲藝術（如戲劇文學、文武場、演藝方法）反而在新觀眾眼
> 中變得越來越陌生和遙遠，…，靜默的觀眾其實才是決定某個劇種
> 興盛與衰退的關鍵因素。〔註13〕

　　嚴格來講，石光生所稱的不符時宜不夠明確，應當要明指1966年之後的皮戲商業劇場。以「東華」先前的傳統劇本，以內容而言，亦是一種迥異傳統的新創作。反之；就是當年的一種現代突破或者現代創新的劇本。若以記錄表來看，1966年之前，1965年的「東華」演出，有超與優的成績。演出場次一年中仍達 100 餘場，中與劣成績，大多爲人員因素和音響設備、音樂等所致。可是1966年之後，演出成績急轉直下，演出場次銳減近百場，演出成績逐已變成中和劣，尤以劇本和後場音樂最爲觀眾所反映。

　　1966年以前，皮影戲的傳統劇本或者新編的劇本，亦有吸引觀眾之處。但張德成並非沒有察覺或意識到整體劇場的文化演變，只是開始著手改變現代突破之時，已跟不上觀眾的欣賞口味。皮影戲1956年後，所新編的劇本《萬劫北交趾》和《世外奇聞》，並非是傳統劇目，雖是有以不同劇本或章回小說的拼貼方式呈現，但有經過演師多方面的修改，已與傳統劇目有所不同。《北交趾》更是如同布袋戲排戲先生的一種編寫無結局的寫作方式，是一種相當先進的突破。

二、影偶變革的最後定型

　　商業劇場的皮影戲偶，在 1956 年至 1964 年之間，已開始有做尺寸、雕刻上的改變。不過，至1966年後，皮影戲偶已全面完成。全面的完成，希冀再次利用影偶的改良，吸引觀眾。細部的圖形雕刻，也較前期更爲細膩，成爲日後的影偶範本。新戲偶的變革，應能夠再引起劇場觀眾的興趣，仍無法吸引住觀眾平面的表演藝術，改變上比起立體或以真人演出的戲劇，有其一定的傳統模式與侷限點。若是全面的改變，那麼可能在本質上，就非原來利用影子表演的皮戲戲劇。

〔註13〕石光生，〈論張德成皮影戲「內臺演戲紀錄」（1952～1967）反映的內臺戲劇
　　　　場文化〉，頁 205～206。

當商業劇場的觀眾流失，皮戲只能退守到外臺酬神戲的演出，從張德成所記載的《外臺演戲紀錄本》，1966 年後商業劇場只演出 28 場，但自 1966 年後，東華的外臺酬神戲場次，開始增加。如：東華 1966 年共 47 場、1967 年 54 場、1968 年 58 場、1969 年 46 場、1970 年 54 場，反應了皮影戲將重心轉往酬神戲的演出場域，繼續維持著皮影戲生存的一線生機。也代表著，商業劇場的逐漸沒落。

第二節　最後曙光與餘暉

自戰後東華劇場演出，在 1962 年達到高峰，全年演出的 229 次，此後，則逐年銳減。逐年的銳減，代表商業劇場的皮影戲演出，雖然演出的技術維持，但畢竟劇場的消費市場改變，退出劇場的行列，只是時間的早晚問題。1967 年 6 月 30 日，張德成在高雄縣甲仙鄉明星戲院演出完後，當年度則完全停演。張德成留下了：

> 絕路了！以後入演注意，但是全是嘉義方面人移居來此居住，枉費，
>
> 第一天失敗，原因後坪（後場）害的了，此院經理很好。〔註14〕

張德成以一句「絕路了！以後入演注意」道盡了商業劇場演出，劇場文化沒落和皮戲演出無力回天的現實，與其辛酸與無奈。1960 年後期，臺灣的商業劇場，退出社會的娛樂需求機制，只是時間遲早的問題而已。在 1960 年末期，戲院演出已逐漸難以生存的事況。另一方面，將戲院演出，當成企業在經營的張德成，也難敵時代的改變，更無法預料到商業劇場演出，會有今日「絕路」的地步，認為商業劇場的演出，是有永久的時代，由張德成印製出《東華皮戲團各地上演經過》數千張的鉛印空白紙，即可了解張德成把戲院演出，當成是一項永久的戲劇事業在經營。而張德成當年也無法難預料到，皮影戲的商業劇場演出，會有消失的一日。隔年 1968 年 4 月，即被臺北縣中和鄉中和大戲院、臺北縣土城鄉美城戲院、屏東縣南州鄉南州戲院、屏東縣滿州鄉滿州戲院等，劇場經理來信和負責人，親自中止演出合約。1969 年，當年度所排設的戲院，基隆市義三路新樂戲院、臺北縣三峽鎮金龍戲院、臺北縣樹林鎮柑園戲院、臺南縣將軍鄉漚汪戲院、屏東縣里港鄉土庫戲院、屏東縣萬丹鄉綿豐戲院、屏東縣高樹鄉舊寮戲院等，全被終止。除了外臺酬神

〔註14〕《東華皮戲團各地上演紀錄表》，頁 427。

戲以外，東華張德成所安排的戲院中、北部檔期，則完全被戲院的負責人和院方給臨時解約。原因無他，就只因戲院無須皮影戲再次前往演出。戲院終止皮影戲的演出，代表劇場環境，已經產生不同欣賞娛樂方式。另一方面，時代因素與劇場文化也悄然改變。然，1970 年 5 月，在多方交涉下，臺東方面的戲院，應允張德成前往演出一個月（見圖 30）。在臺東戲院演出約定後，隨即聯絡先前舊有的後場人員，以張德成的紀錄，其北管後場人員包含郭清飛、古清柏、張兆琳、許同元、林金龍、張簡進玉、郭先遊、阮犇等，而皮影戲的班底有張姜、張必、江明類、高銅，電光方面則有張明賜、楊居隆、吳景三與曾大林，西洋樂隊手則紀錄有陳順清。〔註15〕由此能看到 1970 年的戲院演出，東華仍以北管音樂與潮調音樂，並搭配西洋的樂隊爲演出主軸，劇本則是先前的《濟公傳》與《世外奇聞》全本。可爲何無安排由布袋戲排戲先生吳天來所編寫的劇本？或許得由吳天來所編述皮影戲的劇本內容，再做分析比較。不過，張德成提到，在太麻里、知本戲院演出不盡理想，反應了劇場的消費觀眾，已無法再次接納皮影戲的北管音樂，與潮調在戲院的演出形式，也呈現皮影戲商業劇場沒落的事實。張德成於金山戲院演完最後的商業劇場檔期後，退出商業劇場的行列。此後，「東華」張德成不再進入商業劇場的體系中演出。1960 年代末期，臺灣的商業劇場，傳統戲曲的演出，呈現的是強弩之末。取而代之的是，新興的電影播放以及餐廳秀歌舞秀的新興表演娛樂。傳統戲曲又開始迴歸到外臺的酬神戲演出行列，皮影戲亦是。1970年代，商業劇場在電視出現後，嚴重受到影響已經逐漸紛紛收場的情況。張德成也不得不將皮戲的演出重心，轉往外臺酬神戲的演出陣地。可是 1960 年代末期的酬神戲，與早期相比，時代的轉變使然，也是一片不景氣。1968 年張德成曾以一句：「戲好也無人請」的感嘆，反應時代的轉變，對於皮戲的影響。

今日世界的出現，對於東華皮戲團的商業劇場演出而言，或許是 1970 年商業劇場末期的另一個演出機會。今日世界全名爲今日世界育樂中心，藝人多半簡稱今日世界。今日世界的出現，或許是東華皮戲團在商業劇場演出的最後餘暉。今日世界的出現，或許是一種奇蹟，有其特殊意義。根據邱坤良的研究：

> 「今日世界」的出現不只提供戲曲、曲藝演出，更重要地，它似綜
> 藝、娛樂商圈型態，拉近戲曲與觀眾的距離，而非以神聖的藝術、

〔註15〕詳見 1970 年張德成《東華演員記帳本》。

文化名堂展現戲曲「藝術」，在「今日世界」看戲就如同百貨公司閒
逛、遊玩那般悠閒、自在。〔註16〕

臺灣的布袋戲，反而是在 1960 年代末期，商業劇場演出巔峰的階段。1969
年五洲園布袋戲的黃俊雄，曾在「今日世界」的「松鶴廳」連演 1 年 7 個月
的布袋戲，後受到臺灣電視公司聶寅先生的青睞，進入電視演出。今日世界
的規劃模式，一、二樓百貨公司，由三樓起至九樓，共分成九廳。即為三樓
的萬象廳、四樓松鶴廳、五樓麒麟廳、六樓翡翠廳、七樓鳳凰廳、八樓珊瑚
廳、九樓金馬廳等。〔註17〕不同廳堂，提供不同的劇種演出場地。1969 年位
於今日世界演出的真五洲黃俊雄，力薦張德成參與今日世界的演出。

黃俊雄曾向張德成提議，由黃俊雄主掌口白，張德成負責演出皮影戲的
一種不同劇種的融合，但因故未能成行，相當可惜。否則，必定是當年一種
相當獨創，且不同劇種結合的創意展現。1969 年黃俊雄在今日世界戲劇演出，
力邀張德成，前來今日世界演出皮影戲，發信給張德成，〔註18〕談及有關皮
影戲在今日世界中的演出方式，欲建立今日世界多種劇種的演出形式。其信
件內容全文寫到：

德成兄：

前日於中約定要蒞臨此市今日世界演出乙節，兄總未到，弟真是望
眼將穿也，現公司該經理「馮」急要您來，願兄撥假光臨面洽，於「本
月廿三日」鉄定駕臨今日世界四樓辦公廳，專此奉告，祝‧安康

黃俊雄的介紹，除是相互認識外，更重要的是，黃俊雄認同張德成在皮
戲藝術的演出實力，力薦張德成前來今日世界參與相關的演出形式。1970 年
4 月 16 日，張德成北上與萬華戲院洽談演出事宜，再次前往今日世界討論有
關的演出細節。如，同其日記本提到：

去萬華戲院又去今日世界。下午 5 夯到 6 夯候呂憲光（呂訴上之子）
之消息。〔註19〕

由張德成的日記本記錄，可以了解東華張德成在 1970 年 4 月 16 日又與
今日世界的演出部門，洽談了有關演出的細節。5 月於臺東的戲院演出完後，

〔註16〕陳龍廷，《發現布袋戲：文化生態‧表演文本‧方法論》，頁 316。
〔註17〕同上註，頁 317。
〔註18〕見 1969 年黃俊雄寫給張德成明信片。
〔註19〕張德成《隨身日記本》，1970 年 4 月 16 日記載。

張德成因與今日世界的經理，討論了有關演出的相關問題後，在雙方諸多細節的考量下，張德成並沒有參與今日世界的演出行列，留下皮影戲商業劇場演出機會的最後遺憾。今日世界的演出機會，劃下了東華商業劇場演出的最後句點，也象徵臺灣的皮影戲，在商業劇場體系下的演出，正式結束。長達 20 餘年的皮影戲商業劇場演出，由此進入了歷史。布袋戲雖晚於皮影戲退出商業劇場，可是 1970 年後的布袋戲，尚在於商業劇場演出已寥寥可數，歌仔戲更已在商業劇場演出絕跡。或許 1970 年代後，是為臺灣傳統戲曲，商業劇場演出的最後結尾。至此以後，已無傳統戲曲在商業劇場中出現，更象徵著臺灣傳統戲曲的商業劇場年代，已經正式結束。

圖 30：1970 年 5 月 26 日，東華位於臺東縣太麻里金山戲院的演出，最後的廣告戲單。（東華皮戲團提供）

第三節　小　結

　　1966 年後，東華曾經試圖藉由布袋戲劇本由排戲先生所編寫的模式，革新先前的劇本內容。但在排戲先生吳天來，編寫完劇本完成之前，皮影戲以先行黯然退出商業體系。不過，卻也反應出了皮影戲劇本革新和新創作的一種事實。皮影戲偶方面，也是在 1966 年所完全革新，由傳統走向革新完成的階段。只可惜當皮影戲商業劇場環境，以不再是早期的劇場環境。戲偶的創作，仍無法吸引觀眾的注目，電光、視覺效果、音樂型態，亦無法如前那樣

吸引觀眾。在再的突顯商業劇場沒落的事實，但是就另外角度而言，這批革新的影偶和電光等型態，隨後轉入外臺酬神戲當中，影響往後的酬神演出。

在今日世界育樂中心的出現下，再次燃起皮影戲商業劇場演出的希望。然而因院方與劇團本身雙方的商討結果下，使得今日世界的皮影戲演出，無法成行，留下了皮影戲商業劇場演出的最後遺憾。如果 1966 年是皮影戲劇場演出由盛至衰的分水嶺，那麼，1970 年就為皮影戲戲院演出的最後年代。

商業劇場傳統戲曲的沒落與消失，象徵著社會的改變，而社會型態的改變，也牽引著觀眾對於戲曲演出的喜好。退出商業劇場的劇團，代表著劇場生態觀眾的變異，觀眾的消失，反應著新興娛樂的再出現，而商業劇場的褪色，更象徵著一種臺灣社會文化的變遷。一項戲劇的興盛衰退，先決條件取決於觀眾，失去觀眾的戲曲，等於失去表演的市場。當時代的演進，商業劇場的觀眾，對於戲院的皮影戲表演，失去了興趣的時候，等於皮影戲失去商業劇場的表演舞臺與觀眾市場。最終只能退守到外臺的酬神戲的演出，繼續維持著皮影戲生存的最後一線生機。這也是傳統戲曲，在社會型態轉變下，所必須遭受到的宿命與不得不面對到的事實。當吾人再次回頭仰望那段，存在過商業劇場皮影戲的演出歲月。除了見證皮影戲走過的戲院演出痕跡以外，那段風靡無數戲院觀眾的劇場年代，在臺灣社會主體架構的改變、環境的變遷，終究也敵不過的環境改變，由沒落走入歷史的記憶。

第八章 結 論

　　臺灣商業劇場的建立，始於日治殖民時期。然戰後的商業劇場演出，是當代臺灣戲曲史上不容忽視的一個重要階段。因戰後整體的社會流行文化使然，造就了臺灣傳統戲曲商業劇場演出的興盛，此時期的地方戲曲、新興娛樂，在其社會充沛的條件下，紛紛走入商業劇場的表演行列中。皮影戲也不例外，除了持續外臺酬神戲的演出外，也走進入了商要劇場的表演。從歷史文獻面而論，戰後皮影戲進入商業劇場的演出，並非是受到二二八事件的因素與國府例行簡約的影響，才進入商業劇場演出。皮影戲的商業劇場演出，是流行文化的影響。換句話說，戰後商業劇場的消費流行文化，就已經成形。受到 1949 年後國府的例行簡約，加速了皮影戲進入的腳步。商業劇場的出現，是伴隨著社會、城市興建所、現代文明的一種象徵。戰後在流行文化的發展和政策的措施，造就了商業劇場的黃金演出時期。皮影戲商業劇場的演出，由於受到日治殖民時期的文化影響，商業劇場的演出，有一定的規範。也就是以消費金額，在一定的時間內，購買娛樂。有金錢上的交易行為，出現了引戲人的特殊身份。而劇團與院方在雙方共同獲利的取捨下，產生金額、門票制定上的分配比例。這些比例的制定，關乎到雙方的共同獲利。商業劇場的戲劇演出，是以獲利為取向，是一種「商品」的觀念。戲劇的演出，本身就是屬於商品的一種。劇團的呈藝，要帶給消費大眾，就是一個娛樂性。就不同的角度，劇團所呈藝的表演，就是自己獲利的工具，藉由觀眾的消費達到營收與獲利。劇團演出是以營利為最主要的目的，劇團本身的表演就具有商品經濟的交易表現，劇團借用本身的表演，以商業劇場為橋梁，吸引消費者前往消費。而消費大眾，藉由交易的方式，得到表演（商品）的需求。由

此，吾人可以明確了解，商業劇場的文化，是建構在劇團、劇場與觀眾這三方面。劇團為觀眾提供了娛樂的商品，劇場為商品提供了交易的場所。消費的大眾，在流行文化的興起下，進入劇場消費，三方面共築了商業劇場的文化圈。觀眾進入商業劇場看戲消費，除了是一種娛樂、商品的交易以外；吾人若由消費大眾，為何會前往劇場消費，而形成劇場文化？是否具有 Bourdieu 所言的資本、場域和慣習型態。Bourdieu 的社會學理論，從資本、場域、慣習，分析社會間的狀態。由不同的場域，建構出一種社會空間。當社會空間建立之後，消費觀眾透過進入了戲院，消費觀賞戲劇演出，以此得到一種身分的認同感。而普羅大眾，進入戲院消費，呈現大眾的社會空間，反之，當這些普羅大眾，進入劇場的消費，透過不同的劇種演出，代表了普羅大眾的審美選擇，而進入戲院的消費，描繪了進入戲院大眾的地位，一別不同群體產生距離。

具體來說，大眾進入商業劇場消費，觀賞戲劇演演出，具有一種身分的象徵，以及藉由進入劇場消費，產生一種與不同階級的區別感。劇場的形成，有其文化資本的象徵，觀眾進入劇場消費，藉以得到一種身份上的認同，這種認同有其流行文化的象徵意義。當代的商業劇場，進入劇場消費是一種流行文化的取向，而觀眾在這股流行文化的潮流當中，進入劇場消費。同時也由消費中，提升自我的身份。建構出了戰後，商業劇場的文化面。

在劇場的演出某些程度上，必須要對於傳統的演出形式上做些改變。皮影戲的演出，有其一定的規則，人物影偶的出將入相，影偶出場的唱曲、鑼鼓點的用法，都有傳統留下皮影戲戲曲的表現法則。但每一個商業劇場觀眾的消費口味不定，不見得每個劇場的觀眾都喜好皮影戲的傳統演出方式。在此情況下，劇團得做一些更改。如，傳統皮戲的後場音樂，鑼、鼓、弦的配樂、曲調等的改變，主要是為了吸引觀眾。而融入其他劇種的後場音樂、適時的添加新式的表演、聲光效果是必然的趨勢，用來加強皮影戲演出形式。目的就是要讓劇場的消費觀眾，欣賞到有別於傳統酬神戲演出不同的視覺觀感。其所有的變異，主要目的都是為了增進觀眾的消費，以達更多營收的營收空間。這些影偶的變異、舞臺改革、燈光音響的創新等，雖是商業劇場時下所改變，但卻有影響著往後外臺酬神戲的表演文化，使皮影戲的外臺酬神表演文化，趨向不同傳統的展現形式。以音樂改變為例，劇場所使用的國樂、國、臺語歌曲，這些原先存在於劇場的表演音樂文化，在退出商業劇場後，

演師再將其運用入了酬神戲的場域內，豐富了酬神戲的迥異於往的表演形式。若由 Steward 文化變遷理論，首先提到，文化生態考慮到人類的文化行爲，在自然適應中所扮演的角色。其注意生態環境有其不同的差異，顯示人類適應社會，有獨特的生活方式，使其適應的行爲有多種的可能。所著重在文化和環境這兩者的關係。如果，吾人將商業劇場的表演時期，視爲一種文化生態空間。皮影戲進入劇場，表演形式的改變，雖有以新奇、新穎的方式，做爲招攬觀眾的手法。但是就另一個層面，皮影戲進入戲院演出，面對迥異過往外臺酬神戲的演出環境，開始吸收不同的劇種特點型態，吸收劇種特點的型態（技術），豐富本身的演出。皮影戲爲了適應劇場環境的多元變化，開始吸不同劇種的表演方式，適應它在商業劇場中的生存。體現了皮影戲劇種，進入劇場演出環境的多種可能。總體而言，商業劇場的性質，建立觀眾的消費。觀眾就是劇團劇場演出生存的宰制者，而皮影戲劇團商業性質驅使下，劇團爲了吸引觀眾，同時也爲了與更多不同劇種的競爭，開始吸收各式的不同元素，豐富本身的演出性質，逐衍伸出新式的表演方式文化。再者；在官方政策的要求下，劇團、院方相互配合官方的法令政策，這些官方的法令政策與劇團的演出，建構出戰後，相當特殊的商業劇場的表演文化。

　　劇本爲一劇之本，也是爲戲劇表演的重要依據。從劇中的形式，可以看出劇本受到環境、觀眾等影響，而在劇本內容上改變。而這些改變，也反應出每個時期所創作劇本的不同。在過往欠缺錄影錄音的時代，劇本尤顯重要。透過劇本的內容取材，表達出當代的演出文化。由本文的劇場演出劇本，透露出戰後皮影戲的商業劇場演出劇本，是接續舊有的劇本型態，但經過商業劇場文化的變異後，演師開始利用不同的取材，拼貼成劇本。

　　商業劇場即是過往臺灣戲劇發展上，相當重要的一個階段。商業劇場在當時臺灣的一種常民文化與生活的一部分。它的發展有歷史層面與時代背景，在時代與歷史的交媾下，建立出一段臺灣傳統戲曲、新興娛樂相當重要的歲月。透過上述的論述，臺灣的商業劇場雛形與建立，起始於日治殖民時期。隨著 1956 年戰後皮影戲商業劇場環境的文化變遷，皮影戲開始改變劇本的演出內容，將不同的章回小說主旨，演師自我拼貼，創作出獨特、特殊的劇本內容。而這些劇本內容，在再表達出「商業劇場」的劇本風格與時代文化演出特色，也是屬於當時期，一個相當獨特的劇本呈藝文化。臺灣的「商業劇場」是一個距今不久的年代，但卻也是史料最難以收集的時期。或許過

於平常，反而對其忽略其重要性。時至今日，當吾人再次回首過往臺灣那段商業劇場的皮影戲表演，透過商業劇場所遺留下的種種豐富的文獻史料，誰說，戰後的商業劇場皮影戲演出，是完全無史料的存留？史料不僅多而且相當豐富，這些史料的背後，展現了相當特有的表演文化以外，也不禁可以赫然發現，商業劇場演出時期，皮影戲的表演，以現代的角度而言，其實已具備了相當現代化的一種表演模式。這或許也就是在當時期下，營收性質的商業劇場中，所延伸而出一種新時代的皮影戲表演風潮。

　　直至今日，再次回望那段皮影戲的商業劇場演出，除了解皮影戲曾經有過那段風華的演出歷史歲月以外，更重要的是；商業劇場的演出，造就了臺灣皮影戲相當多元且蓬勃的表演呈現。或許臺灣商業劇場的出現，是臺灣歷史現代發展下必然的結果，但臺灣戲曲的商業劇場演出，卻是臺灣戲曲走向現代化的一個過程。透過商業劇場的演出，激發了皮灣戲曲無限創作能力與演出風格，而這段風格，正是見證臺灣戲曲，也曾經存在過黃金歲月與風靡普羅大眾的一個重要時期。

引用文獻

一、專書

1. 方師鐸，1965，《五十年來中國國語運動史》，臺北：國語日報。
2. 王大錯述考，1980，《戲考》，臺北市：里仁書局。
3. 王國維，1996，《宋元戲曲考》，臺灣：藝文印書館。
4. 王士儀，1999，《戲劇論文集——議題與爭議》，臺北：和信。
5. 王志沖，2011，《新編四遊記》，中國：華夏。
6. 王嵩山，1988，《扮仙與作戲》，北市：稻鄉。
7. 王秀政，1995，《臺灣史研究》，臺灣：臺灣學生書局。
8. 王琰玲，2008，《明清公案小說研究》，臺北縣永和市：花木蘭文化。
9. 王安祁，1996，《傳統戲曲的現代表現》，臺灣：里仁書局。
10. 尹建中，1988，《民間技藝人材生命史研究》，國立臺灣大學文學院人類學系。
11. 臺灣省政府，1982，《臺灣民間藝人專輯》，臺灣省政府教育廳。
12. 臺灣省政府，1996，《傳統技藝匠師採訪錄：第二集》，臺灣省文獻會編印。
13. 石光生，1994，《高雄縣立文化中心皮影戲館籌建專輯》，高雄縣立文化中心編印。
14. 石光生，1995，《重要民族藝術藝師生命史——皮影戲張德成藝師》，北市：教育部。
15. 石光生，2000，《南臺灣傀儡戲劇場藝術研究》，宜蘭：國立傳統藝術中心籌備處。

16. 石光生，2007，《屏東縣布袋戲的流派與藝術》，羅東：國立傳統藝術中心。

17. 石光生，2008，《跨文化劇場：傳播與詮釋》，臺北市：書林。

18. 石光生，2009，《鍾任壁布袋戲技藝與傳承》，臺中：國立文化資產總管理處。

19. 石光生，2010，《照光弄影──影藝文化展》，臺北：國立歷史博物館。

20. 石光生，2013，《臺灣傳統戲曲劇場文化：儀式‧演變‧創新》，五南。

21. 皮耶‧布赫迪厄（Pierre Bourdieu），華康德（Loic J. D. Wacquant）著，李猛、李康譯，2009，《布赫迪厄社會學面面觀》，臺北市：麥田。

22. 汪玉祥，1992，《中國影戲》，中國：四川人民。

23. 汪玉祥，1999，《中國影戲與民俗》，淑馨。

24. 呂訴上，1961，《臺灣電影戲劇史》，臺北：銀華。

25. 呂良弼等，1993，《臺灣文化概觀》，中國：福建教育。

26. 呂理政，1995，《布袋戲筆記》，臺灣風物雜誌社。

27. 呂小蓬，2004，《古代小說公案文化研究》：北京市：中央編譯。

28. 李躍忠，2006，《燈影裡舞動的精靈──中國皮影》，黑龍江人民。

29. 邱坤良，1992，《新劇與舊劇──日據時期臺灣戲劇之研究（1895～1945）》，臺北：自立晚報文化出版社。

30. 邱坤良，1979，《民間戲曲散記》，臺北：時報。

31. 邱坤良，1980，《野臺高歌》，臺北：皇冠。

32. 邱坤良，1983，《民俗藝術的維護》，臺北：行政院文化建設委員會。

33. 邱坤良，1989《臺灣劇場與文化變遷》，臺北市：臺原。

34. 邱坤良，1997，《臺灣地區懸絲傀儡、布袋戲、皮影戲綜合蒐集、整理計畫報告書》，臺北：國立藝術學院傳統藝術究中心。

35. 邱坤良，1997，《臺灣戲劇現場》，臺北：玉山出版社。

36. 邱坤良，1999，《南方澳大戲院興亡史》，臺北：新新聞出版社。

37. 吳燕招等人，1990《光和影的藝術》，高雄縣政府文化局編印。

38. 吳瀛濤，1994，《民俗臺灣》，眾文出版社。

39. 吳立萍、董逸華、蔡亞倫，2006，《戲說人生：臺灣民間戲曲特輯》，慈濟傳播文化志業基金會。

40. 沈平山，1986，《中國掌中藝術──布袋戲》，筆者自印。

41. 沈珉，2004，《中國傳統皮影》，人民美術。

42. 林鋒雄，1999，《布袋戲「新興閣──鍾任壁」技藝保存計畫報告書》，宜蘭：國立傳統藝術中心籌備處。

43. 林進德，1996，《嘉慶君遊臺灣》，臺北市：時報。

44. 林鶴宜，2003，《臺灣戲劇史》，國立空中大學。

45. 林淑慧，2014，《時空流轉：文學景觀、文化翻譯與語言接觸》，臺灣：萬卷樓。

46. 林淑慧，2014，《旅人心境：臺灣日治時期漢文旅遊書寫》，臺灣：萬卷樓。

47. 金清海，2000，《皮影藝人——張春天生命史》，高雄縣政府文化局。

48. 周曉薇，2005，《四遊記叢考》，中國社會科學。

49. 胡耀恆，2001《世界戲劇藝術欣賞》，臺北市：志文。

50. 秦振安，1991，《中國皮影戲之主流——灤州影》，臺灣省立博物館。

51. 徐亞湘，2009，《史實與詮釋——日治時期臺灣報刊戲曲資料選讀》，宜蘭：國立傳統藝術中心。

52. 徐秀慧，2013，《光復變奏：戰後初期臺灣文學思潮的轉折期（1945～1949）》，臺南：國立臺灣文學館。

53. 夏濤聲，1946，《臺灣省行政長官公署三十四年廣播詞輯要》，臺北：臺灣省行政長官公署秘書處編輯室。

54. 教育部，1991，《民族藝術傳承研討會論文集》，臺北市：教育部。

55. 教育部，1995，《布袋戲——李天祿藝師口述劇本集》，臺北：教育部。

56. 張義國，1996，《皮影戲——張德成藝師家傳劇本集》，臺北市：教育部。

57. 張榑國，1997，《皮影戲——張德成藝師家傳影偶圖錄》，臺北：教育部。

58. 郭端鎮，1998，《布袋戲李天祿藝師》，臺北：教育部。

59. 陳正之，1991，《掌中功名——臺灣的傳統偶戲》，臺灣省政府新聞處。

60. 陳憶蘇、盧彥光，1999，《高雄縣——皮影戲五大戲團研究報告》，高雄縣立政府文化中心。

61. 陳義敏，劉峻驤主編，1999，《中國曲藝·雜技·木偶戲·皮影戲》，北京：文化藝術。

62. 陳耕，2003，《閩臺民間戲曲的傳承與變遷》，中國：福建人民。

63. 陳芳主編，2004，《臺灣傳統戲曲》，臺北：臺灣學生書局有限公司。

64. 陳龍廷，2005，《戲園、掌中班與老唱片——南投布袋戲的生態》，南投傳統藝術研討會論文集。宜蘭：國立傳統藝術中心。

65. 陳龍廷，2010，《庶民生活與歌謠——臺灣北海岸的褒歌考察》，高雄：春暉出版社。

66. 陳龍廷，2012，《聽布袋戲尪仔唱歌：1960～70 年代臺灣布袋戲的角色主題歌》，宜蘭：國立傳統藝術中心。

67. 葉龍彥，2001，《臺灣戲院發展史》，新竹市立影像博物館。

68. 焦桐，1990《臺灣戰後初期的戲劇》，北市：臺原出版社。

69. 黃英哲，2007，《「去日本化」「再中國化」：戰後臺灣文化重建（1945～1947）》，臺北：麥田。

70. 黃裕元，2014，《流風餘韻：唱片流行歌曲開臺史》，臺北：國立臺灣歷史博物館。

71. 葛賢寧，1955，《論戰鬥的文學》，北市：中華文化出版事業委員會。

72. 廖奔，1992，《中國戲曲聲腔源流史》，貫雅。

73. 廖奔，1997，《中國古代劇場史》。河南：中洲古籍。

74. 錢南揚，2009，《戲文概論；謎史》，北京市：中華書局。

75. 劉振亞，1989，《劇場建築設計原理》，中國：冶金工業。

76. 劉慧芬，2001，《古今戲臺藝術與戲曲表演美學》，臺北：文史哲。

77. 劉慧芬，2005，《京劇劇本編撰理論與實務》，臺北：文津出版社。

78. 魏力群，2005，《中國民間文化遺產旅遊叢書──皮影之旅》，中國旅遊。

79. 著者不詳，《八竅珠》，中國：大連圖書供應社刊行。

80. 著者不詳，1932，《乾坤奇俠傳》，上海沈鶴記書局。

81. 著者不詳，1933，《荒村奇俠傳》，上海沈鶴記書局。

82. 著者不詳，1932，《飛劍奇俠傳》，上海沈鶴記書局。

83. 著者不詳，1932，《江湖劍俠傳》，上海沈鶴記書局。

84. 著者不詳，1927，《臺灣に於ける支那演劇及臺灣演劇調》，臺灣總督府文教局。

85. 山村祐，1958，《現代ヨ──ロツパの人形劇》，日本：昭森社。

86. 片岡巖，1921《臺灣風俗誌》，臺灣日日新報社。

87. 東方孝義，1997《臺灣習俗》，南天書局發行臺北二刷。

88. 浜田秀三郎，1944，《臺灣演劇の現狀》，丹青書房。

89. 現代人形劇センタ，1981，《臺灣の人形劇》，財団法人現代人形劇センター。

90. 1974，「Monkey Subdues the White-Bone Demon」,Hong-Kong.

91. 1979，「The Present Situation of Puppetry in Asian-Pacific Area」，Japen-Tokyo.

92. Kelleher, Joe，2009，「Theatre & politics」，Houndmills, Basingstoke, Hampshire Palgrave Macmillan.

93. Gary B.Palmer，1996，「Toward A Theory Of Cultural Linguistics」，University of Texas Press.

94. Ratner, Carl，2006，「Cultural psychology：a perspective on psychological functioning and social reform / Carl Ratner」，Mahwah, N.J.：Lawrence Erlbaum Associates.

二、單篇論文、期刊

1. 丁肇琴，2001，〈論歌仔戲中的包公形象〉，《世新大學人文社會學報》，頁 27～53。

2. 石光生，2000，〈論南臺灣偶戲的變革與發展方向〉，《藝術論衡》，頁 19～27。

3. 石光生，2002，〈論張德成內臺演戲記錄的研究價值〉，《臺灣傳統戲曲學術研討會論文集》，臺南：國立成功大學，頁 141～185。

4. 石光生，2004，〈論張德成皮影戲「內臺演戲記錄」（1952～1967）反映的臺灣內臺戲劇場文化〉，《民俗曲藝》第 146 期，頁 157～216。

5. 石婉舜，2008，〈「黑暗時期」顯影：「皇民化運動」下的臺灣戲（1936.9～1940.11）〉，《民俗曲藝》159 期，頁 7～81。

6. 石婉舜，2010，〈被動員的「鄉土藝術」：黃得時與太平洋戰爭期的布袋戲改造〉，《臺灣文學研究集刊：第八期》，頁 59～84。

7. 邱坤良，1981，〈臺灣的皮影戲〉，《民俗曲藝》，第三期，頁 1～15。

8. 邱一峰，1999，〈復興閣皮影戲團〉，《明道文藝》。

9. 吳亞梅，1981，〈弄影記〉，《民俗曲藝》第四期。

10. 吳天泰，1983，〈中國皮戲的認識〉，《民俗曲藝》第二十八期，頁 123～154。

11. 林鋒雄，2001，〈論臺灣皮戲《蔡伯皆》〉，《漢學研究》第 19 卷第 1 期，頁 329～353。

12. 孫鳳吟，1999，〈論高雄地區皮影戲現況與保存推廣〉，《小說與戲劇》，頁 43～58。

13. 張能傑，2016，〈臺灣戰後商業劇場的廣告美學與文化——以皮影戲為例〉，《靜宜中文學報》第九期，頁 91～134。

14. 陳憶蘇，2001，〈臺灣皮影戲〉，《漢家雜誌》，頁 17～20。

15. 黃英哲，2006，〈戰後初期臺灣之臺灣研究的展開：一個歷史斷裂中的延續〉，《臺灣文學研究集刊》第二期，頁 105～128。

三、學位論文

（一）碩士論文

1. 吳天泰，1982，《臺灣皮影戲劇本的文化分析》，臺灣大學人類研究所碩士論文。

2. 邱一峰，1998，《臺灣皮影戲研究》，臺灣大學中國文學研究所碩士論文。

3. 李婉淳，2005，《臺灣皮影戲音樂研究》，臺灣師範大學民族音樂研究所碩士論文。

4. 巫裕雄，2009，《南投新世界陳俊然布袋戲「南俠」之研究──以《南俠（沒價值的老人)》為研究對象》，國立臺北大學民俗藝術研究所碩士論文。

5. 柯秀蓮，1976，《臺灣皮影戲的技藝與淵源》，中國文化學院藝術研究所碩士論文。

6. 林玉如，2006，《跨場域舞臺的戲劇創作與轉化──陳守敬歌仔戲寫作技巧探析》，臺灣大學戲劇學研究所碩士論文。

7. 金清海，1998，《合興皮影戲團研究》，高雄師範大學國文學系碩士論文。

8. 徐雅玫，2000，《臺灣布袋戲之後場音樂初探》，臺灣師範大學音樂研究所碩士論文。

9. 張雅惠，1999，《潮調布袋戲《金簪記》音樂研究》，國立臺灣師範大學音樂研究所碩士論文。

10. 張能傑，2008，《論民族藝師張德成新編皮影戲》，國立臺北大學民俗藝術研究所碩士論文。

11. 張主恩，2013，《廖和春編撰拱樂社內臺歌仔戲劇本研究》，臺北大學古典文獻與民俗藝術研究所民俗藝術組碩士論文。

12. 張家蓁，2014，《二次大戰後桃園市戲院之研究》，臺北大學古典文獻與民俗藝術研究所民俗藝術組碩士論文。

13. 黃明峰，2000，《屏東縣布袋戲班之研究（1949～1999）──以〈全樂閣〉、〈復興社〉、〈祝安〉、〈聯興閣〉為例》，逢甲大學中國文學系碩士論文。

14. 黃曉君，2008，《1930 至 1960 年代臺語流行歌曲與臺語電影之互動探討》，輔仁大學音樂研究所碩士碩士論文。

15. 陳龍廷，1991，《黃俊雄電視布袋戲研究》，中國文化大學藝術研究所碩士論文。

16. 陳憶蘇，1992，《復興閣皮影戲劇本研究》，成功大學歷史語言研究所碩士論文。

17. 陳正雄，2005，《李天祿布袋戲舞臺演出本研究》，臺北大學民俗藝術研究所碩士論文。

18. 傅建益，1993，《當前臺灣野臺布袋戲之研究》，文化大學藝術研究所碩士論文。

19. 楊雅琪，2004，《玉泉閣布袋戲團研究》，成功大學中國文學研究所碩士論文。

20. 廖秋霞，1998，《高文舉故事研究》，成功大學中國文學研究所碩士論文。

21. 劉處英，2004，《戲院與劇團：臺灣高南兩市內臺歌仔戲之研究》，國立成功大學藝術研究所碩士論文。

22. 劉曉親，2007，《楊本縣過臺灣傳說研究》，中央大學中國文學系研究所碩士論文。

23. 謝中憲，2005，《臺灣布袋戲發展之研究》，國立嘉義大學史地學系碩士論文。

24. 羅揚，2015，《1950～1960年代臺灣話劇的導表演與舞臺》，臺南大學戲劇創作與應用學系碩士論文。

（二）博士論文

1. 丁肇琴，1997，《俗文學中包公形象之探討》，輔仁大學中國文學系博士論文。

2. 任育德，2004，《向下紮根：中國國民黨與臺灣地方政治的發展（1949～1960）》，國立政治大學歷史研究所博士論文。

3. 邱一峰，2004，《閩臺偶戲研究》，政治大學中國文學系博士論文。

4. 林永昌，2005，《臺南市歌仔戲的發展與變遷》，成功大學中國文學系博士論文。

5. 陳正雄，2014，《戰後臺灣布袋戲技藝與文學之研究》國立東華大學中國語文學系博士論文。

6. 黃裕元，2011，《日治時期臺灣唱片流行歌之研究：兼論一九三○年代流行文化與社會》，國立臺灣大學歷史學系博士論文。

7. 陳龍廷，2006，《臺灣布袋戲的口頭文學》，成功大學臺灣文學研究所博士論文。

四、影音資料

1. 三立電視臺，2003，《草地狀元——在地手工藝（13）》，三立電視臺。

2. 五洲製藥，1970，《田邊俱樂部》，五洲製藥公司。

3. 公共電視，1985，《大迴響——皮影戲（5)》，廣播電視事業發展基金會。

4. 白克執導，1956，《黃帝子孫》，臺灣省電影製片廠。

5. 石光生，2005，《永興樂皮影戲團【經典劇目 DVD】》，宜蘭：國立傳統藝術中心。

6. 石光生，2006，《合興皮影戲團發展紀要暨圖錄研究影音 DVD》，高雄縣文化局。

7. 江武昌，2005，《黃海岱布袋戲精選系列五——荒山劍俠 DVD》，宜蘭：傳統藝術中心。

8. 亦宛然布袋戲，《三盜九龍盃》錄影帶，城市國際電影有限公司出品。

9. 亦宛然布袋戲，《華容道》錄影帶，城市國際電影有限公司出品。

10. 亦宛然布袋戲，《乾隆遊西湖》錄影帶，城市國際電影有限公司出品。

11. 李翰祥執導，1966，《天之驕女》，國聯影業公司。

12. 林鋒雄，2004，《新興閣鍾任壁布袋戲精選 DVD（全集)》，國立傳統藝術中心。

13. 軍聞社，1991，《弄影一甲子》，軍聞社製播。

14. 張德成演出錄音，1972，《濟公傳–收青紅蛇》，東華皮戲團自行錄製。

15. 張德成演出錄音，1972，《濟公傳–芙蓉陣》，東華皮戲團自行錄製。

16. 教育部，1995，《教育部重要民族藝術藝師精華影輯——皮影戲張德成》，教育部。

17. 東華皮戲團，1984，《西遊記——收青牛》，施合鄭民俗文教基金會。

18. 東華皮戲團，1993，《西遊記——收青牛》，東華皮戲團。

19. 東華皮戲團，1997，《封神榜——臨潼關》，東華皮戲團自行錄製。

20. 漢笙，2003，《果香風華——臺灣的水果》，漢笙傳播公司。

五、報紙資料

1. 哈公，1955 年 11 月 28 日，〈中央全力輔導下戲劇運動如何展開〉，《聯合報》，第 6 版。

2. 陳誠，1956 年 10 月 25 日，〈主臺一年的回憶〉，《聯合報》，第 1 版。

表六：1945～1970 年戲院紀錄與各皮影戲團戲院演出統計表

演出劇團	年	月	日	天 數	演出縣、市地點、戲院	日戲夜戲
東華皮戲團	1945	12	1～20	20	臺南戲院	
	1947	1	1～20	20	臺東方面	
	1947	4	1～20	20	竹山戲院	
	1947	7	1～14	14	恆春戲院	
	1947	8	1～10	10	岡山戲院	
	1948	4	1～30	30	臺中方面	
	1948	6	1～30	60?	臺北市開演	
		7	1～30			
	1949	2	1～28	28	臺中方面	
	1949	3	1～30	30?	臺中方面	
	1949	8	25	10	宜蘭方面	封神榜
		9	3			西遊記
	1950	1		10？	宜蘭方面	
	1950	2		10？	臺中方面	
	1950	4	21～30	10	崙頂臨時戲院	
	1950	5	21～30	10	玉井戲院	
	1950			10	里港戲院	
	1950	8		10	草屯戲院	
	1950	7		30	嘉義市內	
	1950	8	12	30	嘉義市內	
	1950			30？	路竹戲院	
	1950			30	新港戲院	
	1950			30？	雙溪戲院	
	1950	12		7	左營新生戲院	
	1950	12	7～13	7	新生戲院	
	1950	12		10	大港埔戲院	
	1950	12	10 起	10？	南臺戲院	
	1951	2			內庄	
	1951	2	24	7?	高雄大港埔	
	1951	4	6	5?	里港鄉土庫（戲院）	
	1951				新營戲院	
	1951	4	11	30	和美、水尾、社頭方面	

東華皮戲團	1951	5	10	30	永康戲院	
	1951				土城戲院	
	1951	5	4	7	內惟	
	1951				溪湖戲院	
	1951				新化戲院	
	1951				大灣戲院	
	1951				意誠戲院	
	1952				臺南六甲	
	1952				臺南白河	
	1952				嘉義	
	1952				卦山戲院	
	1952				嘉義	
	1952				臺南市	
	1952				水底寮	
	1952				嘉義市	
	1952				嘉義市	
	1952	9	7～10	4	嘉義市文化路文化戲院	八寶樓 西遊記
	1952	9	16～20	5	嘉義縣朴子榮昌戲院	八寶樓 西遊記
	1952	10	21～25	5	臺中市復興路國際大戲院	郭子儀 西遊記
	1952	11	11～19	9	基隆市忠三路高砂戲院	郭子儀 西遊記
	1952	11	21～30	10	臺北市眾樂園戲院	八寶樓 封神榜 西遊記
	1952	12	1～5	5	桃園縣桃源鎮桃園戲院	郭子儀 西遊記
	1952	12	21～25	5	臺北縣淡水鎮淡水戲院	濟公傳 西遊記
	1952	12	26～31	6	臺北縣士林鎮士林戲院	濟公傳 西遊記
	1953	1	1～5	5	臺北縣三重鎮光華戲院	封神榜 西遊記

	1953	1	6～7	2	臺北縣泰山鄉泰山戲院	封神榜 西遊記
	1953	1	11～15	5	臺北縣萬里鄉萬里戲院	封神榜 西遊記
	1953	1	16～25	10	臺北縣瑞芳鎮昇平戲院	濟公傳 西遊記
	1953	3	16～19	4	臺南縣永康鄉大灣戲院	濟公傳 西遊記
	1953	3	21～25	5	臺南市安平區安樂戲院	濟公傳 西遊記
	1953	3	26～29	4	臺南忠義路中華戲院	西遊記 封神榜
	1953	4	11～15	5	高雄縣鳳山鎮南臺戲院	濟公傳 郭子儀
	1953	5	26～31	6	臺南縣新營鎮康樂戲院	濟公傳 西遊記
東華皮戲團	1953	6	1～5	5	臺南市忠義路中華戲院	郭子儀 封神榜
	1953	6	21～23	3	高雄縣仁武鄉仁武戲院	休演 濟公傳
	1953	7	1～3	3	雲林縣東勢鎮共樂戲院	濟公傳 西遊記
	1953	7	6～10	5	雲林縣北港鎮大復戲院	西遊記 濟公傳
	1953	7	11～15	5	臺南縣白河鎮白河大戲院	濟公傳 西遊記
	1953	7	21～25	5	臺南縣佳里鎮明新戲院	濟公傳 西遊記
	1953	7	26～28	3	臺南縣將軍鄉漚汪戲院	濟公傳 西遊記
	1953	9	1～8	8	雲林縣斗六鎮鎮南戲院	濟公傳 西遊記
	1953	9	11～14	4	雲林縣林內鄉林內戲院	濟公傳 西遊記
	1953	9	16～20	5	臺北縣汐止鎮汐止戲院	濟公傳 西遊記

	1953	9	21～25	5	臺北市成都路紅樓戲院	濟公傳 西遊記
	1953	10	21～25	5	桃園縣龍潭鎮新龍戲院	濟公傳 西遊記
東華皮戲團	1953	10	26～31	6	桃園縣龍潭鎮楊梅戲院	濟公傳 西遊記
	1953	11	1～10	10	新竹市勝利路樂民大戲院	濟公傳 西遊記
	1953	11	21～25	5	嘉義縣大林鎮大林戲院	濟公傳 西遊記
金連興皮戲團	1953?			5?		?
新興皮戲團	1953?			5?		
	1953	11	26～30	5	臺南縣塩水鎮東文社戲院	濟公傳 西遊記
	1953	12	1～5	5	臺南縣六甲鄉六甲戲院	濟公傳 西遊記
	1953	12	21～26	6	屏東縣塩埔鄉新樂戲院	濟公傳 西遊記
	1954	1	11～15	5	臺南市安南區集成戲院	濟公傳 西遊記
	1954	2	21～28	8	宜蘭縣頭城鎮農漁之家戲院	郭子儀 西遊記
	1954	3	11～14	4	臺北縣平溪鄉興樂戲院	濟公傳 西遊記
東華皮戲團	1954	4	11～15	5	雲林縣莿桐鄉莿桐戲院	濟公傳 西遊記
	1954	4	16～20	5	雲林縣西螺鎮西螺戲院	濟公傳 西遊記
	1954	4	21～25	5	嘉義縣梅山鄉中山堂戲院	濟公傳 西遊記
	1954	4	26～30	5	嘉義文化路文化戲院	濟公傳 西遊記
	1954	5	11～18	8	宜蘭市宜蘭中山堂戲院	濟公傳 西遊記
	1954	5	21～25	5	臺北縣雙溪鄉雙溪戲院	濟公傳 西遊記
	1954	5	26～31	6	臺北縣瑞芳鎮瑞芳電影戲院	濟公傳 西遊記

	1954	6	1～5	5	臺北市中正東路華山戲院	濟公傳 西遊記
	1954	6	6～10	5	臺北市松山區松山戲院	濟公傳 西遊記
	1954	7	16～20	5	臺南縣山上鄉山上戲院	濟公傳 西遊記
	1954	7	21～25	5	臺南縣新化鎮新化戲院	濟公傳 西遊記
	1954	7	26～31	6	臺南縣關廟鄉關廟戲院	濟公傳 西遊記
	1954	8	1～5	5	臺南縣麻豆鎮麻豆戲院	濟公傳 西遊記
	1954	8	21～29	9	南投縣魚池鄉天海戲院	濟公傳 西遊記
	1954	9	6～9	4	南投縣集集鎮集集戲院	濟公傳 西遊記
	1954	9	11～15	5	彰化縣大城鄉大城戲院	濟公傳 西遊記
東華皮戲團	1954	9	16～20	5	彰化縣二林鎮二林戲院	濟公傳 西遊記
	1954	9	21～25	5	彰化縣溪州鄉溪州戲院	濟公傳 西遊記
	1954	10	11～14	4	臺南縣善化鎮善化戲院	濟公傳 西遊記
	1954	11	1～5	5	彰化縣社頭鄉榮興戲院	西遊記 濟公傳
	1954	11	6～10	5	南投縣南投鎮南投戲院	西遊記 濟公傳
	1954	11	11～19	9	臺中縣豐原鎮豐原戲院	西遊記 濟公傳
	1954	11	21～24	4	彰化縣田中鎮新宮戲院	西遊記 濟公傳
	1955	3	11～15	5	彰化縣員林鎮員林戲院	西遊記 濟公傳
	1955	3	16～20	5	彰化縣新港鄉新港戲院	西遊記 濟公傳
	1955	3	21～25	5	彰化縣花壇鄉花壇戲院	西遊記 濟公傳

	1955	4	1～3	3	彰化縣田尾鄉海豐戲院	西遊記 濟公傳
	1955	4	6～10	5	彰化縣永靖鄉永靖戲院	西遊記 濟公傳
	1955	4	11～15	5	彰化縣和美鎮和美戲院	西遊記 濟公傳
	1955	4	16～20	5	彰化縣芬園鄉連樂戲院	西遊記 濟公傳
東華皮戲團	1955	4	21～30	10	臺中縣中華路新舞臺戲院	西遊記 濟公傳
	1955	5	1～5	5	臺中市太平鄉太平戲院	西遊記 濟公傳
	1955	5	6～10	5	臺中市西屯區西屯戲院	西遊記 濟公傳
	1955	5	11～15	5	彰化縣鹿港鎮樂觀園戲院	西遊記 濟公傳
	1955	5	16～20	5	南投縣草屯鎮銀宮戲院	西遊記 濟公傳
金連興皮戲團	1955?			5?		?
	1955	5	21～25	5	臺中縣沙鹿鎮沙鹿戲院	西遊記 濟公傳
	1955	6	6～10	5	臺中縣清水鎮光明戲院	西遊記 濟公傳
	1955	6	11～15	5	臺中縣大甲鎮鳳舞臺戲院	西遊記 濟公傳
	1955	6	16～20	5	南投縣埔里鎮南天戲院	西遊記 濟公傳
	1955	7	11～15	5	桃園縣大溪鎮福仁戲院	西遊記 濟公傳
東華皮戲團	1955	7	16～20	5	臺北縣鶯歌鎮鶯歌戲院	西遊記 濟公傳
	1955	7	21～25	5	臺北縣三峽鎮三峽戲院	西遊記 濟公傳
	1955	7	26～31	6	臺北縣樹林鎮大同戲院	西遊記 濟公傳
	1955	8	1～5	5	臺北縣板橋鎮金城大戲院	西遊記 濟公傳
	1955	9	11～15	5	苗栗縣卓蘭鄉卓蘭戲院	西遊記 濟公傳

	1955	9	16～20	5	臺中縣東勢鎮東勢戲院	西遊記 濟公傳
	1955	9	21～25	5	臺中市南屯里南屯戲院	西遊記 濟公傳
	1955	10	2～4	3	苗栗縣銅鑼鄉大同戲院	西遊記 濟公傳
	1955	10	5～7	3	苗栗縣大湖鄉大湖戲院	西遊記 濟公傳
	1955	10	8～10	3	苗栗縣竹南鎮民生戲院	西遊記 濟公傳
	1955	10	11～14	3	苗栗縣公館鄉永樂戲院	西遊記 濟公傳
	1955	10	16～20	5	苗栗縣苗栗鎮國際戲院	西遊記 濟公傳
	1955	10	21～23	3	苗栗縣頭份鎮新生戲院	西遊記 濟公傳
	1955	11	21～25	5	雲林縣麥寮鄉寶津戲院	西遊記 濟公傳
東華皮戲團	1955	11	26～29	4	雲林縣崙背鄉昇平戲院	西遊記 濟公傳
	1955	11	26～30	5	嘉義縣中埔鄉中埔戲院	西遊記 濟公傳
	1955	12	6～10	5	嘉義縣六腳鄉光復戲院	西遊記 濟公傳
	1955	12	11～15	5	臺南縣後壁鄉菁寮戲院	西遊記 濟公傳
	1955	12	16～20	5	嘉義縣布袋鎮永樂戲院	西遊記 濟公傳
	1955	12	21～25	5	臺南縣學甲鄉學甲戲院	西遊記 濟公傳
	1956	1	1～5	5	屏東縣萬丹鄉綿豐戲院	西遊記 濟公傳
	1956	1	6～9	4	屏東縣內埔鄉內埔戲院	西遊記 濟公傳
	1956	4	21～25	5	臺中縣外埔鄉外埔戲院	西遊記 濟公傳
	1956	4	26～30	5	臺中縣日南鄉日南戲院	西遊記 濟公傳

	1956	5	1～5	5	臺中縣神岡鄉華臺戲院	西遊記 濟公傳
	1956	5	6～10	5	臺中縣大雅鄉大雅戲院	西遊記 濟公傳
	1956	5	11～15	5	南投縣中寮鄉永平戲院	西遊記 濟公傳
	1956	5	16～20	5	南投縣名間鄉南都戲院	西遊記 濟公傳
	1956	5	21～25	5	南投縣名間鄉大同戲院	西遊記 濟公傳
	1956	5	26～28	3	彰化縣二水鄉成功戲院	西遊記 濟公傳
	1956	6	11～12	2	南投縣瑞竹里瑞竹戲院	西遊記 濟公傳
	1956	6	16～20	5	南投縣竹山鎮山都戲院	西遊記 濟公傳
	1956	6	21～24	4	南投縣鹿谷鄉廣興戲院	西遊記 濟公傳
東華皮戲團	1956	8	1～5	5	臺中縣潭子鄉潭光戲院	西遊記 濟公傳
	1956	8	6～10	5	臺中縣霧峰鄉霧峰戲院	西遊記 濟公傳
	1956	8	11～15	5	臺中縣烏日鄉永隆戲院	西遊記 濟公傳
	1956	9	1～4	4	彰化縣溪湖鎮大光明戲院	西遊記 濟公傳
	1956	9	6～10	5	彰化縣秀水鄉金崇戲院	西遊記 濟公傳
	1956	9	11～19	9	彰化市成功路民生戲院	西遊記 濟公傳
	1956	11	26～30	5	雲林縣口湖鄉口湖戲院	西遊記 濟公傳
	1956	12	1～4	4	雲林縣水林鄉慶昌戲院	西遊記 濟公傳
	1957	4	11～15	5	高雄三民區灣仔內民生戲院	西遊記 北交趾
	1957	10	1～5	5	臺中縣后里鄉內埔戲院	西遊記 濟公傳

	1957	10	6～10	5	臺中市北屯區四平戲院	西遊記 濟公傳
	1957	10	11～15	5	彰化縣埤頭鄉光明戲院	西遊記 濟公傳
	1957	10	16～20	5	彰化縣竹塘鄉竹塘戲院	西遊記 濟公傳
	1957	10	21～24	4	彰化縣芳苑鄉王功戲院	西遊記 濟公傳
	1957	10	1～10	10	高雄縣大樹鄉光明戲院	西遊記 濟公傳
	1957	10	11～15	5	高雄縣美濃鄉美都戲院	西遊記 濟公傳
	1957	12	1～3	3	高雄縣小港鄉小港戲院	濟公傳 北交趾
	1957	12	6～10	5	高雄縣大樹鄉九曲堂戲院	濟公傳 北交趾
	1957	12	21～25	5	屏東市信義路信義戲院	濟公傳 北交趾
東華皮戲團	1957	12	26～31	6	高雄縣大寮鄉後庄戲院	休演 北交趾
	1958	1	1～10	10	屏東縣溪州鄉溪州戲院	濟公傳 北交趾
	1958	1	11～16	6	屏東縣枋寮鄉水底寮戲院	濟公傳 北交趾
	1958	1	18～20	3	屏東縣佳冬鄉玉光戲院	濟公傳 北交趾
	1958	3	1～3	3	屏東縣潮州鎮光春戲院	濟公傳 北交趾
	1958	3	1～3	3	臺北縣士林鎮皇宮戲院	濟公傳 北交趾
	1958	3	11～20	10	基隆市忠三路高砂大戲院	濟公傳 北交趾
	1958	4	11～14	4	高雄縣梓官鄉赤崁戲院	濟公傳 北交趾
	1958	4	19	30	菲律濱馬尼拉市金光大戲院	濟公傳 八寶樓 封神榜
	1958	5	18			西遊記 南遊記

	1958	7	26～31	6	苗栗苑裡山腳里鎮山腳戲院	濟公傳 北交趾
	1958	8	1～5	5	苗栗縣後龍鎮龍聲戲院	濟公傳 北交趾
	1958	8	6～10	5	苗栗縣竹南鎮樂宮戲院	濟公傳 北交趾
	1958	8	11～14	4	臺中縣大甲鎮鳳舞臺戲院	濟公傳 北交趾
	1958	9	11～20	10	臺北市萬華鎮萬華戲院	濟公傳 北交趾
東華皮戲團	1958	9	22～25	4	臺北縣木柵鄉木柵戲院	濟公傳 北交趾
	1958	9	26～30	5	臺北縣石碇鄉石碇戲院	濟公傳 北交趾
	1958	10	1～5	5	臺北縣鶯歌鎮鶯歌戲院	濟公傳 北交趾
	1958	10	6～10	5	臺北縣中和鄉中和大戲院	濟公傳 北交趾
	1958	10	11～15	5	臺北縣永和鎮溪州戲院	濟公傳 北交趾
	1958	10	16～20	5	臺北縣南港鎮南港第一戲院	濟公傳 北交趾
宜蘭假皮戲團	1958			5？		？
	1958	10	21～25	5	臺北縣三峽鎮橫溪金龍戲院	濟公傳 北交趾
	1958	10	26～31	6	臺北縣土城鄉美城戲院	濟公傳 北交趾
	1958	11	1～10	10	臺北市南京西路大中華戲院	濟公傳 北交趾
	1958	11	11～15	5	臺北縣八里鄉東南大戲院	濟公傳 北交趾
東華皮戲團	1958	11	16～20	5	臺北縣蘆洲鎮民樂戲院	濟公傳 北交趾
	1958	11	21～25	5	臺北縣金山鄉金山戲院	濟公傳 北交趾
	1958	11	26～31	6	臺北縣萬里鄉萬里戲院	濟公傳 北交趾
	1958	12	1～5	5	臺北縣新莊鎮成功戲院	濟公傳 北交趾

宜蘭假皮戲團	1958			5？		
東華皮戲團	1958	12	6～10	5	桃園縣中壢鎮大東戲院	濟公傳 北交趾
	1958	12	11～15	5	桃園縣大園鄉三合戲院	濟公傳 北交趾
	1959	3	21～30	10	臺東縣成功鎮成功戲院	濟公傳 西遊記
	1959	4	1～10	10	臺東縣臺東鎮東臺大戲院	濟公傳 北交趾 西遊記
	1959	4	11～15	5	臺東縣鹿野鄉金鐘戲院	濟公傳 西遊記
	1959	4	16～20	5	臺東縣關山鎮關山戲院	濟公傳 西遊記
飛鶴皮戲團	1959？			5？		？
東華皮戲團	1959	4	21～25	5	臺東縣池上鄉玉山戲院	濟公傳 西遊記
	1959	4	26	8	花蓮縣玉里鎮玉里戲院	濟公傳 西遊記
	1959	5	3			
	1959	5	5～9	5	花蓮縣富里鄉日月大戲院	濟公傳 西遊記
	1959	5	10～15	6	臺東縣埤南鄉知本戲院	濟公傳 西遊記
	1959	6	11～17	7	臺北縣新店鎮新店戲院	濟公傳 北交趾
	1959	6	21～30	10	基隆市義三路新樂戲院	濟公傳 北交趾
	1959	7	1～5	5	臺北瑞芳鎮四腳亭新生戲院	濟公傳 北交趾
	1959	7	6～10	5	臺北縣瑞芳鎮瑞龍戲院	濟公傳 北交趾
	1959	7	11～13	3	臺北縣內湖鄉西湖戲院	濟公傳 北交趾
	1959	7	16～20	5	臺北縣深坑鄉深坑戲院	休演 濟公傳
	1959	7	21～26	6	臺北縣三峽鎮大容戲院	濟公傳 北交趾

東華皮戲團	1959	9	2〜10	9	臺中市自由路新樂戲院	濟公傳 北交趾
	1959	9	11〜15	5	南投縣草屯鎮大觀戲院	濟公傳 北交趾
	1959	9	16〜20	5	臺中縣霧峰鄉文化戲院	濟公傳 北交趾
	1959	9	21〜25	5	南投縣南投鎮南投戲院	濟公傳 北交趾
	1959	10	1〜7	7	高雄市苓雅區同樂戲院	濟公傳 北交趾
	1959	10	16〜20	5	嘉義縣太保鄉後潭戲院	濟公傳 北交趾
安樂皮戲團	1959?			5?		?
東華皮戲團	1959	10	21〜25	5	嘉義縣水上鄉水上戲院	濟公傳 北交趾
安樂皮戲團	1959?	?	?	?		?
東華皮戲團	1959	10	26〜31	6	臺南縣白河鎮大眾戲院	濟公傳 北交趾
	1959	11	1〜5	5	嘉義縣竹崎鄉內埔戲院	濟公傳 北交趾
安樂皮戲團	1959?			5?		?
東華皮戲團	1959	11	6〜10	5	嘉義縣大林鎮大林戲院	濟公傳 北交趾
	1959	11	11〜14	4	嘉義縣民雄鄉民雄戲院	濟公傳 北交趾
安樂皮戲團	1959?			5?		?
東華皮戲團	1959	11	16〜20	5	嘉義縣新港鄉新港戲院	濟公傳 北交趾
金連興皮戲團	1959?			5?		?
東華皮戲團	1959	11	21〜27	7	雲林縣北港鎮大復戲院	濟公傳 北交趾
	1959	12	11〜18	8	高雄縣旗山鎮大洲戲院	濟公傳 北交趾
	1959	12	21〜29	9	高雄市左營區興隆戲院	濟公傳 北交趾
	1960	3	1〜10	10	嘉義市西榮街中央戲院	濟公傳 北交趾

東華皮戲團	1960	3	11～15	5	嘉義縣鹿草鄉鹿草戲院	濟公傳 北交趾
	1960	3	16～20	5	嘉義縣東石鄉副瀨明華戲院	濟公傳 北交趾
	1960	3	21～25	5	嘉義縣布袋鎮過溝明樂戲院	濟公傳 北交趾
安樂皮戲團	1960?			5?		?
飛鶴皮戲團	1960?			5?		?
東華皮戲團	1960	4	11～15	5	嘉義縣布袋鎮景山永樂戲院	濟公傳 北交趾
	1960	4	16～19	4	嘉義縣布袋鎮新生戲院	濟公傳 北交趾
	1960	4	21～25	5	臺南縣新營鎮成功戲院	濟公傳 北交趾
	1960	4	26～30	5	臺南縣塩水鎮永成戲院	濟公傳 北交趾
安樂皮戲團	1960?			5?		?
東華皮戲團	1960	5	1～5	5	臺南縣下營鄉下營戲院	濟公傳 北交趾
	1960	5	6～10	5	臺南縣新市鄉新市戲院	濟公傳 北交趾
飛鶴皮戲團	1960?			5?		?
東華皮戲團	1960	5	11～14	4	臺南縣大內鄉大內戲院	濟公傳 北交趾
	1960	7	1～5	5	臺南縣左鎮鄉國民戲院	濟公傳 北交趾
	1960	7	6～10	5	臺南縣玉井鄉大觀戲院	濟公傳 北交趾
	1960	7	11～15	5	臺南縣楠西鄉楠西戲院	濟公傳 北交趾
	1960	7	16～20	5	臺南縣永康鄉永康戲院	濟公傳 北交趾
	1960	7	21～24	4	臺南柳營鄉重溪村和樂戲院	濟公傳 北交趾
	1960	7	26～30	5	彰化縣田中鎮永樂戲院	濟公傳 北交趾

	年	月	日	天數	地點	劇目
	1960	8	3～5	3	彰化市新生里遠東戲院	濟公傳 北交趾
	1960	8	6～10	5	彰化縣鹿港鎮樂觀園戲院	濟公傳 北交趾
	1960	8	11～15	5	彰化縣二林鎮二林戲院	濟公傳 北交趾
	1960	8	16～20	5	彰化縣北斗鎮北斗戲院	濟公傳 北交趾
東華皮戲團	1960	8	21～25	5	彰化縣社頭鄉社頭戲院	濟公傳 北交趾
	1960	8	26～30	5	彰化縣員林鎮明都戲院	濟公傳 北交趾
	1960	9	21～30	10	宜蘭縣羅東鎮林工戲院	濟公傳 北交趾
	1960	10	2～10	9	花蓮市中華路中興戲院	濟公傳 北交趾
	1960	10	11～15	5	花蓮縣壽豐鄉豐田戲院	濟公傳 北交趾
安樂皮戲團	1960					?
	1960	10	16～19	4	花蓮縣鳳林鎮鳳林戲院	濟公傳 北交趾
	1960	10	21～25	5	花蓮縣光復鄉臺安戲院	濟公傳 北交趾
	1960	10	26～30	5	花蓮縣瑞穗鄉富源戲院	濟公傳 北交趾
	1960	10	31	5	花蓮縣瑞穗鄉瑞穗戲院	濟公傳 北交趾
	1960	11	4			
東華皮戲團	1960	11	5～9	5	花蓮縣富里鄉富里戲院	休演 北交趾
	1960	11	11～19	9	花蓮市博愛街東臺第一劇場戲院	西遊記 世外奇聞
	1960	11	21～25	5	宜蘭縣蘇澳鎮南方澳戲院	濟公傳 北交趾
	1961	3	6～10	5	高雄縣鳳山鎮新生戲院	濟公傳 北交趾
	1961	3	11～20	10	臺南市中正路臺南戲院	濟公傳 北交趾

	1961	3	21～23	3	臺南縣安定鄉港口戲院	濟公傳 北交趾
	1961	3	26～30	5	臺南縣關廟鄉關廟戲院	濟公傳 北交趾
	1961	4	1～5	5	臺南縣新化鎮新化戲院	濟公傳 北交趾
	1961	4	6～10	5	臺南縣善化鎮善化戲院	濟公傳 北交趾
	1961	4	11～13	3	臺南縣山上鄉山上戲院	濟公傳 北交趾
	1961	4	16～20	5	雲林縣斗六鎮鎮南戲院	濟公傳 北交趾
	1961	4	21～25	5	雲林縣虎尾鎮國民戲院	濟公傳 北交趾
	1961	4	26～30	5	雲林縣元長鄉元長戲院	濟公傳 北交趾
	1961	5	1～3	3	臺南縣麻豆鎮電姬戲院	濟公傳 北交趾
東華皮戲團	1961	5	6～10	5	臺南縣佳里鎮明新戲院	濟公傳 北交趾
	1961	5	11～14	4	臺南縣將軍鄉漚汪戲院	濟公傳 北交趾
	1961	5	21～25	5	臺南縣六甲鄉六甲戲院	濟公傳 北交趾
	1961	5	26～31	6	臺南縣學甲鄉學甲戲院	濟公傳 北交趾
	1961	6	1～4	4	臺南安南區本淵寮金山戲院	濟公傳 北交趾
	1961	7	1～5	5	雲林縣林內鄉林內戲院	濟公傳 北交趾
	1961	7	6～10	5	雲林古坑鄉崁頭厝永成戲院	休演 濟公傳
	1961	7	11～15	5	嘉義縣梅山鄉梅山戲院	濟公傳 北交趾
	1961	7	16～20	5	嘉義縣溪口鄉溪口戲院	濟公傳 北交趾
	1961	7	21～25	5	雲林縣土庫鎮明星戲院	濟公傳 北交趾

	1961	7	26～27	2	雲林縣褒忠鄉褒忠戲院	濟公傳 北交趾
	1961	9	16～20	5	臺中市復興路南臺戲院	濟公傳 北交趾
	1961	9	21～25	5	臺中縣豐原鎮富春戲院	濟公傳 北交趾
	1961	9	26～30	5	臺中市軍功里軍功戲院	濟公傳 北交趾
	1961	10	1～5	5	南投縣水裏鄉漢都戲院	濟公傳 北交趾
	1961	10	6～9	5	南投縣集集鎮集集戲院	濟公傳 北交趾
	1961	10	11～15	5	南投縣鹿谷鄉廣興戲院	濟公傳 北交趾
東華皮戲團	1961	10	16～20	5	南投縣竹山鎮竹山戲院	濟公傳 北交趾
	1961	10	23～29	7	南投縣中寮鄉永平戲院	濟公傳 北交趾
	1961	10	30	5	臺中縣潭子鄉潭光戲院	濟公傳 北交趾
	1961	11	3			
	1961	11	5～10	5	陽明山士林鎮士林戲院	濟公傳 北交趾
	1961	11	11～17	7	臺北縣淡水鎮淡水戲院	濟公傳 北交趾
	1961	12	1～5	5	高雄縣旗山鎮旗山戲院	濟公傳 北交趾
	1961	12	6～9	4	高雄縣杉林鄉平都戲院	休演 濟公傳
	1961	12	11～18	8	屏東市番仔埔合作戲院	濟公傳 北交趾
	1961	12	19～21	3	屏東縣塩埔鄉新樂戲院	濟公傳 北交趾
安樂皮戲團 （廣告戲單）	?	12	6～10	5		封神榜 六國誌
東華皮戲團	1962	1	1～5	5	屏東縣萬丹鄉社皮戲院	休演 北交趾
	1962	1	6～10	5	屏東縣東港鄉大舞臺戲院	濟公傳 北交趾

	1962	3	26～31	6	桃園縣桃園鎮文化戲院	濟公傳 北交趾
	1962	4	1～5	5	新竹縣竹東鎮竹東新戲院	濟公傳 北交趾
	1962	4	6～9	4	新竹縣新埔鎮新埔戲院	濟公傳 北交趾
	1962	4	11～20	10	新竹市長安街中央戲院	濟公傳 北交趾
	1962	4	21～25	5	新竹縣新豐鄉鳳舞戲院	濟公傳 北交趾
	1962	4	26～30	5	苗栗縣竹南鎮民生戲院	濟公傳 世外奇聞
	1962	5	1～5	5	新竹縣竹北鎮竹北戲院	濟公傳 北交趾
	1962	5	6～9	4	新竹縣湖口鎮湖口第一戲院	濟公傳 北交趾
	1962	5	11～15	5	臺北三重市天心戲院	濟公傳 北交趾
東華皮戲團	1962	5	16～20	5	桃園縣蘆竹鄉南崁戲院	濟公傳 北交趾
	1962	5	21～27	7	桃園縣大園鄉南門戲院	濟公傳 北交趾
	1962	5	28～31	4	臺北縣板橋鎮環球戲院	濟公傳 北交趾
	1962	6	1～8	8	桃園縣觀音鄉新坡大堀戲院	濟公傳 北交趾
	1962	6	9～10	2	桃園縣觀音鄉福龍戲院	濟公傳 北交趾
	1962	6	11～15	5	桃園縣新屋鄉下庄中興戲院	濟公傳 北交趾
	1962	6	16～19	4	桃園縣中壢鎮大崙大光戲院	濟公傳 北交趾
	1962	6	21～25	5	苗栗縣通霄鎮觀樂戲院	濟公傳 北交趾
	1962	6	26	1	臺中縣大安鄉欽明戲院	休演 濟公傳
	1962	7	1～3	3	苗栗縣苑裡鎮共樂戲院	濟公傳 北交趾

	1962	7	13～16	4	高雄縣茄萣鄉茄萣戲院	休演 北交趾
	1962	7	21～29	9	高雄縣大寮鄉大成戲院	濟公傳 北交趾
	1962	8	4～9	6	高雄縣小港鄉鳳林戲院	濟公傳 北交趾
	1962	8	21～25	5	屏東縣高樹鄉高樹戲院	濟公傳 北交趾
	1962	8	27～30	4	屏東縣內埔鄉內埔戲院	濟公傳 北交趾
	1962	9	21～24	4	彰化縣伸港鄉水尾戲院	濟公傳 北交趾
	1962	9	26～29	4	彰化縣和美鎮和美戲院	濟公傳 北交趾
	1962	10	1～5	5	臺中縣大肚鄉大肚戲院	濟公傳 世外奇聞
	1962	10	6～10	5	彰化縣龍井鄉龍井戲院	濟公傳 世外奇聞
東華皮戲團	1962	10	11～15	5	臺中縣沙鹿鎮沙鹿戲院	濟公傳 世外奇聞
	1962	10	16～20	5	彰化縣員林鎮明都戲院	濟公傳 世外奇聞
	1962	10	21～23	3	彰化縣溪州鄉溪州戲院	濟公傳 世外奇聞
	1962	11	16～18	3	雲林莿桐鄉樹仔腳饒平戲院	濟公傳 世外奇聞
	1962	11	21～24	4	嘉義縣民雄鄉第一戲院	濟公傳 世外奇聞
	1962	11	26～30	5	嘉義縣竹崎鄉內埔戲院	濟公傳 世外奇聞
	1962	12	1～4	4	臺南縣白河鎮大眾戲院	濟公傳 世外奇聞
	1962	12	6～10	5	臺南縣東山鄉東山戲院	濟公傳 世外奇聞
	1962	12	11～15	5	嘉義市安平里國民戲院	濟公傳 世外奇聞
	1962	12	16～20	5	臺南縣後壁鄉安溪寮金紫戲院	濟公傳 世外奇聞

飛鶴皮戲團	1962?			5？		？
東華皮戲團	1962	12	21～25	5	臺南縣東山鄉東原戲院	濟公傳 世外奇聞
飛鶴皮戲團	1962?			5？		？
東華皮戲團	1962	12	26～30	5	嘉義縣水上鄉水上戲院	濟公傳 世外奇聞
	1963	1	1～5	5	嘉義縣朴子鎮榮昌戲院	濟公傳 世外奇聞
	1963	2	22～26	5	臺南縣玉井鄉大觀戲院	濟公傳 世外奇聞
	1963	2	21	5	臺南縣楠西鄉楠西戲院	濟公傳 世外奇聞
	1963	3	3			
	1963	3	4～5	2	臺南縣左鎮鄉左鎮戲院	濟公傳 世外奇聞
	1963	3	7～12	6	臺南市安平區安樂戲院	濟公傳 世外奇聞
	1963	3	26～31	6	臺北縣鶯歌鎮鶯歌戲院	濟公傳 世外奇聞
	1963	4	1～5	5	桃園縣大園鄉竹圍露天戲院	濟公傳 世外奇聞
東華皮戲團	1963	4	6～10	5	桃園縣中壢鎮內壢新樂戲院	濟公傳 世外奇聞
	1963	4	11～14	4	臺北縣新莊鎮成功戲院	濟公傳 世外奇聞
	1963	4	16～20	5	臺北縣樹林鎮柑園戲院	休演 世外奇聞
	1963	4	21～25	5	桃園縣桃園鎮文化戲院	濟公傳 世外奇聞
	1963	4	26～30	5	臺北縣三峽鎮三峽戲院	濟公傳 世外奇聞
	1963	5	1～5	5	臺北三芝鄉小基隆三明戲院	濟公傳 世外奇聞
	1963	5	6～10	5	臺北縣士林鎮遊藝場戲院	休演 世外奇聞
	1963	5	11～15	5	臺北縣金山鄉金一戲院	濟公傳 世外奇聞
	1963	5	16～19	4	臺北瑞芳鎮四腳亭新生戲院	濟公傳 世外奇聞

	1963	6	1～5	5	臺南縣永康鄉西都戲院	濟公傳 世外奇聞
	1963	6	6～10	5	臺南縣仁德鄉後壁厝戲院	濟公傳 世外奇聞
	1963	6	11～15	5	臺南市公園路仁山戲院	濟公傳 世外奇聞
	1963	6	16～20	5	臺南縣西港鄉西港戲院	濟公傳 世外奇聞
	1963	6	21～23	3	臺南市安南區土城泰山戲院	濟公傳 世外奇聞
	1963	6	26～30	5	高雄湖內鄉葉厝甲文賢戲院	濟公傳 世外奇聞
	1963	7	1～5	5	臺南縣七股鄉七股戲院	濟公傳 世外奇聞
	1963	7	6～10	5	臺南安南區中洲寮集成戲院	濟公傳 世外奇聞
	1963	7	11	1	臺南縣歸仁鄉歸仁戲院	休演 濟公傳
東華皮戲團	1963	7	26～31	6	屏東縣萬巒鄉佳佐戲院	休演 世外奇聞
	1963	8	1～7	7	高雄縣大樹鄉九曲堂戲院	南遊記 世外奇聞
	1963	8	8～15	8	高雄縣大寮鄉大寮戲院	南遊記 世外奇聞
	1963	9	13～15	3	彰化縣田中鎮永樂戲院	濟公傳 世外奇聞
	1963	9	16～20	5	彰化縣田尾鄉海豐戲院	休演 世外奇聞
	1963	9	21～23	3	彰化縣二林鎮中央戲院	濟公傳 世外奇聞
	1963	9	26～30	5	彰化縣大城鎮大城戲院	濟公傳 世外奇聞
	1963	10	1～4	4	彰化縣竹塘鄉竹塘戲院	濟公傳 世外奇聞
	1963	10	6～10	5	彰化秀水鄉埔姜崙金崇戲院	濟公傳 世外奇聞
	1963	10	11～15	5	彰化縣花壇鄉花壇戲院	濟公傳 世外奇聞

	1963	10	16～20	5	彰化市成功路民生戲院	濟公傳 世外奇聞
	1963	10	21～25	5	臺中北屯區軍功寮軍功戲院	休演 世外奇聞
	1963	10	26～31	6	苗栗縣卓蘭鎮大光明戲院	濟公傳 世外奇聞
	1963	11	1～5	5	臺中縣東勢鎮東勢戲院	濟公傳 世外奇聞
	1963	11	6～10	5	彰化縣二水鄉成功戲院	濟公傳 世外奇聞
	1963	11	11～14	4	南投縣草屯鎮草屯戲院	濟公傳 世外奇聞
	1963	11	16～20	5	南投縣國姓鄉成功戲院	濟公傳 世外奇聞
	1963	11	21～25	5	南投縣埔里鎮綠都戲院	濟公傳 世外奇聞
	1963	11	26～29	4	南投縣魚池鄉魚池戲院	濟公傳 世外奇聞
東華皮戲團	1963	12	1～5	5	南投水裡鄉上安村安樂戲院	濟公傳 世外奇聞
	1963	12	6～10	5	南投縣竹山鎮竹山戲院	濟公傳 世外奇聞
	1963	12	11～14	4	雲林縣莿桐鄉莿桐戲院	濟公傳 世外奇聞
	1963	12	16～19	4	臺南縣塩水鎮永成戲院	濟公傳 世外奇聞
	1964	1	1～7	7	高雄縣大樹鄉光明戲院	濟公傳 世外奇聞
	1964	1	11～15	5	高雄梓官鄉蚵子寮通安戲院	休演 世外奇聞
	1964	1	21～25	5	高雄市塩埕區新高戲院	濟公傳 世外奇聞
	1964	2	21～24	4	高雄縣路竹鄉一甲戲院	濟公傳 世外奇聞
	1964	3	1～5	5	高雄縣橋頭鄉橋頭戲院	濟公傳 世外奇聞
	1964	3	6～10	5	高雄縣燕巢鄉燕巢戲院	濟公傳 世外奇聞

	1964	3	11～15	5	高雄縣小港鄉小港戲院	濟公傳 世外奇聞
	1964	3	16～18	3	高雄縣小港鄉大林蒲戲院	南遊記 世外奇聞
	1964	3	20～25	5	高雄縣林園鄉林園戲院	濟公傳 世外奇聞
	1964	3	26～31	6	高雄三民區灣子內民生戲院	南遊記 世外奇聞
	1964	4	16～20	5	臺南縣永康鄉永康戲院	濟公傳 世外奇聞
	1964	4	21～22	2	高雄縣永安鄉永安戲院	休演 世外奇聞
	1964	4	26～30	5	屏東市三山里海豐露天戲院	休演 世外奇聞
	1964	5	16～20	5	屏東縣琉球鄉琉球戲院	休演 濟公傳
	1964	5	27～31	5	嘉義縣太保鄉後潭戲院	濟公傳 世外奇聞
東華皮戲團	1964	6	1～5	5	嘉義縣竹崎鄉東昇戲院	濟公傳 世外奇聞
	1964	6	6～8	3	嘉義縣六腳鄉蒜頭戲院	休演 世外奇聞
	1964	6	11～15	5	雲林縣四湖鄉新昇戲院	濟公傳 世外奇聞
	1964	6	17～20	4	雲林縣麥寮鄉橋頭戲院	濟公傳 世外奇聞
	1964	6	21～23	3	雲林縣麥寮鄉麥寮戲院	濟公傳 世外奇聞
	1964	6	26～28	3	雲林縣東勢鄉共樂戲院	濟公傳 世外奇聞
	1964	7	1～5	5	雲林縣元長鄉元長戲院	休演 世外奇聞
	1964	7	6～10	5	雲林縣水林鄉復興戲院	濟公傳 世外奇聞
	1964	7	11～15	5	雲林縣口湖鄉椬梧戲院	濟公傳 世外奇聞
安樂皮戲團	1964?			5?		?

	1964	7	16～19	4	雲林縣二崙鄉二崙戲院	休演 世外奇聞
	1964	7	21～26	6	雲林縣土庫鎮馬光戲院	濟公傳 世外奇聞
	1964	7	27～31	5	雲林縣土庫鎮明星戲院	濟公傳 世外奇聞
	1964	8	1～5	5	嘉義縣新港鄉明星戲院	濟公傳 世外奇聞
	1964	9	1～10	8	屏東縣新園鄉新園戲院	濟公傳 世外奇聞
	1964	9	11～15	5	屏東縣長治鄉繁華戲院	休演 濟公傳
東華皮戲團	1964	9	16～19	4	屏東縣塩埔鄉塩埔戲院	休演 濟公傳
	1964	9	21～25	5	高雄前鎮區竹內里光華戲院	濟公傳 世外奇聞
	1964	10	1～5	5	屏東市自由路南都戲院	濟公傳 世外奇聞
	1964	10	6～10	5	屏東縣里港鄉土庫戲院	休演 世外奇聞
	1964	10	26～31	6	臺南縣仁德鄉中洲露天戲院	休演 濟公傳
	1964	11	1～4	4	高雄縣梓官鄉梓官戲院	休演 濟公傳
	1964	11	6～10	5	高雄市旗津區中洲戲院	濟公傳 世外奇聞
安樂皮戲團	1964			5？		？
東華皮戲團	1964	11	21～25	5	臺南市西區華僑戲院	濟公傳 世外奇聞
	1964	12	16～20	5	臺中縣大雅鄉大雅戲院	濟公傳 世外奇聞
	1964	12	21～23	3	臺中縣霧峰鄉霧峰戲院	濟公傳 世外奇聞
	1964	12	24～31	8	南投中寮鄉龍安村龍安戲院	濟公傳 世外奇聞
	1965	1	1～5	5	臺中縣后里鄉內埔戲院	濟公傳 世外奇聞

	1965	1	6～9	4	臺中縣新社鄉新社戲院	濟公傳 世外奇聞
	1965	1	10～14	4	臺中縣外埔鄉外埔戲院	濟公傳 世外奇聞
	1965	3	1～9	9	宜蘭縣羅東鎮愛國露天戲院	濟公傳 世外奇聞
	1965	3	11～20	10	宜蘭市富國戲院	濟公傳 世外奇聞
	1965	3	21～25	5	宜蘭縣五結鄉利澤戲院	休演 濟公傳
	1965	3	26～31	6	宜蘭縣蘇澳鎮南方澳戲院	濟公傳 世外奇聞
	1965	4	6～10	5	基隆市義三路新樂戲院	濟公傳 世外奇聞
	1965	4	11～15	5	臺北瑞芳鎮九份子昇平戲院	濟公傳 世外奇聞
東華皮戲團	1965	4	16～19	4	臺北縣中和鄉中和大戲院	濟公傳 世外奇聞
	1965	4	21～24	4	臺北縣三峽鎮金龍戲院	濟公傳 世外奇聞
	1965	4	26～30	5	臺北縣土城鄉美城戲院	濟公傳 世外奇聞
	1965	5	1～3	3	臺北縣樹林鎮柑園戲院	休演 濟公傳
	1965	5	21～24	4	臺南縣將軍鄉漚汪戲院	濟公傳 世外奇聞
	1965	5	26～29	4	臺南縣北門鄉北門戲院	休演 世外奇聞
	1965	7	21～25	5	高雄市苓雅區前鎮戲院	濟公傳 世外奇聞
	1965	9	12～15	4	屏東縣高樹鄉田子戲院	休演 世外奇聞 濟公傳
	1965	9	16～19	4	屏東縣里港鄉土庫戲院	休演 濟公傳
	1965	9	21～25	5	屏東縣萬丹鄉綿豐戲院	濟公傳 世外奇聞

	年	月	日	天數	地點	備註
東華皮戲團	1965	9	26～30	5	屏東縣高樹鄉舊寮戲院	休演 世外奇聞
	1965	10	4～9	5	屏東縣滿州鄉滿州戲院	休演 世外奇聞濟公傳
	1965	10	12～16	5	屏東縣東港鎮大舞臺戲院	濟公傳 世外奇聞
	1965	10	17～20	4	屏東市公館里公館戲院	休演 世外奇聞
	1965	10	21～23	3	屏東枋寮鄉水底寮建興戲院	濟公傳 世外奇聞
	1965	10	26～31	6	屏東縣林邊鄉林邊戲院	濟公傳 世外奇聞
	1966	2	15～19	5	澎湖縣馬公鎮澎湖戲院	濟公傳 世外奇聞
	1966	3	11～14	4	屏東縣恆春鎮南成露天戲院	休演 世外奇聞
	1966	3	16～18	3	屏東縣車城鄉車城戲院	休演 世外奇聞
	1966	4	1～5	5	屏東縣高樹鄉舊寮露天戲院	休演 濟公傳
	1966	4	6～8	3	屏東縣高樹鄉泰山露天戲院	休演 世外奇聞
	1966	4	11～13	3	屏東縣南州鄉南州戲院	濟公傳 世外奇聞
	1966	7	11～15	5	新竹市中央戲院	院方來信終止演出
	1966	8	26～30	5	嘉義縣竹崎鄉東昇戲院	院方來信終止演出
	1966	11	9～11	3	臺南縣麻豆鎮麻豆戲院	西遊記 世外奇聞
	1966	11	13～14	2	臺南縣六甲鄉鴻都戲院	濟公傳 世外奇聞
	1967	5	1～5	5	臺南縣白河鎮大眾戲院	院方來信終止演出
	1967	6	26～27	2	高雄縣旗山鎮大洲戲院	西遊記 世外奇聞

	1967	6	29～30	2	高雄縣甲仙鄉明星戲院	休演 世外奇聞
東華皮戲團	1968	4	20～25	5	屏東縣南州鄉南州戲院	院方來信終止演出
	1968	10	10～15	5	屏東縣滿州鄉滿州戲院	院方來信終止演出
	1968	12	20～25	5	臺南縣將軍鄉漚汪戲院	院主前來終止演出
	1969	2	20～25	5	屏東縣里港鄉土庫戲院	院方來信終止演出
	1969	3	1～5	5	基隆市義三路新樂戲院	院方來信終止演出
	1969	4	20～24	5	臺北縣三峽鎮金龍戲院	院方來信終止演出
	1969	5	1～5	5	臺北縣樹林鎮柑園戲院	院方來信終止演出
	1969	5	10～15	5	臺中縣霧峰鄉霧峰戲院	院方來信終止演出
	1969	6	26～30	5	臺南縣將軍鄉漚汪戲院	院方來信終止演出
	1969	7	26～30	5	屏東縣萬丹鄉綿豐戲院	院方來信終止演出
	1969	9	11～15	5	屏東縣高樹鄉舊寮戲院	院主前來終止演出
	1969	10	26～30	5	高雄市旗津區中洲戲院	院主前來終止演出
	1969	12	26～31	5	嘉義縣新港鄉明星戲院	院方來信終止演出
	1970	5	21～23	3	臺東縣大武鄉尚武戲院	濟公傳 世外奇聞
	1970	5	24～25	2	臺東縣埤南鄉知本戲院	濟公傳 世外奇聞
	1970	5	26～27	2	臺東縣太麻里金山戲院	濟公傳 世外奇聞
	1970	6	1～30	30	臺北萬華今日世界育樂中心	未前往演出

資料來源：《請戲人明細案卷》、《東華皮戲團各地上演紀錄表》、張叫 1948～1955 年《日戲》記錄本、張德成 1956～1970 年《隨身日記本》、戲院書信。

說明：無法明確掌握表演時間、地點者，依據其前後演出情況推估其演出天數。凡推估者，在數字旁加上「？」標示。